Logistics
物流专业“十三五”规划教材

报关与报检实务

◎张 帆 张 荣 主编

電子工業出版社
Publishing House of Electronics Industry
北京 · BEIJING

图书在版编目（CIP）数据

报关与报检实务 / 张帆，张荣主编. —北京：电子工业出版社，2020.3
物流专业“十三五”规划教材
ISBN 978-7-121-37878-2

Ⅰ. ①报… Ⅱ. ①张… ②张… Ⅲ. ①进出口贸易－海关手续－中国－高等学校－教材②国境检疫－中国－高等学校－教材 Ⅳ. ①F752.5②R185.3

中国版本图书馆 CIP 数据核字(2019)第 253196 号

策划编辑：刘淑丽
责任编辑：刘淑丽
印　　刷：北京捷迅佳彩印刷有限公司
装　　订：北京捷迅佳彩印刷有限公司
出版发行：电子工业出版社
　　　　　北京市海淀区万寿路 173 信箱　邮编 100036
开　　本：787×1092　1/16　印张：15　字数：375 千字
版　　次：2020 年 3 月第 1 版
印　　次：2022 年 11月第 6 次印刷
定　　价：49.00 元

凡所购买电子工业出版社图书有缺损问题，请向购买书店调换。若书店售缺，请与本社发行部联系，联系及邮购电话：（010）88254888，88258888。
质量投诉请发邮件至 zlts@phei.com.cn，盗版侵权举报请发邮件至 dbqq@phei. com.cn。
本书咨询联系方式：（010）88254199，sjb@phei.com.cn。

前 言

近年统计数据显示，中国对外贸易总额从1949年的41.3亿元增长到2018年的305 100亿元，70年间中国对外贸易总额增长了约7 387倍。报关与报检作为对外经济贸易活动和国际贸易链条中的重要组成部分，是进出口商在通关时履行海关进出境手续的必要环节之一。报关与报检服务的质量直接关系着进出口货物的通关速度、企业经营成本和经济效益，在国家经济运行中发挥的重要作用越来越不容忽视。由于报关与报检与国家对外政策法规的实施密切相关，其服务有着较强的政策性、专业性、技术性和操作性。本书以报关与报检工作应知应会的内容为主，围绕海关新规，帮助读者了解行业惯例、掌握必备知识。本书在结构安排上，强调实用性，以报关与报检工作过程为核心，充分兼顾报关与报检工作中所要求的知识与能力和未来发展的需要，重点和难点明确。

本书可以作为报关与国际货运专业、物流专业、国际贸易专业的教材，也可以作为报关资格证书培训及外贸企业培训用书。本书第一部分报关业务篇（第一章至第六章），主要是关于海关知识及报关业务知识的介绍；第二部分报检业务篇（第七章至第十章），主要围绕出入境检验检疫活动展开。本书共有 10 章，其内容包括：报关与报关服务；海关概述；报关与对外贸易管制；海关监管制度；海关税收征管制度；进出口货物报关单填制；报检基础知识；动植物及其产品的报检管理；食品、化妆品及玩具的报检管理；其他货物的报检管理。

本书由大连财经学院张帆和哈尔滨商业大学经济学院张荣担任主编。具体分工为：第一部分报关业务篇（第一章至第六章）由张帆编写；第二部分报检业务篇（第七章至第十章）由张荣编写。

本书在编写过程中，得到了报关行业协会、货代企业、报关企业等相关领导的大力支持及帮助，电子工业出版社的编辑认真负责为本书的出版提供了重要的支持，在此一并表示感谢！

由于编者知识、能力及时间的限制，本书难免存在不足，恳请读者批评指正！

目　录

第一部分　报关业务篇

第一部分　报关业务篇

第一章

报关与报关服务

学习目标

通过本章的学习，了解报关的含义，能正确区分自理报关和代理报关两种形式，熟悉报关的对象及其基本内容，掌握对个人物品的申报要求及注意事项；熟悉报关单位的概念、分类、基本特征，掌握两类报关单位的异同，尤其是海关对报关企业的信用管理等级及适用对象；了解海关对报关员的管理，熟悉报关水平测试的基本内容，掌握报关单位及报关员的权利与义务；熟悉报关基本业务与增值业务内容，认知报关协会，了解行业标准。

案例导入

2018 年 8 月 1 日 7:45 左右，南京 LG 新港新技术有限公司报关员徐文在公司电脑上办理一单笔记本电脑面板进口报关业务，不到 8 点就办妥了。他说："这是从越南进口的 3 200 台面板，金额 1.66 万美元。因为是电子产品，对时效要求特别高。今天的报关手续办理很顺畅，比以前节省大约一半的时间。"按照海关总署统一部署，2018 年 8 月 1 日起，海关进出口货物实施整合申报，原报关单、报检单合并为一张新报关单。原报关报检申报系统整合为一个申报系统，通过录入一张报关单、上传一套随附单证、采用一组参数代码，实现一次申报、一单通关。此次整合申报项目是关检业务融合标志性的改革举措，将改变企业原有的报关流程和作业模式。徐文拿到的新版报关单，正是报关报检整合后，在新"中国国际贸易（江苏）单一窗口"系统中自动生成的。

根据上述资料，请思考：

（1）什么是报关？

（2）报关的对象及范围有哪些？

（资料来源：http://news.sina.com.cn/o/2018-08-01/doc-ihhacrcf0978624.shtml）

第一节　报关的含义与分类

一、报关的含义

报关是与进出境运输工具、货物和物品的进出境密切相关的职业服务行为。在国际贸易和国际交往中，存在着大量的运输工具、货物和物品进出境的活动。通过设立海关的地点进出境并依法办理海关手续是国际通行规则，也是进出境运输工具负责人、进出口货物收发货人和进出境物品所有人应尽的义务。《中华人民共和国海关法》（简称《海关法》）规定，进出境运输工具、货物和物品必须通过设立海关的地点进境或出境，并向海关办理相关申报、纳税等通关手续。由于办理进出境货物的通关手续需要由熟悉国际贸易业务、精通海关法律法规、海关业务制度和业务流程的专业人员办理，因此，在社会实践过程中，逐渐形成了为社会提供专门办理通关手续的专业技能服务——报关。

本书中论述的报关是指进出口货物的收发货人或其代理人（或称受委托的报关企业），在货物进出境时，依法办理有关手续的行为及其过程，包括向海关申报、交验单据证件，并接受海关的监管和检查等。向海关办理进出口货物的报关手续，依法缴纳关税和其他税费，是国家对进出口货物进行监督管理的基本要求，也是进出口货物收发货人及其代理人必须履行的基本义务。

二、报关的基本内容

（一）进出境运输工具报关的基本内容

国际贸易的交货、国际间人员的往来及其携带物品的进出境，除经其他特殊运输方式外，都要通过各种运输工具的国际运输来实现。根据我国海关法律规定，所有进出我国关境的运输工具必须经由设有海关的港口、车站、机场、国界孔道、国际邮件互换局（交换站）及其他可办理海关业务的场所申报进出境。进出境申报是运输工具报关的主要内容。根据海关监管的要求，进出境运输工具负责人或其代理人在运输工具进入或驶离我国关境时均应如实向海关申报运输工具所载旅客人数、进出口货物数量、装卸时间等基本情况。

1．运输工具申报的基本内容

根据海关监管要求的不同，不同种类的运输工具报关时所需递交的单证及所要申明的具体内容也不尽相同。总的来说，运输工具进出境报关时须向海关申明的主要内容有：运输工具进出境的时间、航次（车次）、停靠地点等；运输工具进出境时所载运货物的情况，包括过境货物、转运货物、通运货物、溢短卸（装）货物的基本情况；运输工具服务人员名单及其自用物品、货币等情况；运输工具所载旅客情况；运输工具所载邮递物品、行李物品的情况等。

2．进出境运输工具舱单申报

进出境运输工具舱单（简称舱单）是指反映进出境运输工具所载货物、物品及旅客信息的载体，包括原始舱单[①]、预配舱单[②]、装（乘）载舱单[③]。进出境运输工具载有货物、物品的，舱单内容应当包括总提（运）单及其项下的分提（运）单信息。进出境运输工具负责人即舱单电子数据传输义务人应当按照海关备案的范围在规定时限向海关传输舱单电子数据。

（二）进出境货物报关的基本内容

根据海关规定，进出境货物的报关业务应由依法取得报关从业资格并在海关注册的报关员办理。进出境货物的报关业务包括：按照规定填制报关单，如实申报进出口货物的商

---

① 原始舱单是指舱单传输人向海关传输的反映进境运输工具装载货物、物品或乘载旅客信息的舱单。

② 预配舱单是指反映出境运输工具预计装载货物、物品或乘载旅客信息的舱单。

③ 装（乘）载舱单是指反映出境运输工具实际配载货物、物品或载有旅客信息的舱单。

品编码、实际成交价格、原产地及相应的优惠贸易协定代码，并办理提交报关单证等与申报有关的事宜；申请办理缴纳税费和退税、补税事宜；申请办理加工贸易合同备案、变更和核销及保税监管等事宜；申请办理进出口货物减税、免税等事宜；办理进出口货物的查验、结关等事宜；办理应当由报关单位办理的其他事宜。

（三）进出境物品报关的基本内容

海关监管进出境物品包括行李物品、邮递物品和其他物品，三者在报关要求上有所不同。《海关法》规定，个人携带进出境的行李物品、邮寄进出境的物品，应当以自用合理数量为限。自用合理数量原则是海关对进出境物品监管的基本原则，也是对进出境物品报关的基本要求。

对于行李物品而言，“自用”指的是进出境旅客本人自用、馈赠亲友，而不是出售或出租；“合理数量”是指海关根据进出境旅客旅行的目的和居留的时间所规定的正常数量。超出自用合理数量范围的，海关不予放行，除本人声明放弃外，应在三个月内向海关办理退运手续。

需要注意的是，对于通过随身携带或邮政渠道进出境的货物要按货物办理进出境报关手续。

1．进出境行李物品的报关

当今世界上大多数国家的海关法律都规定对旅客进出境采用“红绿通道”制度。我国海关也采用了“红绿通道”制度。

我国海关规定，进出境旅客在向海关申报时，可以在分别以红色和绿色作为标记的两种通道中进行选择。带有绿色标志的通道称“无申报通道”（又称“绿色通道”），适用于携运物品在数量和价值上均不超过免税限额，且无国家限制或禁止进出境物品的旅客；带有红色标志的通道称“申报通道”（又称“红色通道”），适用于携带应向海关申报物品的旅客。对于选择“红色通道”的旅客，必须填写“中华人民共和国海关进出境旅客行李物品申报单”（简称申报单），在进出境地向海关做出书面申报。

2．进出境邮递物品的报关

（1）进出境邮递物品的申报。进出境邮递物品的申报方式由其特殊的邮递运输方式决定。我国是《万国邮政公约》的签约国，根据《万国邮政公约》的规定，进出口邮包必须由寄件人填写“报税单”（小包邮件填写绿色标签），列明所寄物品的名称、价值、数量，向邮包寄达国家的海关申报。进出境邮递物品的“报税单”和绿色标签随同物品通过邮政企业或快递公司呈递给海关。

（2）行邮税。行邮税是行李和邮递物品进口税的简称，是海关对入境旅客行李物品和个人邮递物品征收的进口税。由于其中包含了进口环节的增值税和消费税，故也为对个人非贸易性入境物品征收的进口关税和进口工商税收的总称。课税对象包括入境旅客、运输工具服务人员携带的应税行李物品、个人邮递物品、馈赠物品，以及以其他方式入境的个人物品等。

知识链接 1-1　跨境电商税收新政

经国务院批准，自 2016 年 4 月 8 日起，我国将实施跨境电子商务零售进口税收政策，并同步调整行邮税政策。本次新政的核心要点包括：进口跨境电商不再适用行邮税，改为征收关税和进口环节增值税、消费税。设定单笔交易限值为人民币 2 000 元，个人年度交易限值为人民币 20 000 元。限值以内的商品，关税税率暂设为 0。如果超过限值，则对超过部分按照一般贸易方式征税。单个不可分割商品价值超过 2 000 元限额的，按照一般贸易进口货物全额征税。而增值税和消费税部分，不管是否超过限值，均按照法定应纳税额的 70%征收。新政之下，对于大部分不涉及消费税的商品，纳税额为 17%×70%=11.9%。

新政之前，我国行邮税税率根据物品类别分别定为 10%、20%、30%、50%，由于行邮税打包了进口环节增值税和关税，因此整体税率水平较一般贸易要低。新政之后，税率调整为三档，分别为 15%、30%和 60%。

3．进出境其他物品的报关

个人携带进出境的暂时免税进出境物品须由物品携带者在进境或出境时向海关做出书面申报，并经海关批准登记，方可免税携带进出境，而且应由本人复带出境或进境。

三、报关的分类

（一）自理报关与代理报关

从委托关系的角度，报关可以分为自理报关和代理报关两种形式。

进出口货物收发货人自行办理报关手续，称为自理报关。根据我国海关目前的规定，进出口收发货人必须依法向海关注册登记后方能自行办理报关业务。

接受进出口货物收发货人的委托，代理办理报关手续，称为代理报关。我国海关法律把有权接受他人委托办理报关业务的企业称为报关企业。

根据法律行为责任承担者的不同，代理报关又分为直接代理报关和间接代理报关。直接代理报关是指报关企业接受委托人（进出口货物收发货人）的委托，以委托人的名义办理报关业务的行为。间接代理报关是指报关企业接受委托人的委托，以报关企业自身的名义向海关办理报关业务的行为。

直接代理报关与间接代理报关的区别是：在直接代理报关中，报关企业（代理人）报关行为的法律后果直接作用于进出口货物收发货人（委托人）；而在间接代理中，报关企业（代理人）应当承担与进出口货物收发货人（委托人）自理报关时所应当承担的相同的法律责任。目前，我国报关企业大多采取直接代理形式报关，间接代理报关主要用于经营快件业务的营运人等国际货物运输代理企业。

（二）口岸报关与属地报关

按照报关地点的不同，报关可以分为口岸报关和属地报关。口岸报关是指在货物的实际进出境地海关办理报关手续。属地报关是指在报关单位的企业注册地直属海关关区内办理报关手续。

为贯彻落实国家发展战略、促进贸易便利化，以及适应区域经济发展的要求，海关启动了全面深化区域通关的业务改革，实施了跨关区的“属地申报，口岸验放”的通关模式。这种模式的优势是对于符合海关规定条件的企业，可以在其注册地海关履行申报义务，海关则可以在口岸放行环节履行其监督检查管理的职责。在这种方式下，可以简化海关手续，提高通关效率，降低通关成本。

2013 年以后，“属地申报、口岸验放”通关模式进一步拓展为“属地申报、属地放行”

的通关模式，即结合海关企业信用管理措施，收发货人为高级认证类企业，且报关企业为一般信用以上企业进出口货物时，可自主选择向属地海关申报，并在属地海关办理货物放行手续。自 2014 年 5 月 1 日起，收发货人为一般认证企业且报关企业为一般信用以上企业进出口货物时，除布控查验货物外，也可适用“属地申报、属地放行”通关模式。

属地报关的优越性如下。

首先，与传统转关方式相比，属地报关通关模式是口岸或属地直接放行，不需要办理转关手续，企业可自行组织货物的物流运输，真正实现了“一次申报、一次查验、一次放行”。

其次，属地海关对企业能够做到长期了解，同时专设窗口、随到随办，避免了排队报关，节省了作业环节和作业时间。

最后，企业可在属地会合办理商检、签发证明联等手续，避免了企业在属地和口岸之间多次往返和函电联系。

（三）逐票报关与集中报关

逐票报关是指根据《中华人民共和国海关进出口货物申报管理规定》（简称《海关进出口货物申报管理规定》），进出口货物收发货人按照进出口货物每次进出口时的实际状态，根据规范要求，填制“中华人民共和国海关进/出口报关单”，逐票逐次向海关进行申报，这是一种常规的通关方式。

集中报关是指根据《中华人民共和国海关进出口货物集中申报管理规定》（简称《海关进出口货物集中申报管理规定》），经海关备案，进出口货物收发货人在同一口岸多批次进出口规定范围内的货物，先以“中华人民共和国海关进出口货物集中申报清单”申报货物进出口，再以报关单集中办理海关手续，这是一种特殊的通关方式。

适用集中报关的进出口货物主要包括以下几类。

（1）图书、报纸、期刊类出版物等时效性较强的货物。

（2）危险品或鲜活、易腐、易失效等不宜长期保存的货物。

（3）公路口岸进出境的保税货物。

第二节　报关单位

海关对报关单位的管理与进出口货物监管紧密相连，贯穿于海关通关监管的整个过程。在对报关单位的主体资格确认、掌握报关单位的基础信息及守法状况的同时，海关对报关单位的进出口行为进行日常化的监督管理，引导报关单位提高报关质量是海关对报关单位管理的重要内容。

一、报关单位的概念及其分类

（一）报关单位的概念

根据《海关法》和《中华人民共和国海关报关单位注册登记管理规定》（简称《报关单位注册登记管理规定》），报关单位是指依法在海关注册登记的报关企业和进出口货物收发货人。

报关单位具有以下三个基本特征。

1．依法在海关注册登记

必须依法在海关注册登记后，方可向海关办理报关业务，这是成为报关单位的前提条件。

2．在我国关境内

报关单位必须是中华人民共和国境内的法人、其他组织或个人，这就意味着境外的企业、其他组织或个人，均不能成为报关单位。所谓境内，即法人或其他组织必须是在中国关境内依法成立的。

3．包含两类主体

报关单位是一个集合概念，由进出口收发货人和报关企业两类主体共同构成。

（二）报关单位的分类

1．进出口货物收发货人

进出口货物收发货人是指依法直接进口或出口货物的中华人民共和国关境内的法人、其他组织或个人。进出口收发货人经向海关登记注册后，只能为本单位进出口货物办理报关业务。

从所有制结构来看，收发货人主要包括国有企业、外商投资企业、民营企业和集体企业，具有企业数量多，但报关单量相对较小等特点。因此，为节约企业成本，进出口收发货人选择委托专业报关公司代理报关的趋势在上升。

除上述企业外，一些没有进出口经营权，但临时有进出口业务的单位，如新闻、经贸机构、文化团体等依法在中国境内设立的常驻代表机构，学校、科研院所等组织机构，临时接受捐赠、礼品、国际援助的单位等，可以在申报前向所在地海关办理备案手续，领取临时注册登记证明，其有效期最长为一年。

2．报关企业

报关企业是指按照规定经海关准许注册登记，接受进出口货物收发货人的委托，以进出口货物收发货人的名义或以自己的名义，向海关办理代理报关业务、从事报关服务的境内企业。其主要包括经营国际货物运输代理业务，兼营进出口货物代理报关业务的国际货物运输公司和主营代理报关业务的报关公司或报关行。

二、海关对报关单位的管理

（一）信用管理

2011 年，海关总署颁布了《中华人民共和国海关企业分类管理办法》（简称《企业分类管理办法》），通过对不同类别企业的差别管理措施，倡导守法便利。在该办法中，海关对在海关注册登记的进出口货物收发货人、报关企业进行评估，按照 AA、A、B、C、D 五个管理类别进行管理。其中，AA 类和 A 类企业适用相应的通关便利措施，B 类企业适用常规管理措施，C 类和 D 类企业适用严密监管措施。

为进一步优化企业信用管理制度，2014 年 12 月 1 日起，海关对企业分类管理制度进行了改革，开始施行《中华人民共和国海关企业信用管理暂行办法》（简称《企业信用管理暂行办法》），该办法是在《企业分类管理办法》的基础上重新制定的。

1.《企业信用管理暂行办法》的主要修订内容

（1）优化企业信用等级。海关根据企业信用状况将企业认定为认证企业、一般信用企业和失信企业，按照诚信守法便利、失信违法惩戒原则，分别适用相应的管理措施。

认证企业管理措施的施行是中国海关对报关单位管理措施实现与国际接轨的一项标志性改革。认证企业即中国海关经认证的经营者（Authorized Economic Operator，AEO），中国海关依法开展与其他国家或地区海关的 AEO 互认，并给予互认 AEO 企业相应的通关便利措施。通过该管理措施的实施，我国海关按照世界海关组织（World Customs Organization，WCO）所倡导的 AEO 制度的要求，建立了企业认证制度，制定了包括内部控制、财务状况、守法状况、贸易安全等方面的《海关认证企业标准》。

知识链接 1-2　AEO

AEO 在 WCO 制定的《全球贸易安全与便利标准框架》（简称《框架》）中被定义为："以任何一种方式参与货物国际流通并被海关当局认定符合 WCO 或相应供应链安全标准的一方，包括生产商、进口商、出口商、报关行、承运商、理货人、中间商、口岸和机场、货站经营者、综合经营者、仓储业经营者和分销商"。

国际上对 AEO 提出的条件、要求：在考虑授予企业 AEO 资格时，应当首先证明该企业无违反海关法规的记录；要求 AEO 企业在海关 AEO 制度规定的一段时间内无违反国家海关法规的记录，否则不予授予 AEO 企业资格；AEO 企业应当及时、准确、真实地对其进出口活动进行记录；对真实的商业数据的管理维护是国际贸易供应链安全的基本保障；要求 AEO 企业拥有可靠的经济能力，从而能够在与其经营性质相适应的各项商业活动中承担职责。

海关总署于 2014 年 10 月公布《中华人民共和国海关企业信用管理暂行办法》，并订于 2014 年 12 月 1 日起施行，就企业的信用状况进行分类，并与国际 AEO 认证接轨。

（2）拓展了信用管理对象。《企业信用管理暂行办法》将在海关注册登记的具备实施信用管理的对象均纳入信用管理范围，使得海关企业信用管理涵盖进出口货物供应链上的各种参与主体。

（3）简政放权简化程序。

①简化评定程序：AA 类企业核批时间 6 个月，现认证企业是 90 天，缩短了 3 个月。

②下放了核批权限：目前，企业信用等级由各直属海关或其授权的隶属海关认定。

③减少企业申请程序：除认证企业需申请外，其他企业信用等级的调整无须企业申请。

2．企业分类管理与信用管理的过渡措施

为确保《企业分类管理办法》与《企业信用管理暂行办法》的顺利衔接，海关总署明确了分类管理与信用管理的衔接过渡办法（见图 1-1）。

（1）自 2014 年 12 月 1 日起，按照《企业分类管理办法》适用 AA 类管理的企业过渡为高级认证企业；适用 A 类管理的企业过渡为一般认证企业；适用 B 类管理的企业过渡为一般信用企业；适用 C 类、D 类管理的企业，海关按照《企业信用管理暂行办法》重新认定企业信用等级。

（2）C 类、D 类企业经重新认定后信用等级为失信企业的，企业信用等级适用时间仍按原适用 C 类、D 类企业的时间计算。

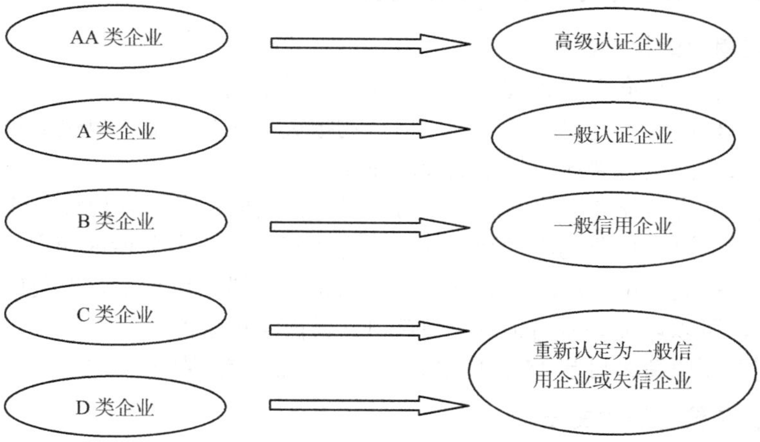

图 1-1　企业分类管理与信用等级管理过渡

（3）认证企业的差别化管理措施。

①A 类一般认证企业。A 类一般认证企业适用下列管理原则和措施：较低进出口货物查验率；简化进出口货物单证审核；优先办理进出口货物通关手续。

②AA 类高级认证企业。AA 类高级认证企业适用的管理措施优于 A 类一般认证企业，除适用 A 类一般认证企业的管理原则和措施外，还适用下列管理原则和措施：在确定进出口货物的商品归类、海关估价、原产地手续前可先行办理验放手续；对从事加工贸易的企业，不实行银行保证金台账制度；AEO 互认国家海关提供的通关便利措施。

③C 类、D 类失信企业。C 类、D 类失信企业适用海关下列管理原则和措施：较高进出口货物查验率；进出口货物单证重点审核；加工贸易等环节实施重点监管。

（4）认证企业的动态管理。海关对高级认证企业应当每 3 年重新认证一次，对一般认证企业不定期重新认证。

未通过认证的企业，不再适用认证企业管理，1 年内不得再次申请成为认证企业；未通过高级认证但符合一般认证企业标准的，适用一般认证企业管理。

适用失信企业管理满 1 年且未再发生失信企业规定情形的，海关应当将其调整为一般信用企业管理。

失信企业被调整为一般信用企业满 1 年的，可以向海关申请成为一般认证企业。

（二）报关差错管理

新修订的《报关单位注册登记管理规定》取消了报关员记分考核管理，不再对报关员进行记分和考核管理，改为对报关单位报关差错进行记录。海关对报关单位办理海关业务中出现的报关差错予以公布，主要涉及报关单填制不规范和报关行为不规范两个方面。通过公布报关差错督促报关单位加强管理，提高报关质量。对报关单位实行差错记录管理，旨在促进报关单位增强自律意识，提高业务素质和服务水平，降低海关行政成本，提高监管效能。

三、报关单位的权利义务和法律责任

（一）报关单位的权利义务

（1）报关单位有权向海关查询其办理的报关业务的情况。

（2）报关单位向海关提交的纸质进出口货物报关单应当加盖本单位的报关专用章。报关专用章应当按照海关总署统一规定的要求刻制。

（3）报关单位及其分支机构的报关专用章仅限在其取得注册登记许可或者备案的直属海关关区内使用。进出口货物收发货人的报关专用章可以在全关境内使用。

（4）海关对报关单位办理海关业务中出现的报关差错予以记录，报关单位对报关差错记录有异议的，可以自报关差错记录之日起 15 日内向记录海关以书面方式申请复核。海关应当自收到书面申请之日起15日内进行复核，对记录错误的予以更正。

（二）报关单位的法律责任

报关单位在办理报关手续时，应当遵守国家有关法律、行政法规和海关的各项规定，承担相应的法律责任。报关单位对其所属的报关员的报关行为应当承担相应的法律责任。

海关对报关单位违法违规实施的处罚种类包括警告、罚款、没收、暂停、撤销资格等。对在海关注册登记、取得有关业务资格的报关单位，违反海关有关规定的，海关除给予相应的申诫罚、财产罚外，还可给予相应的资格罚。

第三节　报关员

一、报关员概述

（一）报关员的概念

报关员是具有专业知识、向社会提供专门智力服务的专业人才。《海关法》及现行《报关单位注册登记管理规定》中，将报关单位所属从事报关业务的人员称为报关员，即经报关单位向海关备案，专门负责办理所在单位报关业务的人员。

（二）报关员的职业化路径

1．1985 年至 1997 年

随着改革开放和国家对外贸易体制改革的不断深化，对外贸易不论是从交易手段、方式上，还是进出口货物的数量上，都发生了巨大的变化。外商投资企业、工贸企业、“三来一补”企业的快速发展，使报关业务量急速上升，企业对报关员的需求也在不断增加。与此同时，海关在实际工作中也认识到了报关员在通关监管中的重要性和必要性，部分海关开始举办专门的、有针对性的报关业务培训，实行持证上岗制度。我国 1987 年实施的《海关法》规定，报关员应当经海关考核认可。这是我国海关第一次统一要求对报关员进行培训考试、发证上岗，是我国报关管理制度形成和发展的一个里程碑。

2．1997 年至 2013 年

随着社会经济的发展，报关作为一种社会职业，受到了越来越广泛的重视。各地海关自行组织培训、考核、发证的做法已难以适用海关管理的要求。1997 年 4 月在充分调研论证的基础上，海关总署发布了《报关员资格全国统一考试暂行规定》，正式确定了对报关员实行报关员资格全国统一考试制度。根据上述规定，通过考试合格取得报关员资格证书，经海关注册获得报关员证后，才能从事报关活动。

3．2013 年至今

报关员资格全国统一考试制度实施以来，对报关员整体素质和执业水平的提高，奠定了良好的基础。2013 年 10 月，根据国务院简政放权、转变职能，进一步减少资质资格类许可和认定的有关要求，海关总署发布 2013 年第 54 号公告，决定改革现行报关从业人员资质资格管理制度，海关自 2014 年起不再组织报关员资格全国统一考试，而是由报关专业委员会负责进行全国报关（关务）水平测试，每年 12 月举办，报关水平测试是报关专业委员会对参试人员的报关基础知识及报关业务技能水平进行的综合评价与定量分析，为企业选人、用人和职业院校后备人才培养工作提供客观量化的标准，加强报关行业自律，提升报关从业人员职业素养，提高报关质量。

测试对象是拟从事报关职业的院校学生、社会人员和已从事报关职业但未取得《报关员资格证书》的人员。

测试内容分为以下两个科目。

（1）关务基础知识（100 分）。主要包括对外贸易及对外贸易管理、海关及海关管理、报关及报关管理等与报关工作密切相关的基础理论知识。

（2）关务基本技能（200 分）。主要包括进出境报关、保税加工报备报核、商品归类、报关单填制、税费核算等与报关从业密切相关的基本技能操作（含模拟操作）。

测试形式采取自愿参加、统一报名、统一命题、统一测试、统一评分标准、统一阅卷核分的方式，通过计算机考试的形式进行。测试大纲在测试前 6 个月对外发布，测试采取网上报名、网上缴费的方式。参加测试的考生可获得《报关职业水平测试证书》（简称《测试证书》），该证书由报关专业委员会统一印制、统一颁发。内容包括测试分数、成绩评价与分析、职业发展指导建议等。

《测试证书》是参试人员基础知识和职业技能水平的证明，可作为企业选人用人、职业院校学生职业能力水平评价和社会中介机构向企业推荐报关从业人员的基本依据之一。

二、海关对报关员的管理

海关对报关员的管理主要体现在报关单位与报关员法律责任的承担、法律关系的确认及报关单位向海关的报备三个方面。

（1）《报关单位注册登记管理规定》明确规定：报关员的报关行为是基于报关单位的授权，并以报关单位的名义来办理的，因此，是一种职业行为，职业行为的法律责任应该由所在报关单位承担。但如果报关员利用执业之便而违法则要自行承担，如果明知报关单位的行为违法而故意实施，则应当与报关单位一并承担连带责任。

（2）报关单位与所属报关员的劳动合同关系的真实性和有效性由报关单位负责，在“报关员情况登记表”中注明并加盖公章确认。

（3）《报关单位注册登记管理规定》明确由报关单位为所属报关员办理海关有关手续，报关单位所属人员从事报关业务的，报关单位应当到海关办理备案手续，海关予以核发证明。

它包含以下几层含义。

（1）由所在报关单位向海关提出和办理备案手续，只有在海关注册登记的报关单位才能够向海关申请为其所属的报关从业人员办理备案手续，海关不接受以个人名义提出的备案申请。

（2）报关员只能受聘于一家报关单位。

（3）报关单位所属人员从事报关业务到海关备案的，海关收取“报关单位情况登记表”（所属报关员），并验核拟备案报关员有效身份证件原件后，核发“报关员备案证明”。

三、报关员的权利与义务

（一）报关员的权利

1．报关权

作为从事报关业务的专门人员，有权以所属报关单位的名义执业，办理报关业务。报关员可以办理的业务包括以下几个方面。

（1）如实申报进出口货物的商品编码、商品名称、规格型号、实际成交价格、原产地及相应优惠贸易协定代码等报关单有关项目，并办理填制报关单、提交报关单证等与申报有关的事项。

（2）申请办理缴纳税费和退税、补税事宜。

（3）申请办理加工贸易合同备案（变更）、深加工结转、外发加工、内销、放弃核准、余料结转、核销及保税监管等事宜。

（4）申请办理进出口货物减税、免税等事宜。

（5）协助海关办理进出口货物的查验、结关。

2．监督权

报关员有权对违反国家规定、逃避海关监管的行为进行举报，有权对海关及其工作人员违法、违纪行为进行控告、检举。

3．查询权

报关员有权向海关查询其办理的报关业务的情况。

（二）报关员的义务

1．依法报关

报关员应当遵守海关法律法规和规章，依法办理报关业务。

2．合理审查

报关员应该熟悉所申报货物的基本情况，对申报内容和有关材料的真实性、完整性进行合理审查，提交齐全、正确、有效的单证，准确、清楚、完整地填制报关单证。

3．配合执法

配合执法具体包括：海关查验进出口货物时，报关员应配合海关查验；配合海关稽查和对涉嫌走私违规案件的查处；协助落实海关对报关单位管理的具体措施。

4．协助工作

报关员需配合所属报关单位完整保存各种原始报关单证、票据、函电等资料，协助报关单位办理有关事项。

第四节　报关服务与行业自律

一、报关服务概述

目前，在我们的工作中耳熟能详的标准化有很多，如ISO9000（质量体系）、ISO14000（环境体系）等，它是以科学、技术和实践的综合结果为基础，以促进最佳的社会效益为目的而产生的。报关行业的现状也需要有统一规范的标准，于是在2011年1月，海关总署发布公告，颁布了海关行业标准——《报关服务作业规范》。

报关代理服务是承启进出口货物收发货人与海关管理部门之间通关活动的重要中介。所以，报关作业是否规范、有效、统一直接关系着进出口货物的通关速度，关系着企业的经营成本和经济效益，同时也影响海关的行政效率。面对社会上良莠不齐的报关服务、没有统一的执行操作规范，加上对海关监管的不解、误解，导致无端增大运营成本、降低工作效率，同时也提高了通关作业的风险。用报关标准化去规范统一报关企业的具体操作行为，让执行者知进知退、规范经营，从无序转向自觉和自律，从而提高工作效率、降低运营风险。

（一）基本报关服务作业

报关服务作业是指报关企业根据委托方的委托，依法提供办理进出口货物申报、配合查验、缴纳税费、提取或装运货物等报关手续的有偿、合法服务。

根据《报关服务作业规范》，代理报关服务作业的范围是：填制报关单及其进出境备案清单、提交报关单证等海关手续；缴纳税费和退税、补税手续；进出口货物减免税手续；加工贸易合同备案、变更和核销手续；申领结关、海关证明联等手续；配合海关对进出口货物的查验等服务。

（二）增值报关服务作业

1．增值报关服务作业的范围

增值报关服务作业的范围包括：代理报检手续；代理国际货运和国内货运；关务咨询；预归类服务；代办原产地预确认手续；代办与报关有关的商务证件；报关技能社会化培训；其他增值服务。

2．关务咨询和预归类服务

（1）关务咨询。以通关业务为核心，围绕企业投资体制、贸易方式、生产经营特征、通关作业模式、供应链管理特点等经营背景，结合海关政策、外汇政策、税收政策、投资管理政策等政策环境，研究、策划企业国际贸易货物通关运作、内部核算管理控制，解决与此相关的各种实际问题和专业困扰，也被称为通关业务咨询。通关业务咨询方案的策划、设计和实施组织，是关务核算管理综合知识的系统运用，是工作经验和客观环境的有机结合，是专业技能的集中体现，是报关职业工作中颇有专业高度和技术难度的挑战性工作。

（2）预归类服务。预归类服务是指进出口货物预归类服务单位受进出口货物收发货人及其代理人的委托（签订“进出口货物预归类服务委托协议”），对其拟进出口货物预先进行商品归类，并出具“进出口货物预归类服务意见书”的民事行为。

预归类服务人员是指经中国报关协会组织的预归类专业技能培训并考试合格，取得预归类服务人员资格证，从事进出口货物预归类服务的人员。预归类服务人员资格证由中国报关协会统一监制，在全国范围内有效。预归类专业技能培训及资格考试原则上每年组织一次。预归类服务人员应在预归类服务单位开展预归类服务。

二、报关服务的质量要求

（一）报关服务质量体系

1．报关服务质量方针

报关服务应以“诚信守法、崇尚专业、自律规范、务实创新”为服务质量方针。

2．管理和理念

在经营管理上，报关企业应具有健全的管理制度、严谨的组织架构、明确的岗位职责、严格的操作规则、公平的考评和晋升制度。在服务理念上，报关企业应树立服务委托方的理念，围绕经营理念开展服务，并将组织的愿景、使命和价值观传递到每个员工。

3．社会责任

报关企业在创造利润、对股东承担法律责任的同时，还应承担对员工、委托方、社区和环境的责任，要在运营过程中关注自身的社会价值，强调对委托方、环境和社会的贡献，促进本行业的发展。

（二）报关服务各环节的服务质量要求

1．诚信守法

报关企业所有进出口活动应始终遵循“诚实守信、守法经营”的经营理念，严格遵守国家有关的法律法规，依法履行代理人职责，承担相应的法律责任，配合海关做好监管工作。

2．快捷高效

按照委托方提供的单证资料准确无误地审核并填制报关单，办理通关手续，避免因人为差错导致的通关延时、扣货及被行政部门处罚等情形的发生。简化手续，提高操作效率，尽可能加快报关速度，为委托方节省时间、降低成本。

3．自律规范

明确报关服务的作业范围、主要业务环节的作业流程和规范要求，为服务作业的质量管理提供可靠的保证并有效地规避作业风险。接受委托代理报关服务时，应与委托方签署全国规范统一的纸质或电子“委托书/协议”。

三、中国报关协会

中国报关协会（China Customs Brokers Association，CCBA）成立于 2002 年 12 月，是由地方报关协会在海关注册的报关单位和个人自愿结成的非营利性质且具有法人资格的全国性行业组织。其宗旨是：配合政府部门加强对我国报关行业的管理；维护、改善报关市场的经营秩序；促进会员间的交流与合作；依法代表本行业利益，保护会员的合法权益；促进我国报关服务行业的健康发展。中国报关协会登记管理机关为民政部，业务主管单位为海关总署。中国报关协会的业务范围是：指导协调、行业自律、培训考试、信息交流、咨询服务、出版刊物、国际合作。

四、报关行业自律管理内容

（一）倡导和推动行业自律

报关单位和报关从业人员应诚信守法、崇尚专业、自律规范、务实创新。报关单位应当积极引进先进的管理理念、管理方法和技术手段，不断提高内部管理水平。报关单位和报关从业人员应自觉遵守国家法律法规，不得超出有关法律法规和规章规定的范围从事经营活动。不得有逃避国家贸易管制和偷逃税等走私违法行为，不得索贿，也不得行贿执法人员。

（二）推动行业标准和行业规范的建设

报关员职业等级建设是报关行业管理的重要内容。2010 年 3 月，人力资源和社会保障部正式批复海关总署成立职业技能鉴定指导中心，依托中国报关协会开展报关员职业技能鉴定工作。至此，开展报关员职业等级考评的各项准备工作已日趋成熟。

《报关服务作业规范》作为报关行业服务标准的组成部分，有力地推动了整个报关行业服务标准的制定和实施工作，促进了整个行业的健康有序发展。2013 年 9 月，海关总署发布《报关服务质量要求》作为海关行业标准，该标准与《报关服务作业规范》互补，共同为提高报关质量、服务水平，优化通关环境和提高通关效率服务。

本章重要概念

报关　自理报关　代理报关　直接代理报关　间接代理报关　口岸报关　属地报关　逐票报关　集中报关　舱单　原始舱单　预配舱单　装载舱单　红绿通道制度　行邮税　报关服务作业　增值报关服务　预归类服务　中国报关协会

课后复习题

一、单项选择题

1. 报关从委托关系的角度，可以分为（　　）。

A．口岸报关与属地报关

B．直接代理报关和间接代理报关

C．自理报关和代理报关两种形式

D．“属地申报、口岸验放”和“属地申报、属地放行”

2.（　　）不可适用“属地申报、属地放行”通关模式。

A．有走私嫌疑的货物　　　　B．海关布控查验的货物

C．涉税涉证的货物　　　　D．涉嫌违规的货物

3.“属地申报、口岸验放”的通关模式进一步拓展为“属地申报、属地放行”的通关模式，即结合海关企业信用管理措施可自主选择向属地海关申报，并在属地海关办理货物放行手续。自 2014 年 5 月 1 日起，（　　）进出口货物时，除布控查验货物外，可适用“属地申报、属地放行”的通关模式。

A．经营企业为高级认证类企业，且报关企业为一般认证企业

B．经营企业为高级认证类企业，且报关企业为一般信用类以上企业

C．经营单位为一般认证企业，且报关单位为一般信用企业

D．经营单位为一般信用企业，且报关单位为一般认证企业

4．目前，我国报关企业大多采取直接代理形式报关，间接代理报关主要用于（　　）。

A．经营海运业务的营运人等国际货物运输代理企业

B．经营快件业务的营运人等国际快递企业

C．经营海运业务的营运人等国际物流企业

D．经营快件业务的营运人等国际货物运输代理企业

5．进出境运输工具用（　　）申报，它是指反映进出境运输工具所载货物、物品及旅客信息的载体。

A．报关单　　B．申报单

C．舱单　　D．提运单

6．（　　）是指反映出境运输工具实际配载货物、物品或载有旅客信息的舱单。

A．装载舱单　　B．原始舱单

C．预配舱单　　D．装配舱单

7．（　　）是海关对进出境物品监管的基本原则，也是对进出境物品报关的基本要求。

A．直接需用数量原则　　B．自用免税原则

C．合理数量原则　　D．自用合理数量原则

8．中国籍旅客进出境行李物品，超出自用合理数量及规定的限量、限值或品种范围的，海关不予放行。除本人声明放弃外，应在（　　）内由本人或其代理人向海关办理退运手续。

A．一个月　　B．三个月　　C．六个月　　D．一年

9．进出口邮包必须由寄件人填写（　　），列明所寄物品的名称、价值、数量，向邮包寄达国家的海关申报。

A．报税单　　B．申报单　　C．报关单　　D．舱单

10．（　　）是成为报关单位的前提条件。

A．依法在海关注册登记

B．必须是关境内法人

C．包含两类主体，由进出口收发货人和报关单位两类主体共同构成

D．具有对外贸易经营资格

11．临时注册登记单位在向海关申报前，一般应当向（　　）办理备案手续，临时注册登记有效期最长为（　　）。

A．口岸进出境海关，1 年　　B．所在地海关，1 年

C．监管业务集中地海关，2 年　　D．所在地海关，2 年

12．海关按照守法便利原则，对适用不同管理类别的企业，制定相应的差别管理措施，其中对（　　）适用常规管理措施。

A．AA 类企业　　B．A 类企业

C．B 类企业　　D．C 类和 D 类企业

13．认证企业管理措施的施行是中国海关对报关单位管理措施实现与国际接轨的一项标志性改革。认证企业即中国海关经认证的经营者，其英文缩写是（　　）。

A．WCO　　B．AEO　　C．WTO　　D．ATO

14．AA 类企业现认证企业是（　　）。

A．6 个月　　B．3 个月　　C．90 天　　D．60 天

15．下列（　　）不属于 AA 类高级认证企业的管理措施。

A．在确定进出口货物的商品归类、海关估价、原产地，或者办结其他海关手续前先行办理验放手续

B．对从事加工贸易的企业，不实行银行保证金台账制度

C．AEO 互认国家或者地区海关提供的通关便利措施

D．进出口货物单证重点审核

16．海关对（　　）应当每 3 年重新认证一次。

A．高级认证企业　　B．一般认证企业

C．一般信用企业　　D．失信企业

17．报关单位对报关差错记录有异议的，可以自报关差错记录之日起（　　）向记录海关以书面方式申请复核。海关应当自收到书面申请之日起（　　）进行复核，对记录错误的予以更正。

A．15 日内，10 日内　　B．15 日内，15 日内

C．10 日内，15 日内　　D．10 日内，10 日内

18．报关行业统一规范的标准是（　　）。

A．《海关法》　　B．《海关条例》

C．《代理报关服务作业规范》　　D．《报关服务作业规范》

19．（　　）是指以报关作业及其相关作业行为为核心的实务操作方法探讨和行为方式选择。

A．通关运作咨询　　B．通关管理咨询

C．通关专项咨询　　D．系统解决方案咨询

20．中国报关协会的英文缩写是（　　）。

A．CCBA　　B．CBCA

C．BACC　　D．BCCA

二、多项选择题

1．关于报关表述正确的有（　　）。

A．报关是指进出口货物的收发货人或其代理人在货物进出境时，依法办理有关手续的行为及其过程

B．向海关办理进出口货物的报关手续，依法缴纳关税和其他税费，是国家对进出口货物监督管理的基本要求

C．向海关办理进出口货物的报关手续，依法缴纳关税和其他税费，是进出口货物收发货人及其代理人必须履行的基本义务

D．进出境运输工具、货物和物品必须通过设立海关的地点进境或出境，并向海关办理相关申报、纳税等通关手续

2．属地报关的优越性有（　　）。

A．不需办理转关手续，企业可自行组织货物的物流运输

B. 实现了“一次申报、一次查验、一次放行”

C. 属地海关对企业能够做到长期了解，减少了作业环节和作业时间

D. 企业可在属地会合办理商检、签发证明联等手续，避免了企业在属地和口岸之间多次往返和函电联系

3. 适用集中报关的进出口货物包括（　　）。

A. 图书、报纸、期刊类出版物等时效性较强的货物

B. 危险品或鲜活、易腐、易失效等不宜长期保存的货物

C. 公路口岸进出境的货物

D. 公路口岸进出境的保税货物

4. 进出境运输工具舱单的类型有（　　）。

A. 原始舱单　　B. 预配舱单

C. 装载舱单　　D. 装配舱单

5. 行邮税的特点有（　　）。

A. 需要纳税的是进出境物品

B. 关税和进口环节海关代征税合而为一

C. 设有单独的税率表

D. 根据物品类别的划分设有相应单一的进口税率

6. 报关单位的基本特征是（　　）。

A. 依法在海关注册登记

B. 必须是关境内法人、组织或个人

C. 包含两类主体，由进出口收发货人和报关单位两类主体共同构成

D. 必须办理报关业务

7. 下列属于收发货人的是（　　）。

A. 国有企业　　B. 民营企业

C. 外商投资企业　　D. 集体企业

8. 从《海关法》对报关单位的规定上看，下面（　　）是报关单位。

A. 进口教学实验设备的高等院校

B. 从事境内水运的船务代理公司

C. 在海关注册登记取得进出口经营权的专业进出口公司

D. 在海关注册登记的报关行

9. 海关按照守法便利原则，对适用不同管理类别的企业，制定相应的差别管理措施，其中（　　）。

A. AA 类企业适用相应的通关便利措施

B. A 类企业适用相应的通关便利措施

C. B 类和 C 类企业适用常规管理措施

D. D 类企业适用严密监管措施

10.《企业分类管理办法》的管理对象包括（　　）。

A. 进出口货物收发货人　　B. 报关企业

C. 加工生产企业　　D. 仓储企业

11. 自 2014 年起，按照《企业分类管理办法》下列说法正确的有（　　）。

A．适用 AA 类管理的企业过渡为高级认证企业
B．适用 A 类管理的企业过渡为一般认证企业
C．适用 B 类管理的企业过渡为一般信用企业
D．适用 C 类、D 类管理的企业，海关重新认定企业信用等级

12．A 类一般认证企业适用的管理原则和措施有（　　）。
A．海关为企业设立协调员　　B．较低进出口货物查验率
C．简化进出口货物单证审核　　D．优先办理进出口货物通关手续

13．新修订的《报关单位注册登记管理规定》取消了报关员记分和考核管理，不再对报关员进行记分和考核管理，改为对报关单位报关差错进行记录，主要涉及（　　）。
A．报关员行为不规范　　B．企业行为不规范
C．报关单填制不规范　　D．报关行为不规范

14．海关对报关员的管理表述正确的有（　　）。
A．只有在海关注册登记的报关单位才能够向海关申请为其所属的报关员办理备案手续
B．海关不接受以个人名义提出的备案申请，要由所在报关单位向海关办理备案手续
C．报关员只能受聘于一家报关单位
D．报关单位所属人员从事报关业务到海关备案的，海关收取“报关单位情况登记表”（所属报关员），并验核拟备案报关员有效身份证件原件后，核发“报关员备案证明”

15．报关员的权利有（　　）。
A．查问权　　B．查询权
C．监督权　　D．报关权

16．根据《报关服务作业规范》，代理报关服务作业的范围有（　　）。
A．代为办理填制报关单及其进出境备案清单、提交报关单证等海关手续
B．代为办理进出口货物减税、免税等手续
C．代为办理加工贸易合同备案、变更和核销及保税监管等手续
D．有条件的可提供关务咨询等增值服务

17．中国报关协会的服务宗旨是（　　）。
A．配合政府部门加强对我国报关行业的管理
B．维护、改善报关市场的经营秩序
C．促进会员间的交流与合作
D．依法代表本行业利益，保护会员的合法权益

18．报关服务应以（　　）为服务质量方针。
A．诚信守法　　B．崇尚专业
C．自律规范　　D．务实创新

19．对报关服务各环节的服务质量要求有（　　）。
A．诚信守法　　B．快捷高效
C．自律规范　　D．守法经营

20．报关增值服务项目范围有（　　）。
A．代理报检手续
B．代理国际货运和国内货运

C．代为办理进出口货物减税、免税等手续

D．代为办理加工贸易合同备案

三、判断题

1．进出境运输工具、货物和物品必须通过设立海关的地点进境或出境，并向海关办理相关申报手续。（　　）

2．向海关办理进出口货物的报关手续，依法缴纳关税和其他税费，是国家对进出口货物进行监督管理的基本要求。（　　）

3．间接代理报关是指报关企业接受委托人的委托，以委托人的名义办理报关业务的行为。（　　）

4．在间接代理中，报关企业应当承担与进出口货物收发货人自理报关时所应当承担的相同的法律责任。（　　）

5．属地报关是指在报关单位的企业注册地隶属海关辖区内办理报关手续。（　　）

6．“属地申报、属地放行”这种模式的优势在于对于符合海关规定条件的企业，可以在其注册地海关履行申报义务，海关则可以在口岸放行环节履行其监督检查管理的职责。（　　）

7．自2014年起，申报单位为一般认证企业且经营单位为一般信用企业以上进出口货物，可适用“属地申报、属地放行”的通关模式。（　　）

8．集中申报是先以报关单申报货物进出口，再以“中华人民共和国海关进出口货物集中申报清单”集中办理海关手续的一种特殊通关方式。（　　）

9．进出境运输工具负责人在运输工具进入或驶离我国关境时均应如实向海关申报运输工具所载旅客人数、进出口货物数量、装卸时间等基本情况。（　　）

10．海关监管进出境物品包括行李物品、邮递物品和其他物品，三者在报关要求上大体相同。（　　）

11．经海关登记准予暂时免税进境或者暂时免税出境的物品，应当由本人复带出境或者复带进境。（　　）

12．当今世界上大多数国家的海关法律都规定对旅客进出境采用“红绿通道”制度。（　　）

13．绿色通道又叫无申报通道，适用于携运物品在数量和价值上均不超过免税限额的旅客。（　　）

14．进出口货物收发货人自己能办理本单位进出口货物的报关业务，也可以代理其他单位报关。（　　）

15．一些没有进出口经营权，但临时有进出口业务的单位，可以向海关申请办理临时注册登记手续，临时注册登记有效期为1年。（　　）

16．经海关注册登记后，临时有进出口业务的单位就成了特殊的收发货人，获得了临时报关权，报关范围仅限于本单位进出口贸易性商品。（　　）

17．海关根据企业信用状况将企业认定为认证企业、一般信用企业和失信企业三类。（　　）

18．海关对高级认证企业不定期重新认证，对一般认证企业应当每3年重新认证一次。（　　）

19. 由国务院发布的《报关服务作业规范》是报关行业统一规范的标准。(　　)

20. 报关服务是以“诚信守法、崇尚专业、自律规范、务实创新”为服务质量方针的。(　　)

四、简答题

1. 什么是报关？报关的分类有哪些？
2. 简述直接代理报关与间接代理报关的含义与区别。
3. 简述我国对个人行李物品的监管要求。
4. 什么是报关单位？报关单位要具备哪些基本特征？
5. 什么是收发货人、报关企业？两者有何不同？
6. 企业分类管理与企业信用管理的过渡措施有哪些内容？
7. 认证企业的动态管理内容有哪些？
8. 简述报关单位及报关员的主要权利与义务。
9. 什么是关务咨询？如何分类？其特点表现在哪些方面？
10. 什么是预归类服务？服务活动以怎样的方式展开？

第二章

海关概述

学习目标

通过本章的学习，深入了解海关的性质、海关的垂直管理体制及设关要求，掌握我国关境的范围和海关的四大任务，熟悉我国海关的法律体系。了解海关近些年的改革措施，以及未来的发展状况，掌握海关的权力范围，重点理解海关的检查权和强制权的内容。

案例导入

2018 年，全国海关会同各地方、各部门开展了“国门利剑 2018”联合专项行动，重点打击“洋垃圾”、濒危物种、农产品、重点涉税商品、涉枪涉毒走私等违法犯罪活动，侦办了一批重特大走私案件，成功摧毁一批走私犯罪团伙。2019 年 1 月，海关总署公布了 2018 年十大典型案例，其中涵盖了固体废物走私、濒危动物走私、武器毒品走私，以及跨境电商走私等多个社会关注度较高的案件。包括：拱北、南京海关缉私局侦办“3 · 25”特大走私固体废物案，汕头海关缉私局侦办“1801”特大走私固体废物案，南宁海关缉私局侦办走私珍贵动物制品案，海口海关缉私局侦办“315”海上偷运成品油走私案，黄埔等 17 个海关缉私局“1 · 19”打击走私出口钢铁废碎料联合专项行动，天津等 9 个海关缉私局“607”打击冻水产品走私集中收网行动，深圳海关缉私局侦办“海啸三号”暨“使命 2018-18”打击走私、出口骗税案，北京海关侦办“716”走私武器弹药案，宁波海关侦办“1016”特大走私毒品案，以及广州海关缉私局侦办跨境电商渠道走私系列案。

据海关总署统计显示，2018 年，海关共立案侦办走私犯罪案件 3 601 起，同比增长 10.8%。其中，废物走私犯罪案件 481 起，走私毒品犯罪案件 596 起。海关总署此前表示，2019 年，全国海关还将加强对国门生物安全的防控，严把进出口食品安全关，同时优化商品检验监管，高压严打走私。

根据上述资料，请思考：

（1）海关的性质是什么？

（2）海关除了缉私还有哪些任务？

（3）海关的权力有哪些？

（资料来源：https://www.toutiao.com/a6647785622419276302/）

第一节　海关管理基础知识

一、海关的性质

《海关法》第二条规定："中华人民共和国海关是国家的进出关境（简称进出境）管理机关。海关依照本法和其他有关法律、行政法规，监管进出境的运输工具、货物、行李物品、邮递物品和其他物品（简称物品），征收关税和其他税、费，查缉走私，并编制海关统计和办理其他海关业务。"这是《海关法》非常重要的一个条文，可以做以下理解。

（一）海关是中央国家行政机关的组成部分

根据《海关法》第三条的规定：国务院设立海关总署，统一管理全国海关。海关在国务院机构序列中属于国务院直属机构。

（二）海关是具备行政执法职能的国家行政机关

作为国家行政机关的一个部门，海关具有行政管理职能。同时，海关也具备非常明显的行政执法职能，故也可称为行政执法机关。海关执法的依据是《海关法》和其他有关法律、行政法规。

海关事务属于中央立法事权，立法者为全国人大及其常务委员会和国务院。海关总署也可以根据法律和国务院的法规、决定、命令，制定规章，作为执法依据的补充。省、自治区、直辖市人民代表大会和人民政府不得制定海关法律规范，地方法规、地方规章不是海关执法的依据。

（三）海关是国家进出境监督管理机关

海关实施监督管理的范围是进出境及与之有关的活动，监督管理的对象是所有进出境的运输工具、货物、物品。

关境是世界各国海关通用的概念，指适用于同一海关法或实行同一关税制度的领域。在一般情况下，关境的范围等于国境，但对于关税同盟的签署国来说，其关境大于国境，如欧盟。关境同国境一样，包括其领域内的领水、领陆和领空，是一个立体的概念。我国关境的范围是除享有单独关境地位的地区以外的中华人民共和国的全部领域，包括领水、领陆和领空。目前我国单独的关境有香港、澳门和台、澎、金、马单独关税区。在单独关境内，其各自实行单独的海关制度。因此，我国关境小于国境。本教材所称的"进出境"除特指外均指进出我国关境。

知识链接 2-1　中国海关的发展

我国的"关"起初建立于内陆交通要道，是指关塞，也就是具有军事和商贸意义的交通要道。其后随着社会经济的发展，逐渐从边疆移往内地，从陆地推向沿海。

在海上对外贸易比较发达的唐宋元时期，东南沿海各口岸均设立有专管对外贸易、检查进出口船舶并征收商税的机构。康熙二十四年（1685 年），清政府在广州、漳州（今厦门）、宁波、江南（今上海）四处设关，分别称粤海关、闽海关、浙海关、江海关。这是我国历史上首次开始使用"海关"一词。

第一次鸦片战争后，《中英南京条约》强行开放上海、福州、厦门、宁波、广州五地为对外通商口岸，订立片面协定税则，剥夺了我国海关的关税自主权。自 1859 年英国人李泰国出任中国海关总税务司起至 1949 年中华人民共和国成立之前，历任海关总税务司均为外国人，中国海关的控制权被帝国主义国家掌握了将近 100 年之久，这一时期的海关也被称为“洋关”。

中华人民共和国成立之后，在周总理和陈云同志的直接领导下，中华人民共和国海关总署于 1949 年 10 月 25 日正式成立，标志着中国经济大门的金钥匙回到了人民的手中。1951 年 3 月 20 日，周总理主持政务院第 77 次会议讨论通过《中华人民共和国暂行海关法》，并于 5 月 1 日起正式施行。这是中华人民共和国成立后最早颁布的正式法令之一。

中华人民共和国成立后，随着国内外政治、经济形势的发展变化，中国海关经历了曲折的发展过程。尤其是随着不同时期海关职能的调整和变化，海关的内涵也有所变化和发展。1920 年 2 月，《国务院关于改革海关管理体制的决定》指出：“海关是代表国家在口岸行使监督管理职权的机关。”

二、海关的法律体系

法律体系一般指一个国家的全部现行法律规范按不同部门、层次所组成的有机整体。海关的法律体系根据制定的主体和效力的不同分为《海关法》、行政法规、海关规章、规范性文件。

（一）《海关法》

《海关法》于 1987 年 1 月 22 日由第六届全国人民代表大会常务委员会第十九次会议通过，同年 7 月 1 日起实施。为了适应形势发展的需要，2000 年 7 月 8 日第九届全国人民代表大会常务委员会第十六次会议对《海关法》进行了较大范围的修改，修正后的《海关法》于 2001 年 1 月 1 日起实施。《海关法》是管理海关事务的基本法律规范，以中华人民共和国主席令的形式颁布实施。

（二）行政法规

国务院根据《中华人民共和国宪法》（简称《宪法》）和法律，制定行政法规，以国务院令的形式颁布实施。目前，在海关管理方面主要的行政法规有：《中华人民共和国关税条例》（简称《关税条例》）、《稽查条例》、《知识产权海关保护条例》、《海关行政处罚实施条例》、《统计条例》、《原产地条例》等。

（三）海关规章

海关规章是海关总署根据海关行使职权、履行职责的需要，单独或会同有关部门制定的，是海关日常工作中引用数量最多、内容最广、操作性最强的法律依据，其效力等级低于法律和行政法规。海关规章以海关总署令的形式对外公布。

（四）规范性文件

规范性文件是指海关总署及各直属海关按照规定程序制定的对行政管理相对人权利、义务具有普遍约束力的文件。海关总署制定的规范性文件要求行政管理相对人遵守或执行，应当以海关总署公告的形式对外发布。

规范性文件不得设定对行政管理相对人的行政处罚。直属海关在限定范围内制定的关于本关区某一方面涉及行政管理相对人权利义务的行政管理规范，应当以公告的形式对外发布。

三、海关的垂直管理体制与组织机构

（一）海关的垂直管理体制

1987 年 1 月，第六届全国人民代表大会常务委员会第十九次会议审议通过的《海关法》规定："国务院设立海关总署，统一管理全国海关""海关依法独立行使职权，向海关总署负责"，确定了海关总署作为国务院直属机构的地位，进一步明确了海关机构的隶属关系，将海关集中统一的垂直领导体制以法律的形式予以确立。

《海关法》以法律形式明确了海关的设关原则："国家在对外开放的口岸和海关监管业务集中的地点设立海关。海关的隶属关系，不受行政区划的限制。"国家规定，在对外开放的口岸必须设置海关、出入境检验检疫机构。

"海关的隶属关系，不受行政区划的限制"，表明了海关管理体制与一般性的行政管理体制的区域划分无必然联系，如果海关监督管理需要，国家可以在现有的行政区划之外考虑和安排海关的上下级关系和海关的相互关系。

（二）海关的组织机构

海关的组织机构设置为海关总署、直属海关和隶属海关三级。隶属海关由直属海关领导，向直属海关负责；直属海关由海关总署领导，向海关总署负责。此外，还有海关缉私警察机构。

1．海关总署

海关总署是国务院下属的正部级直属机构，在国务院领导下统一管理全国海关机构、人员编制、经费物资和各项海关业务，是海关系统的最高领导部门。海关总署下设广东分署，在上海和天津设立特派员办事处，作为其派出机构。海关总署的基本任务是在国务院领导下，领导和组织全国海关正确贯彻实施《海关法》和国家的有关政策、行政法规，积极发挥依法行政、为国把关的职能，服务、促进和保护社会主义现代化建设。

2．直属海关

直属海关是指直接由海关总署领导，负责管理一定区域范围内海关业务的海关。目前，直属海关共有 47 个直属海关单位（广东分署，天津、上海特派办，42 个直属海关，两所海关院校），除香港、澳门、台湾地区外，分布在全国 31 个省、自治区、直辖市。其中广东省有 7 个直属海关（广州海关、深圳海关、拱北海关、汕头海关、黄埔海关、江门海关、湛江海关），福建（福州海关、厦门海关）、内蒙古（呼和浩特海关、满洲里海关）、辽宁（沈阳海关、大连海关）、浙江（杭州海关、宁波海关）、山东（济南海关、青岛海关）都有两个直属海关。

直属海关的地域管辖范围称为关区，直属海关就本关区内的海关事务独立行使职权，向海关总署负责。直属海关承担着在关区内组织开展海关各项业务和关区集中审单作业，全面有效地贯彻执行海关各项政策、法律、法规、管理制度和作业规范的重要职责，在海关三级业务职能管理中发挥着承上启下的作用。

3．隶属海关

各直属海关下辖的是隶属海关机构，隶属海关机构由直属海关领导，向直属海关负责，目前有 700 多个隶属海关和办事处（含现场业务处）。隶属海关是负责办理具体海关业务的海关，是海关进出境监督管理职能的基本执行单位，一般设在口岸和海关业务集中的地点。

4. 海关缉私警察机构

根据《海关法》的规定："国家在海关总署设立专门侦查走私犯罪的公安机构，配备专职缉私警察，负责对其管辖的走私犯罪案件的侦查、拘留、执行逮捕、预审。"缉私局既是海关总署的一个内设局，又是公安部的一个序列局，实行海关总署和公安部双重领导，以海关领导为主的体制。

第二节　海关的任务与权力

一、海关的任务

1987 年 7 月 1 日开始实施的《海关法》的第二条规定："中华人民共和国海关是国家的进出关境监督管理机关。海关依照本法和其他有关法律、行政法规，监管进出境的运输工具、货物、行李物品、邮递物品和其他物品，征收进出口关税和其他税、费，查缉走私，并编制海关统计和其他海关业务。"因此，海关有四项基本任务，即监管进出境的运输工具、货物、物品（简称海关监管），征收关税和其他税、费（简称海关征税），查缉走私，编制海关统计（简称海关统计）。

（一）海关监管

海关监管是指海关在规定的时间期限和特定地域范围内，依法对进出境的货物、物品和运输工具进出境活动，通过采取审查单证数据、检查及监控客观事物等措施，对其合法性、真实性进行审查并实施全过程监控的行政执法活动。

（二）海关征税

海关征税的主要内容是依据《海关法》、《中华人民共和国进出口税则》（简称《进出口税则》）及其他有关法律、行政法规规定来确定税率、计税办法和完税价格，征收关税和进口环节海关代征税。国家通过对境外生产的货物征收进口关税，提高其进口成本，降低其竞争能力，从而达到保护国内经济的目的。各国对出口货物基本不征收出口关税，通常只对资源性产品征收以达到保护的目的。所以，通常说的关税都是指进口关税。

关税的课税对象是进出口货物、进出境物品。关税可以分为正税和附加税。正税，即我们通常说的关税，是按照《进出口税则》中的规定，对不同种类的货物按不同的税率征收。附加税是在正税的基础上征收的，一般也只对进口货物征收。进口附加税包括反倾销税、反补贴税、保障措施关税和报复性关税等。

为了节省征税人力、简化征税手续，进口货物、物品征收关税的同时，还负责代替国内税务部门征收若干种类的进口环节税，称为进口环节海关代征税。目前，由海关代征的进口环节税包括增值税和消费税。此外，海关还代交通管理部门征收船舶吨税。

需要指出的是，海关开展征税业务还依赖于商品归类、原产地规则适用、海关估价等基础工作。

（三）查缉走私

《海关法》规定："国家实行联合查缉走私、统一处理、综合治理的查缉走私体制。海关负责组织、协调、管理查缉走私工作。"这一规定从法律上明确了海关打击走私的主导地位，以及与有关部门的执法协调。

根据我国的查缉走私体制，除了海关以外，公安、工商、税务、烟草专卖等部门也有查缉走私的权力，但这些部门查获的走私案件，必须按照法律规定，统一处理。各有关行政部门查获的走私案件，应当给予行政处罚的，移送海关依法处理；涉嫌犯罪的，应当移送海关侦查走私犯罪公安机构或地方公安机关依据案件管辖分工和法定程序办理。

（四）海关统计

我国海关的统计制度规定，实际进出境并引起境内物质存量增加或者减少的货物，列入海关统计；进出境物品超过自用合理数量的，列入海关统计。对于部分不列入海关统计的货物和物品，则根据我国对外贸易管理和海关管理的需要，实施单项统计。

1992 年，海关总署以国际通用的《商品名称及编码协调制度》（Harmonized Commodity Description and Coding System，简称《协调制度》或 HS）为基础，编制了《中华人民共和国海关统计商品目录》（简称《统计商品目录》），把税则与统计目录的归类编码统一起来，规范了进出口商品的命名和归类，使海关统计进一步向国际惯例靠拢，满足了我国对外开放和建立社会主义市场经济体制的需要。

总之，海关的四项基本任务是个统一的、有机联系的整体。监管工作是海关四项基本任务的基础。征税工作所需的数据、资料等是在海关监管的基础上获取的，征税与监管有着十分密切的关系。查缉走私工作则是监管、征税两项基本任务的延伸。统计工作是在监管、征税工作的基础上完成的，它为国家宏观经济调控提供了准确、及时的信息，同时又对监管、征税等业务环节的工作质量起到检验把关的作用。

知识链接 2-2　海关关徽

作为代表国家履行进出境监督管理职能的行政机关，海关关徽是我国海关的专用标志，具有高度的辨识性。我国海关的关徽图案自 1953 年 9 月开始颁布使用，海关总署也于 1997 年 7 月 1 日颁布了《中华人民共和国海关关徽使用管理办法》来保证海关关徽的正确使用与维护关徽的尊严。我国海关关徽由金黄色钥匙与商神手杖交叉组成。关徽上两蛇相缠的商神杖是古希腊神话中商神赫尔墨斯的手杖，商神杖在国际上也被视为商业及国际贸易的象征。金钥匙寓意国门钥匙，具有海关掌管国家经济大门的含义，被视为维护国家主权的象征。所以，金钥匙寓意着海关为国把关，维护国家的主权和利益。钥匙上的三个锁齿在当时分别代表海关的监管、征税、查缉走私三大任务（1987 年 7 月 1 日起实施的《海关法》明确海关任务为监管、征税、查缉走私、统计四项）。

二、海关的权力

（一）海关权力的特点

我国海关权力的来源主要是宪法、法律及行政法规的规定。海关权力主要有以下特点。

1．特定性

《海关法》明确了海关管理进出境活动的主体资格，决定了海关权力具有的特定性。

2．复合性

海关权力的复合性是指海关依据法律授权行使行政职权的同时，还可以依据法律授权行使一定的立法权和司法权。

3．强制性

海关管理的相对人对于海关依法所实施的管理活动有服从、接受和协助的义务。

4．自由裁量性

自由裁量性是指海关在法律所允许的范围内自行判断和选择自己认为正确的行为，从而更加准确地贯彻法律意图和体现公正。

5．广泛性

海关管理内容涉及政治、经济、文化、社会等诸多方面。海关不仅要面对中国公民，又要面对外国公民或无国籍人，其职能具有广泛性。

（二）海关权力的内容

根据《海关法》及有关法律、行政法规，海关的权力主要包括以下内容。

1．检查权

海关有权检查进出境运输工具，检查有走私嫌疑的运输工具和有藏匿走私货物、物品嫌疑的场所，检查走私嫌疑人的身体。海关对进出境运输工具的检查不受海关监管区域的限制；对走私嫌疑人身体的检查，应在海关监管区和海关附近沿海沿边规定地区内进行；对有走私嫌疑的运输工具和有藏匿走私货物、物品嫌疑的场所，在海关监管区和海关附近沿海沿边规定地区内，海关人员可直接检查，超出此范围，在调查走私案件时，须经直属海关关长或者其授权的隶属海关关长批准，才能进行检查，但不能检查公民住处。具体如表 2-1 所示。

表 2-1　检查权的行使

检查对象	检查区域	检查权的行使
进出境运输工具	两区内	海关人员可直接检查
	两区外	
有走私嫌疑的运输工具	两区内	海关人员可直接检查
	两区外	在调查走私案件时，须经直属海关关长或者其授权的隶属海关关长批准才能进行检查
藏匿有走私货物、物品嫌疑的场所	两区内	海关人员可直接检查
	两区外	在调查走私案件时，须经直属海关关长或者其授权的隶属海关关长批准才能进行检查，但不能检查公民住处
走私嫌疑人	两区内	海关人员可直接检查
	两区外	不能检查

2．查阅、复制权

查阅进出境人员的证件，查阅、复制与进出境运输工具、货物、物品有关的合同、发票、账册、单据、记录、文件、业务函电、录音录像制品和其他的有关资料。

3．查问权

海关有权对违反《海关法》或者其他有关法律、行政法规的嫌疑人进行查问，调查其违法行为。

4．查验权

海关有权查验进出境货物、个人携带进出境的行李物品、邮寄进出境的物品。海关查验货物认为必要时，可以径行提取货样。

5．查询权

海关在调查走私案件时，经直属海关关长或者其授权的隶属海关关长批准，可以查询案件涉嫌单位和涉嫌人员在金融机构、邮政企业的存款、汇款。

6．稽查权

海关在法律规定的年限内，对企业进出境活动及与进出口货物有关的账务、记账凭证、单证资料等有权进行稽查。

7．行政处罚权

海关有权对违法当事人予以行政处罚，包括对走私货物、物品及违法所得处以没收，对有走私行为和违反海关监管规定行为的当事人处以罚款，对有违法情事的报关企业和报关员处以暂停或取消报关资格的处罚等。

8．行政强制权

海关行政强制，包括海关行政强制措施和海关行政强制执行。

（1）海关行政强制措施。

1）限制公民人身自由。

① 在海关监管区和海关附近沿海沿边规定地区，对走私犯罪嫌疑人，经直属海关关长或者其授权的隶属海关关长批准，可以扣留，扣留时间不得超过 24 小时，在特殊情况下可以延长至 48 小时。

②个人违抗海关监管逃逸的，海关可以连续追至海关监管区和海关附近沿海沿边规定地区以外，将其带回。

③受海关处罚的当事人或者其法定代表人、主要负责人在出境前未缴清罚款、违法所得和依法追缴的货物、物品、走私运输工具的等值价款，又未提供担保的，海关可以通知出境管理机关阻止其出境。

2）扣留财物。

①对违反海关法的进出境运输工具、货物、物品，以及与之有牵连的合同、发票、账册、单据、记录、文件、业务函电、录音录像制品和其他资料，可以扣留。

②在海关监管区和附近沿海沿边规定地区内，对有走私嫌疑的运输工具、货物、物品，经直属海关关长或者其授权的隶属海关关长批准，可以扣留。

③在海关监管区和海关附近沿海沿边规定地区以外，对有证据证明有走私嫌疑的运输工具、货物、物品，可以扣留。

④进出口货物的纳税义务人、担保人自规定的纳税期限届满之日起超过 3 个月未缴纳税款的，经直属海关关长或者其授权的隶属海关关长批准，海关可以扣留其价值相当于应纳税款的货物或者其他财产。

⑤对涉嫌侵犯知识产权的货物，海关可以依申请扣留。

如上所述，具体如表 2-2 所示。

表 2-2　扣留权的行使

扣留对象	扣留区域	扣留权的行使
对违反海关法的进出境运输工具、货物、物品，以及与之有牵连的合同、发票等	两区内	海关人员可直接扣留
	两区外	
对有走私嫌疑的进出境运输工具、货物、物品	两区内	经直属海关关长或者其授权的隶属海关关长批准才可以扣留
	两区外	对有证据证明有走私嫌疑的运输工具、货物、物品，可以扣留
走私犯罪嫌疑人	两区内	经直属海关关长或者其授权的隶属海关关长批准，可以扣留，扣留时间不得超过 24 小时，在特殊情况下可以延长至 48 小时

3）冻结存款、汇款。进出口货物的纳税义务人在规定的纳税期限内有明显的转移、藏匿其应税货物，以及其他财产的迹象，不能提供纳税担保的，经直属海关关长或者其授权的隶属海关关长批准，海关可以通知纳税义务人开户银行或者其他金融机构暂停支付纳税义务人相当于应纳税款的存款。

（2）海关行政强制执行。海关行政强制执行是指在有关当事人不依法履行义务的前提下，为实现海关的有效行政管理，依法强制当事人履行法定义务的行为。

1）加收滞纳金。

①进出口货物的纳税义务人逾期缴纳税款的，由海关征收滞纳金。

②进出口货物和海关监管货物因纳税义务人违反规定造成少征或者漏征税款的，海关可予追征并加征滞纳金。

2）扣缴税款。进出口货物的纳税义务人、担保人自规定的纳税期限届满之日起超过 3 个月未缴纳税款的，经直属海关关长或者其授权的隶属海关关长批准，海关可以书面通知其开户银行或者其他金融机构从其暂停支付的存款中扣缴税款。

3）抵缴、变价抵缴。

①进出口货物的纳税义务人、担保人自规定的纳税期限届满之日起超过 3 个月未缴纳税款的，经直属海关关长或者其授权的隶属海关关长批准，海关可以依法变卖应税货物，或者依法变卖其价值相当于应纳税款的货物或者其他财产，以变卖所得抵缴税款。

②进口货物的收货人自运输工具申报进境之日起超过 3 个月未向海关申报的，其进口货物由海关提取依法变卖处理。

（三）海关行使权力的原则

1．合法性原则

权力的行使要合法，这是行政法的基本原则——依法行政原则的基本要求。按照行政法理论，行政权力行使的合法性至少包括：行使行政权力的主体资格合法，即行使权力的主体必须有法律授权；行使权力必须有法律规范为依据；行使权力的方法、手段、步骤、时限等程序应合法等。

2．适当原则

行政权力的适当原则是指权力的行使应该以公平性、合理性为基础，以正义性为目标。

3．依法独立行使原则

海关实行高度集中统一的管理体制和垂直领导方式，地方海关只对海关总署负责。海关无论级别高低都是代表国家行使管理权力的国家机关，海关依法独立行使权力，各地方、各部门应当支持海关依法行使职权，不得非法干预海关的执法活动。

4．依法受到保障原则

《海关法》规定：海关依法执行职务，有关单位和个人应当如实回答询问并予以配合，任何单位和个人不得阻挠；海关执行职务受到暴力抗拒时，执行有关任务的公安机关和人民武装警察部队应当予以协助。

第三节　海关的改革与发展

一、改革海关管理，促进外贸稳定增长

（一）区域通关一体化改革加速

为适应我国区域经济一体化的发展趋势，整合口岸海关和内地海关的管理资源，努力推动区域内市场资源的自由流动和有效配置，为企业创造一个快捷高效的经济环境，海关打破行政区划和关区设置所造成的障碍，充分利用信息化手段，于 2005 年年底开始实施区域通关改革。

1．区域内海关实现无缝对接

这项改革的基本思路是对区域内海关监管和服务实施优势集成、资源整合、打破管理区域界限，通过建立区域通关中心，打造统一的申报平台、风险防控平台、专业审单平台和现场作业平台（简称“一中心、四平台”），实现区域内企业自主选择报关纳税和货物查验的地点，区域内海关实现高效执法、无缝对接的服务。

2．大幅减少通关环节

在一体化的模式下，区域内海关统一操作规范、统一业务流程、统一执法标准，企业无论在哪个海关办理手续，都能感受到同样的待遇。一体化改革将大幅度减少海关审批手续和通关环节，降低区域内进出口企业办理跨关区货物通关的成本。

3．适用企业自动纳入一体化通关

在区域内海关，区域通关一体化通关方式适用于企业在区域内口岸海关进出口的货物，改革将区域外注册企业在区域内口岸清关的货物也一并纳入一体化作业范围，适用企业无须向海关申请，自动纳入一体化通关中，享受一体化改革所带来的好处。

（二）自贸试验区海关监管服务创新

上海自贸试验区自 2013 年 9 月创建，即实行“一线放开、二线安全高效管住、区内自由”的海关监管模式。该模式以一线“先进区、后报关”、二线“批次进出、集中申报”、区内“自行运输”为标志。

在上海自贸试验区围绕体制机制进行积极探索和创新，形成了一批可复制、可推广的经验做法的基础上，2015 年年初，党中央、国务院决定依托广东、天津、福建的现有新区、园区，再设三个自贸试验区，在更大范围推动实施新一轮高水平对外开放。

（三）“单一窗口”建设和关检合作“三个一”同步推进

2014年6月，上海洋山保税港区启动国际贸易“单一窗口”试点，依托上海电子口岸平台，企业通过单一平台一点接入、一次性递交格式化单证和电子信息；监管部门按照确定的规则，共享监管资源，实施联合监管，其处理状态和结果通过单一平台反馈给申报人。

（四）加快海关特殊监管区域整合优化

海关特殊监管区域的发展目标是增强科学发展内生动力，促进加工贸易转型升级，发挥要素集聚和辐射带动作用。为此需要实现“四个整合”“四个优化”。

其中，“四个整合”包括整合类型、整合功能、整合政策及整合管理。“四个优化”包括优化产业结构、优化业务形态、优化贸易方式及优化监管服务。

（五）优化查验监管机制，推广“双随机”抽查

实行“随机选择布控、随机派员查验”的“双随机”制度。“双随机”促进公平公正执法，有效防范廉政风险，减少对布控查验的人工干预，克服“任性”检查，用机器代替人工作业，并自动记录作业信息，全程留痕，责任可追溯。与此同时，“双随机”还提高了通关效能，通过计算机自动识别风险，对高风险货物集中力量进行严格监管，对低风险货物快速放行。

（六）全面推开通关作业无纸化改革

通关作业无纸化是指海关以企业分类管理和风险分析为基础，按照风险等级对进出口货物实施分类，运用信息化技术改变海关验核进出口企业递交纸质报关单及随附单证办理通关手续的做法，直接对企业通过中国电子口岸录入申报的报关单及随附单证的电子数据进行无纸审核、验放处理的通关作业方式。通过简化随附单证和内外部无纸化作业入手，努力打造从申报到放行通关全流程的无纸化，让企业真正享受到无纸通关带来的手续简便和成本降低。

二、落实“三互”推进大通关建设

（一）落实“三互”推进大通关建设的意义

党的十八届三中全会提出“推动内陆同沿海沿边通关协作，实现口岸管理相关部门信息互换、监管互认、执法互助”（简称“三互”）的重要改革举措。该举措无论是整体理念谋划，还是具体改革措施设计，无论是强化口岸管理相关部门协同协作，还是加强国际间机制化合作，都始终贯穿了互联互通、协同治理这一核心。

（二）落实“三互”推进大通关建设的改革内容

《落实“三互”推进大通关建设改革方案》对落实“三互”推进大通关建设做出改革部署，概括来说就是“一个立足点，三方面主题”。

“一个立足点”——实施新一轮高水平对外开放，加快构建开放型经济新体制。

“三方面主题”——推动互联互通、推进大通关、畅通大通道。

三、推进海关全面深化改革

（一）海关全面深化改革的基本原则和总体目标

海关全面深化改革必须坚持遵循法治、转变职能、创新驱动、集约高效、协同治理五项原则。海关全面深化改革的总体目标是：建设中国特色社会主义海关，以构建一体化通

关管理格局为抓手，转变职能实现方式，创新组织管理，打造先进的、在国际上最具竞争力的海关监管机制，促进贸易安全与便利，推进海关治理体系和治理能力现代化。

（二）海关全面深化改革的内容

海关全面深化改革的内容，在其总体方案中主要分为构建一体化通关管理格局、加快转变业务管理职能实现方式、创新组织管理和能力提升机制三个方面。

1．构建一体化通关管理格局

构建一体化通关管理格局的具体内容包括：优化三级事权，整合机构和职能，推进协同监管；建立两级风险防控中心；设置若干总署直管税收征管中心；实施“一次申报、分步处置”，改革税收征管方式，实现全国一体化通关管理，落实“三互”。

2．加快转变业务管理职能实现方式

加快海关特殊监管区域整合优化，深化物流监控改革，改革加工贸易及保税监管，创新企业管理和稽查制度，深化行邮监管改革，改革查缉走私工作机制，推进统计工作制度改革，深化海关国际执法合作。

3．创新组织管理和能力提升机制

加快法治海关建设，强化科技创新和引领，强化干部队伍建设，优化人力资源配置，创新后勤保障管理，健全权力运行制约和监督机制，改革考核评估与绩效管理。

（三）出入境检验检疫划入海关，建设中国特色社会主义新海关

为了认真贯彻执行党中央国务院下发的《有关深化党和国家机构改革方案》，海关总署制定了《全国通关一体化关检业务全面融合框架方案》，明确了关检业务融合的目标、原则和思路，将出入境检验检疫管理职责和队伍划入海关总署。加快推进关检业务融合和法律法规工作，坚持边改革、边见效，抓紧整合精简办事窗口和手续环节，确保旅检监管、通关作业申报查验放行“三个一”、运输工具登临检查、辐射探测、邮件监管、快件监管、报关报检企业资质注册，以及对外“一个窗口”办理等业务领域完成优化整合，实现“一口对外、一次办理”。紧紧抓住转变优化职能这个关键，建设中国特色社会主义新海关，实现通关效率更高、通关成本更低、营商环境更好、监管更严密、服务更优化的关检服务体系。

本章重要概念

海关的性质　垂直领导　关境　海关监管　查缉走私　检查权　查询权　稽查权　行政强制权　区域通关　四个优化　双随机　三互

课后复习题

一、单项选择题

1．我国《海关法》实施的时间是（　　）。

A．1951年5月1日　　　　B．1987年7月1日

C．2001 年 1 月 1 日　　　　D．2013 年 7 月 1 日

2．海关是国家的（　　）。

A．立法机关　　B．行政机关　　C．司法机关　　D．监督机关

3．海关四项基本任务的基础是（　　）。

A．监管　　B．征税　　C．查缉走私　　D．统计

4．（　　）是国务院下属的正部级直属机构，统一管理全国海关，是海关系统的最高领导部门。

A．海关总署　　B．广东分署　　C．直属海关　　D．隶属海关

5．海关的管理体制是集中统一管理的（　　）领导关系。

A．垂直　　B．平行　　C．双重　　D．直接

6．下列行为不属于海关行政检查权限范围的是（　　）。

A．检查进出境运输工具

B．检查有藏匿走私货物嫌疑的场所

C．检查走私嫌疑人的身体

D．检查走私嫌疑人的住处

7．进出口货物的纳税人、担保人自规定的纳税期限届满之日起超过（　　）未缴纳税款的，经直属海关关长或者其授权的隶属海关关长批准，海关可以依法变卖应税货物，或者依法变卖其价值相当于应纳税款的货物或者其他财产，以变卖所得抵缴税款。

A．3 个月　　B．6 个月　　C．9 个月　　D．12 个月

8．对于关税同盟 、欧盟来说，关境（　　）国境。

A．大于　　B．小于　　C．等于　　D．不确定

9．在下列情况下，海关行使检查权需要经直属海关关长或其授权的隶属海关关长批准的是（　　）。

A．在海关监管区和海关附近沿海沿边规定地区以外，检查有走私嫌疑的运输工具

B．在海关监管区和海关附近沿海沿边规定地区，检查走私嫌疑人的身体

C．在海关监管区和海关附近沿海沿边规定地区，检查有藏匿走私货物、物品嫌疑的场所

D．在海关监管区和海关附近沿海沿边规定地区以外，检查进出境运输工具

10．海关行使（　　）无须经直属海关关长或其授权的隶属海关关长批准。

A．扣留权　　B．查问权　　C．检查权　　D．查询权

11．关于海关行政强制措施中的扣留财务，下列表达不正确的是（　　）。

A．对违反海关法的进出境运输工具、货物、物品，以及与之有牵连的合同、发票、账册、单据、记录、文件、业务函电、录音录像制品和其他资料，可以扣留

B．在海关监管区和海关附近沿海沿边规定地区，对有走私嫌疑的运输工具、货物、物品，经直属海关关长或者其授权的隶属海关关长批准，可以扣留

C．在海关监管区和海关附近沿海沿边规定地区以外，对有走私嫌疑的运输工具、货物、物品，经直属海关关长或者其授权的隶属海关关长批准，可以扣留

D．有违法嫌疑的货物、物品、运输工具无法或者不便扣留，当事人或者运输工具负责人未提供等值担保的，海关可以扣留当事人等值的其他财产

12．在海关监管区和海关附近沿海沿边规定地区，对走私犯罪嫌疑人的扣留时间不得

超过（ ），在特殊情况下可以延长至（ ）。

A．12 小时，24 小时　　B．24 小时，48 小时

C．48 小时，72 小时　　D．12 小时，48 小时

13．海关改革的基本思路是打破管理区域界限，通过（ ），打造统一的申报平台、风险防控平台、专业审单平台和现场作业平台（简称“一中心、四平台”）。

A．建立一体化通关　　B．关检合一

C．建立统一操作规范　　D．建立区域通关中心

14．（ ）是指海关以企业分类管理和风险分析为基础，按照风险等级对进出口货物实施分类，对企业通过中国电子口岸录入申报的报关单及随附单证的电子数据进行无纸审核、验放处理的通关作业方式。

A．区域通关一体化　　B．单一窗口

C．通关作业无纸化　　D．四个优化

15．《国务院关于印发落实“三互”推进大通关建设改革方案的通知》对落实“三互”推进大通关建设做出改革部署，概括来说就是“一个立足点，三方面主题”。其中，“一个立足点”是指（ ）。

A．强化立法与改革的协调，运用法治思维推动口岸管理

B．实施新一轮高水平对外开放，加快构建开放型经济新体制

C．推动内陆同沿海沿边通关协作，实现口岸管理相关部门信息互换

D．加快互联互通、大通关和国际物流大通道建设

二、多项选择题

1．海关依照（ ）对监管进出境的运输工具、货物、行李物品、邮递物品和其他物品，征收关税和其他税、费，查缉走私，并编制海关统计和办理其他海关业务。

A．《海关法》　　B．其他有关法律

C．其他有关行政法规　　D．国际条约

2．以下对海关的性质说法正确的是（ ）。

A．海关是国家行政机关　　B．海关是行政执法机关

C．海关是监督管理机关　　D．海关是对外贸易机关

3．下列属于海关任务的有（ ）。

A．监管　　B．征税　　C．查缉走私　　D．统计

4．下列属于海关监管对象的是（ ）。

A．自然人的进出境活动　　B．货物的进出境活动

C．物品的进出境活动　　D．运输工具的进出境活动

5．以下关于缉私局描述正确的是（ ）。

A．缉私局是海关总署的一个内设局

B．缉私局是公安部的一个序列局

C．实行海关总署和公安部双重领导

D．以海关领导为主的体制

6．海关组织机构分为（ ）三级。

A．海关总署　　B．直属海关

C．隶属海关　　D．特派员办事处

7．目前，我国的单独关境有（　　）单独关税区。

A．香港　　B．澳门、台湾地区

C．澎湖列岛　　D．金门、马来西亚

8．《海关法》第五条规定："国家实行联合查缉走私、统一处理、综合治理的查缉走私体制。"在这一体制中，下列哪些部门可进行打击走私工作（　　）。

A．工商部门　　B．公安部门　　C．海关　　D．烟草专卖部门

9．改革开放以来，我国的对外经济贸易、科技文化交流蓬勃发展，内陆省份的外向型经济得到了很大的发展，经国务院批准，许多开放城市、开放地区，以及内陆省市相继设立海关机构。根据《海关法》的规定，我国在下列哪些地点设立海关机构（　　）。

A．沿海、沿边、沿江的口岸　　B．对外开放的口岸

C．中等以上规模城市　　D．海关监管业务集中的地方

10．以下各项权力实施需经直属海关关长或隶属海关关长批准的有（　　）。

A．查询案件涉嫌单位或人员在金融机构的存款

B．在海关监管区外检查有藏匿走私货物嫌疑的场所

C．在海关附近沿海沿边规定地区以外扣留走私嫌疑人

D．在海关监管区内扣留有走私嫌疑的运输工具

11．属于海关行政强制执行的是（　　）。

A．加收滞纳金　　B．扣留货物

C．扣缴税款　　D．抵缴、变价抵缴

12．党的十八届三中全会提出："推动内陆同沿海沿边通关协作，实现口岸'三互'管理的重要改革举措。""三互"是指（　　）。

A．信息互换　　B．监管互认　　C．执法互助　　D．管理互通

13．在上海自贸试验区进行积极探索和创新，形成了一批可复制、可推广的经验做法的基础上，2015年初，党中央、国务院决定再设三个自贸试验区，分别是（　　）。

A．福建自贸试验区　　B．广东自贸试验区

C．天津自贸试验区　　D．青岛自贸试验区

14．海关实行的"双随机"制度包括（　　）。

A．随机选择查验　　B．随机选择布控

C．随机派员查验　　D．随机派员布控

15．加快海关特殊监管区域整合优化，体现在（　　）。

A．产业结构　　B．业务形态　　C．贸易方式　　D．监管服务

三、判断题

1．《海关法》中"海关"是指负责海关法的实施、税费征收并负责执行与货物的进口、出口、移动或储存有关的其他法律、法规和规章的政府机构。（　　）

2．统计的任务是海关代表国家对进出口货物进行贸易统计调查、统计分析和统计监督，进行进出口监测预警、编制、管理和公布海关统计资料、提供统计服务。（　　）

3．各地海关受海关总署和地方政府双重领导。（　　）

4．海关是国家的重要执法机关，具有行政执法与刑事执法的双重职权，法制是海关

履行把关服务职能的基础和保障。（　　）

5．海关的隶属关系，不受行政区划的限制。（　　）

6．关衔制度是我国继军衔、警衔后实行的第三种衔级制度。（　　）

7．海关实行的是集中统一管理的垂直领导体制，所以地方海关只对海关总署负责。（　　）

8．在海关监管区和海关附近沿海沿边规定地区以外，对有证据证明有走私嫌疑的运输工具、货物、物品，可以扣留。（　　）

9．海关具有检查权，在调查走私案件时，经直属海关关长或经授权的隶属海关关长批准，可以检查公民住宅。（　　）

10．我国的关境大于国境。（　　）

11．海关对进出境运输工具的检查应在海关监管区和海关附近沿海沿边地区内进行。（　　）

12．海关对进出境运输工具的检查不受海关监管区域的限制。（　　）

13．国家实行联合查缉走私、统一处理、综合治理的查缉走私体制，海关主要负责组织、协调、管理查缉走私工作。（　　）

14．我国自贸区的监管模式是以一线“先进区、后报关”、二线“批次进出、集中申报”、区内“自行运输”为标志的。（　　）

15．区域通关一体化改革的基本思路可以简称为“一中心、四平台”。（　　）

四、简答题

1．海关的任务有哪些？相互之间有怎样的关系？

2．我国海关有怎样的查缉走私体制？它规定了什么样的执法协调机制？

3．海关的权力有哪些？

4．海关检查权的具体内容是什么？

5. 海关在实施行政强制权时，行政强制措施和行政强制执行的具体内容分别有哪些？

6．如何正确理解我国海关权力的行使原则？

7．区域通关一体化改革的内容及其意义是什么？

8．“单一窗口”的运行模式是怎样的？其意义何在？

9．落实“三互”，推进大通关建设所说的“一个立足点”和“三方面主题”分别指的是什么？

10．海关全面深化改革的主要内容有哪些？

第三章

报关与对外贸易管制

学习目标

通过本章的学习，了解对外贸易管制的目的与特点，正确理解对外贸易管制和我国对海关监管的关系，从而在通关实践活动中养成遵守各项对外贸易管制制度的良好职业素养。熟悉对外贸易救济措施的分类与手段，掌握我国对外贸易管制的基本框架与法律体系，熟悉货物与技术进出口许可管理的层级，掌握各类许可证件的发证机关、适用商品范围及其报关规范。

案例导入

经济日报讯 记者苏大鹏报道：2018 年 6 月 4 日，大连海关在大连、鲅鱼圈等地开展行动，成功摧毁 1 个利用他人许可证走私进口固体废物的犯罪团伙、查获 1 起伪报品名走私进口废牛皮案件。

依托大数据平台，大连海关发现，2016 年至 2017 年年底，大连根秋物流公司吴某团伙将无证单位在日本等境外购买的废塑料货物利用他人《固体废物进口许可证》报关进口，骗取海关通关。同时，该团伙还负责为货主制作部分假的《装运前检验证书》和《国外发货人证书》。经初步统计，该团伙在大连关区走私进境废塑料共计 40 余个集装箱，总重 1 000 余吨。

此外，大连海关隶属鲅鱼圈海关近日移交案件线索，称青岛某公司委托大连某货运代理公司鲅鱼圈分公司向鲅鱼圈海关申报进口牛皮，重量为 50.76 吨。经查验并鉴定，该货物实际为皮革边角料，是我国禁止进口货物，涉嫌伪报品名走私进口废牛皮。

根据上述资料，请思考：

（1）我国海关对进出口废物实行怎样的分类管理？

（2）进出口可再利用的固体废物需履行何种报关手续？

（3）对于固体废物许可证有哪些报关规范要求？

（资料来源：http://finance.sina.com.cn/roll/2018-06-04/doc-ihcmurvh3701279.shtml）

第一节 对外贸易管制概述

对外贸易管制是指一国政府为了满足国家的宏观经济利益、国内外政策的需要，以及履行所缔结或加入国际条约的义务，确立实行各种管制制度、设立相应管制机构和规范对外贸易活动的总称。对外贸易管制是政府的一种强制性行政管理行为。

一个国家对外贸易管制制度涉及工业、农业、商业、军事、技术、卫生、环保、税务、资源保护、质量监督、外汇管理、金融、保险、信息服务等诸多领域。对外贸易管制通常有三种分类形式：一是按管理目的分为进口贸易管制和出口贸易管制；二是按管制手段分为关税措施和非关税措施；三是按管制对象分为货物进出口贸易管制、技术进出口贸易管制及国际服务贸易管制。

一、对外贸易管制的目的与特点

（一）对外贸易管制的目的

对外贸易管制是各国政府为保护和促进生产与发展、适时限制进出口而采取的鼓励或限制措施，或为政治目的对进出口采取禁止或限制措施。对外贸易管制已成为各国不可或缺的一项重要的政府职能，也是一个国家对外经济和外交政策的具体体现。具体目的包括：保护本国经济利益，发展本国的经济；推行本国的外交政策；行使国家职能。

（二）对外贸易管制的特点

（1）对外贸易管制是一国对外政策的体现。

（2）对外贸易管制政策是因时间、形势而变化的。

（3）对外贸易管制以对进口的管制为重点。

二、对外贸易管制与海关监管

对外贸易管制是一种国家管制，任何从事对外贸易的活动者都必须无条件地遵守。国家对外贸易管制的目标是以对外贸易管制法律、法规为保障，依靠有效的政府行政管理手段来最终实现的。

（一）海关监管是实现对外贸易管制的重要手段

海关执行对外贸易管制政策是通过对进出口货物的监管来实现的。海关在进出境的监管环节上，对进出口货物收发货人或其代理人按法定要求向海关申报的各项商务单证和许可证件依法进行审核，并经与实际货物核查相符，确认合法才予以放行。简而言之，就是“单据”“证件”“货物”三者相符，是海关确认货物合法进出口的必要条件，通过海关监督管理的执法活动，保证了对外贸易管制目标的实现。

（二）报关是海关确认进出口货物合法性的先决条件

海关通过审核“单据”“证件”“货物”确认货物进出口的合法性。而商务单据、许可证件是通过报关活动的申报环节向海关递交的，又通过收发货人或其代理人配合海关查验货物，确认“单据”“证件”“货物”是否相符。国家限制进出口的货物没有进出口许可证件的，海关不予放行。

三、我国对外贸易管制的基本框架与法律体系

经过几十年的努力，我国基本建立并逐步健全了以《中华人民共和国对外贸易法》（简称《对外贸易法》）为核心的对外贸易管制的法律体系。我国的对外贸易管制是一种国家管制，因此其涉及的法律渊源只限于宪法、法律、行政法规、部门规章及相关的国际条约，不包括地方性法规、规章及各民族自治区政府的地方条例和单行条例。

（一）法律

我国现行的与对外贸易管制有关的法律主要有《对外贸易法》、《海关法》、《中华人民共和国进出口商品检验法》（简称《进出口商品检验法》）、《中华人民共和国进出境动植物检疫法》（简称《进出境动植物检疫法》）、《中华人民共和国固体废物污染环境防治法》（简称《固体废物污染环境防治法》）、《中华人民共和国国境卫生检疫法》（简称《国境卫生检疫法》）、《中华人民共和国野生动物保护法》（简称《野生动物保护法》）、《中华人民共和国药品管理法》（简称《药品管理法》、《中华人民共和国文物保护法》（简称《文物保护法》）、《中华人民共和国食品卫生法》（简称《食品卫生法》）等。

（二）行政法规

我国现行的与对外贸易管制有关的行政法规主要有《中华人民共和国货物进出口管理条例》（简称《货物进出口管理条例》）、《中华人民共和国知识产权海关保护条例》（简称《知识产权海关保护条例》）、《中华人民共和国技术进出口管理条例》（简称《技术进出口管理条例》）、《中华人民共和国进出口关税条例》（简称《进出口关税条例》）、《中华人民共和国外汇管理条例》（简称《外汇管理条例》）、《中华人民共和国反补贴条例》（简称《反补贴条例》）、《中华人民共和国反倾销条例》（简称《反倾销条例》）、《中华人民共和国保障措施条例》（简称《保障措施条例》）等。

（三）部门规章

我国现行的与对外贸易管制有关的部门规章有很多，如《出口收汇核销管理办法》《货物出口许可证管理办法》《货物进口许可证管理办法》《两用物项和技术进出口许可证管理办法》《货物自动进口许可管理办法》《进口药品管理办法》《放射性药品管理法》等。

（四）国际条约

我国目前所缔结或者参加的各类国际条约、协定，虽然不属于我国国内法的范畴，但就其效力而言可视为我国法律渊源之一。主要有《关于简化和协调海关业务制度的国际公约》（亦称《京都公约》）、《濒危野生动植物种国际贸易公约》（亦称《华盛顿公约》）、《关于消耗臭氧层物质的蒙特利尔议定书》、《关于麻醉品和精神药品的国际公约》、《关于化学品国际贸易资料交换的伦敦准则》、《关于在国际贸易中对某些危险化学品和农药采用事先知情同意程序的鹿特丹公约》、《控制危险废物越境转移及其处置的巴塞尔公约》等。

第二节　对外贸易管制的主要制度

我国对外贸易管制制度是一种综合制度，主要由海关制度、关税制度、对外贸易经营资格管理制度、进出口许可制度、出入境检验检疫制度、外汇管理制度及贸易救济制度等构成。本节着重阐述对外贸易经营者资格管理制度、货物与技术进出口许可管理制度、出入境检验检疫制度、对外贸易救济措施。

一、对外贸易经营者资格管理制度

目前，我国对对外贸易经营者的管理实行备案登记制。法人、其他组织或者个人在从事进出口经营前，必须按照国家的有关规定，依法定程序在国家商务主管部门备案登记进出口经营权。成为对外贸易经营者后，方可在国家允许的范围内从事对外贸易经营活动。

对外贸易经营者未按照规定办理备案登记的，海关不予办理进出口货物的报关验放手续。对外贸易经营者可以接受他人的委托，在经营范围内代为办理对外贸易业务。

为对关系国计民生的重要进出口商品实行有效的宏观管理，国家可以对部分货物的进出口实行国营贸易管理。实行国营贸易管理的货物的进出口业务只能由经授权的企业经营。但是，国家允许部分数量的国营贸易管理的货物的进出口业务由非授权企业经营的除外。对未经批准擅自进出口实行国营贸易管理的货物的，海关不予放行。

目前，我国实行国营贸易管理的商品主要包括玉米、大米、棉花、煤炭、原油、成品油、锑及锑制品、钨及钨制品、白银等。

二、货物与技术进出口许可管理制度

进出口许可是国家对进出口的一种行政管理制度，既包括准许进出口的有关证件的审批和管理制度本身的程序，也包括以国家各类许可为条件的其他行政管理手续，这种行政管理制度称为进出口许可管理制度。进出口许可管理制度作为一项非关税措施，是各国管理进出口贸易的常见手段，在国际贸易中长期存在，并广泛运用。

货物与技术进出口许可管理制度的管理范围包括禁止进出口的货物和技术、限制进出口的货物和技术、自由进出口的技术及自由进出口中部分实行自动许可管理的货物。

（一）禁止进出口管理

1．禁止进口管理

对列入国家公布禁止进出口目录及其他法律、法规明令禁止或停止进口的货物、技术，任何对外贸易经营者不得经营进口。我国相关法规规章公布的禁止进口的货物、技术如表3-1所示。

表3-1　禁止进口货物、技术管理列表

类别	目　　录	具体商品和技术
货物	1．列入《禁止进口货物目录》和《禁止进口固体废物目录》的商品	
	《禁止进口货物目录》第一批： （1）保护我国生态环境和生态资源。 （2）为履行我国所缔结或者参加的与保护世界自然生态环境相关的国际条约、协定公布的	（1）属于破坏臭氧层物质的四氯化碳。 （2）犀牛角、麝香、虎骨（世界濒危物种）
	《禁止进口货物目录》第二批： 涉及生产安全、人身安全和环境保护的旧机电产品类	（1）旧压力容器类。 （2）电器、医疗设备类。 （3）汽车、工程及车船机械类
	《禁止进口固体废物目录》： 由原《禁止进口货物目录》第三、四、五批合并修订而成，涉及对环境有污染的12大项94类固体废物	包括废动植物产品，矿渣、矿灰及残渣，废药物，杂项化学品废物，废橡胶和皮革，废特种纸，废纺织原料及制品，废玻璃，金属和金属化合物废物，废电池，废弃机电产品和设备及其未经分拣处理的零部件、拆散、破碎、砸碎件等，废石膏、石棉，其他未列名固体废物等
	《禁止进口货物目录》第六批： （1）保护人的健康，维护环境安全。 （2）履行危险化学品《鹿特丹公约》和有机污染物《斯德哥尔摩公约》	（1）长纤维青石棉（属于须淘汰的落后产品）。 （2）二噁英等

续表

类别	目　录	具体商品和技术
货物	2．明令禁止进口的商品	
	依据《进出境动植物检疫法》禁止进境的货物	（1）动植物疫情流行的国家和地区有关动植物及其产品和其他检疫物。 （2）动植物病源（包括菌种、毒种等）害虫及其他有害生物、动物尸体及土壤。 （3）带有违反“一个中国”原则内容的货物及其包装。 （4）以氯氟烃物质为制冷剂、发泡剂的家用电器产品和以氯氟烃物质为制冷工质的家用电器用压缩机。 （5）滴滴涕、氯丹。 （6）莱克多巴胺和盐酸莱克多巴胺
	3．其他	
	依据海关规章停止进口或不得进口的货物	（1）CFC-12 为制冷工质的汽车及 CFC-12 为制冷工质的汽车空调压缩机（含汽车空调）。 （2）旧服装。 （3）Ⅷ 因子制剂等血液制品。 （4）氯酸钾、硝酸铵。 （5）100 瓦及以上普通照明白炽灯
技术	依据《中国禁止进口限制进口技术目录》，不得进口的技术	钢铁冶金、有色金属冶金、化工、石油炼制、石油化工、消防、电工、轻工、印刷、医学、建筑材料等技术

2．禁止出口管理

对列入国家公布禁止出口目录的，以及其他法律、法规明令禁止或停止出口的货物、技术，任何对外贸易经营者不得经营出口。我国相关法规规章公布的禁止出口的货物、技术如表 3-2 所示。

表 3-2　禁止出口货物、技术管理列表

类别	目　录	具体商品和技术
货物	1．列入《禁止出口货物目录》的商品	
	第一批： （1）保护我国自然生态环境和生态资源。 （2）为履行我国所缔结或者参加与保护世界自然生态环境相关的国际条约、协定公布的	（1）四氯化碳（属于破坏臭氧层物质）。 （2）犀牛角、虎骨、麝香（世界濒危物种）。 （3）发菜、麻黄草（有防风固沙作用）
	第二批： 保护我国匮乏的森林资源	木炭
	第三批： （1）保护人的健康，维护环境安全。 （2）履行危险化学品《鹿特丹公约》和有机污染物《斯德哥尔摩公约》	（1）长纤维青石棉（属于须淘汰的落后产品）。 （2）二噁英等

续表

类别	目　录	具体商品和技术
货物	第四批： 天然砂	硅砂、石英砂，以及其他天然砂（对港、澳、台出口天然砂实行出口许可证管理）
	第五批： 森林凋落物和泥炭（无论是否经化学处理）	（1）腐叶、腐根、树皮、树根等森林凋落物。 （2）沼泽（湿地）中，地上植物枯死、腐烂堆积而成的有机矿体
	2. 明令禁止出口的商品	
	依据我国相关法规，以及我国缔结或者参加的国际公约、协定的规定，不得出口的货物	主要有： （1）未定名或者新发现并有重要价值的野生植物。 （2）原料血浆。 （3）商业性出口的野生红豆杉及其部分产品。 （4）劳改产品。 （5）以氯氟烃物质为制冷剂、发泡剂的家用电器产品和以氯氟烃物质为制冷工质的家用电器用压缩机。 （6）滴滴涕。 （7）莱克多巴胺和盐酸莱克多巴胺
技术	依据《中国禁止出口限制出口技术目录》，不得出口的技术	渔牧农副食品加工、工业制造、测绘、集成电路制造、机器人制造、卫星应用、计算机网络、空间数据传输、中医医疗等几十项技术

（二）限制进出口管理

1. 限制进口管理

国家实行限制进口管理的货物、技术，必须依照国家有关部门规定取得国务院商务主管部门，或者由其会同国务院有关部门许可，方可进口。

（1）限制进口货物管理。

①许可证件管理。许可证件管理主要包括进口许可证，两用物项和技术进口许可证，濒危物种进口、限制类可利用固体废物进口、药品进口、音像制品进口、有毒化学品进口、黄金及其制品进口等所涉及的各类许可证件的管理。

国务院商务主管部门或者国务院有关部门在各自的职责范围内，根据国家有关法律、行政法规的规定签发上述各项管理所涉及的各类许可证件，申请人凭相关许可证件办理海关手续。

②进口配额许可证管理。由国家环保部、商务部、海关总署制定并调整《中国进出口受控消耗臭氧层物质名录》，由国家环保部会同国务院有关部门公布年度进出口额度，于2014年3月1日起，由国家消耗臭氧层物质进出口管理机构对进口单位年度进出口配额指标内，进出口消耗臭氧层申请获准的，签发消耗臭氧层物质进出口审批单，进出口单位持审批单向商务主管部门申领进出口许可证。

③关税配额管理。关税配额管理是指一定时期内（一般是1年），国家对部分商品的进口制定关税配额税率并规定该商品进口数量总额，在限额内，经国家批准后允许按照关税配额税率征税进口，如超出限额则按照配额外税率征税进口的措施。一般情况下，关税

配额税率优惠幅度很大，如 2016 年我国进口羊毛关税配额总量为 28.7 万吨，关税配额税率为 1%，而最惠国税率为 38%。国家通过这种行政管理手段对一些重要商品，以关税这个成本杠杆来实现限制进口的目的，因此关税配额管理是一种相对数量的限制。

（2）限制进口技术管理。限制进口技术实行目录管理。属于目录范围内的限制进口的技术，实行许可证管理，未经国家许可，不得进口。目前，列入《中国禁止进口限制进口技术目录》中属限制进口的技术包括生物技术、化工技术、石油炼制技术、石油化工技术、生物化工技术和造币技术等。经营限制进口技术的经营者在向海关办理申报进口手续时，必须主动递交技术进口许可证，否则将承担由此而造成的一切法律责任。

2．限制出口管理

国家实行限制出口管理的货物、技术，必须依照国家有关规定，经国务院商务主管部门，或者由其会同国务院有关部门许可，方可出口。

（1）限制出口货物管理。目前，我国货物限制出口按照其限制方式划分为出口配额限制、出口非配额限制。

1）出口配额限制。我国出口配额限制有两种管理形式，即出口配额许可证管理和出口配额招标管理。

①出口配额许可证管理。出口配额许可证管理是国家对部分商品的出口，在一定时期内（一般是 1 年）规定数量总额，经国家批准获得配额的允许出口，否则不准出口的配额管理措施。出口配额许可证管理是国家通过行政管理手段对一些重要商品以规定绝对数量的方式来实现限制出口的目的。

出口配额许可证管理是通过直接分配的方式，由国务院商务主管部门或者国务院有关部门在各自的职责范围内根据申请者需求并结合其进出口实绩、能力等条件，按照效益、公正、公开和公平竞争的原则进行分配。国家各配额主管部门对经申请有资格获得配额的申请者发放各类配额证明。

申请者取得配额证明后，凭配额证明到国务院商务主管部门及其授权的发证机关申领出口许可证。

②出口配额招标管理。出口配额招标管理是国家对部分商品的出口，在一定时期内（一般是 1 年）规定数量总额，采取招标分配的原则，经招标获得配额的允许出口，否则不准出口的配额管理措施。出口配额招标管理是国家通过行政管理手段对一些重要商品以规定绝对数量的方式来实现限制出口的目的。

实行出口配额招标管理的主要商品是部分我国出产且国际市场需求量较大的农副产品及资源性产品出口。

国家各配额主管部门对中标者发放各类配额证明。中标者取得配额证明后，凭配额证明到国务院商务主管部门或其授权的发证机关申领出口许可证。

2）出口非配额限制。目前，我国出口非配额限制管理主要包括出口许可证，濒危物种出口、两用物项出口、黄金及其制品出口等所涉及的各类许可证件的管理。

（2）限制出口技术管理。限制出口技术实行目录管理，属于目录范围内限制出口的技术，实行许可证管理，未经国家许可，不得出口。

（三）自由进出口管理

除上述国家禁止、限制进出口货物、技术外的其他货物、技术，均属于自由进出口范围。自由进出口货物、技术的进出口不受限制，但基于监测进出口情况的需要，国家对部分属于自由进口的货物实行自动进口许可管理，对自由进出口的技术实行技术进出口合同登记管理。

1．货物自动进口许可管理

货物自动进口许可管理是在任何情况下对进口货物申请一律予以批准的进口许可制度。这种进口许可实际上是一种在自由进口货物进口前对其进行自动登记的许可制度，通常用于国家对这类货物的统计和监督，是我国进出口许可管理制度中的重要组成部分，也是目前各国普遍使用的一种进口管理制度。

目前，我国自动进口许可管理包括自动进口许可证管理和自动许可类可利用固体废物管理两大类。进口属于自动进口许可管理的货物，进口经营者应当在办理海关报关手续前，向国务院相关主管部门提交自动进口许可申请，凭相关部门发放的自动进口许可的批准证件，向海关办理报关手续。

2．技术进出口合同登记管理

进出口属于自由进出口的技术，应当向国务院商务主管部门办理合同备案登记并颁发技术进出口合同登记证。

三、出入境检验检疫制度

出入境检验检疫制度是指由海关依据我国有关法律和行政法规及我国政府所缔结或者参加的国际条约、协定，对出入境的货物、物品及其包装物、交通运输工具、运输设备和出入境人员实施检验检疫监督管理的法律依据和行政手段的总和。

出入境检验检疫制度是我国贸易管理制度的重要组成部分，其目的是维护国家声誉和对外贸易有关当事人的合法权益，保证国内生产的正常开展，促进对外贸易健康发展，保护我国的公共安全和人民生命财产安全等，是国家主权的具体体现。

自 2018 年 4 月 20 日起，原出入境检验检疫系统统一以海关名义对外开展工作，口岸一线旅检、查验和窗口岗位实现了统一上岗、统一着海关制服、统一佩戴关衔。海关与检验检疫的原旅客通道合而为一，监管检查设备统一使用，行李物品只需接受一次查验。合并后，海关通关作业将实行“三个一”：统一通过“单一窗口”实现报关报检，对进出口货物全面实施一次查验，一次放行。在运输工具登临检验方面，合并后，原有关检三个监管环节优化整合成了检疫处置、登临检查两个环节，由海关根据对运输工具开展卫生检疫、动植物检疫、登临检验等不同检查要求，安排调度各类专业人员实施作业。对改革前已在海关和原检验检疫部门办理了报关和报检注册登记或者备案的企业，原报关和报检资质继续有效。仅办理了报关或报检注册登记或者备案的企业，自 2018 年 6 月 1 日起，企业可以通过“单一窗口”补录相关信息、资料，补录信息后将同时获得报关、报检资质。

（一）出入境检验检疫的职责范围

（1）我国出入境检验检疫制度实行目录管理，即根据对外贸易需要，公布并调整《出入境检验检疫机构实施检验检疫的进出境商品目录》（简称《法检目录》）。《法检目录》所列明的商品称为法定检验商品，即国家规定实施强制性检验的进出境商品。

（2）对于法定检验以外的进出境商品是否需要检验，由对外贸易当事人决定。对外贸易合同约定，或者进出口商品的收发货人申请检验检疫时，海关可以接受委托，实施检验检疫并制发证书。此外，海关对法定检验以外的进出口商品，可以以抽查的方式予以监督管理。

（3）对关系国计民生、价值较高、技术复杂或涉及环境卫生、疫情标准的重要进出口商品，收货人应当在对外贸易合同中约定，在出口国装运前进行预检验、监造或监装，以及保留货到后最终检验和索赔的条款。

（二）出入境检验检疫制度的组成

1. 进出口商品检验制度

我国实行进出口商品检验制度的目的是保证进出口商品的质量，维护对外贸易有关各方的合法权益，促进对外经济贸易关系的顺利发展。我国商品检验的种类分为四种，即法定检验、合同检验、公证鉴定和委托检验。

2. 进出境动植物检疫制度

我国实行进出境动植物检疫制度的目的是防止动物传染病，寄生虫病，植物危险性病，虫、杂草及其他有害生物传入、传出国境，保护农、林、牧、渔业生产和人体健康，促进对外经济贸易的发展。

3. 国境卫生监督制度

我国实行国境卫生监督制度是为了防止传染病由国外传入或者由国内传出，实施国境卫生检疫，保护人体健康。其监督职能主要包括进出境检疫、国境传染病检测、进出境卫生监督等。

四、对外贸易救济措施

我国 2001 年年底正式成为世界贸易组织（World Trade Organization，WTO）成员，WTO 允许成员方在进口产品倾销、补贴和激增等给其国内产业造成损害的情况下，使用反倾销、反补贴和保障措施手段以保护国内产业不受损害。

反倾销、反补贴和保障措施都属于贸易救济措施。反补贴和反倾销措施针对的是价格歧视这种不公平贸易行为，保障措施针对的则是进口产品激增的情况。

（一）反倾销措施

反倾销措施包括临时反倾销措施和最终反倾销措施。

1. 临时反倾销措施

临时反倾销措施是指进口方主管机构经过调查，初步认定被指控产品存在倾销，并对国内同类产业造成损害，据此可以依据 WTO 所规定的程序进行调查，在全部调查结束之前，采取临时反倾销措施，以防止在调查期间国内产业继续受到损害。

临时反倾销措施有两种形式：一是征收临时反倾销税；二是要求提供现金保证金、保函，或者其他形式的担保。

征收临时反倾销税，由商务部提出建议，国务院关税税则委员会根据其建议做出决定，商务部予以公告；要求提供现金保证金、保函，或者其他形式的担保由商务部做出决定并予以公告。海关自公告规定实施之日起执行。

临时反倾销措施实施的期限，自临时反倾销措施决定公告规定实施之日起，不超过 4 个月，在特殊情形下可以延长至 9 个月。

2．最终反倾销措施

对于最终裁定倾销成立并由此对国内产业造成损害的，可以在正常海关税费之外，征收反倾销税。征收反倾销税应当符合公共利益。征收反倾销税，由商务部提出建议，国务院关税税则委员会根据其建议做出决定，由商务部予以公告。海关自公告规定实施之日起执行。

（二）反补贴措施

反补贴措施包括临时反补贴措施和最终反补贴措施。

1．临时反补贴措施

对于经初步裁定补贴成立并由此对国内产业造成损害的，可以采取临时反补贴措施。临时反补贴措施采取以现金保证金或保函作为担保的征收临时反补贴税的形式。采取临时反补贴措施，由商务部提出建议，国务院关税税则委员会根据其建议做出决定，由商务部予以公告。海关自公告规定实施之日起执行。临时反补贴措施实施的期限，自临时反补贴措施决定公告规定实施之日起，不超过 4 个月。

2．最终反补贴措施

在为完成磋商的努力没有取得效果的情况下，最终裁定补贴成立，并由此对国内产业造成损害的，征收反补贴税。

征收反补贴税，由商务部提出建议，国务院关税税则委员会根据其建议做出决定，由商务部予以公告。海关自公告规定实施之日起执行。

（三）保障措施

保障措施分为临时保障措施和最终保障措施。

1．临时保障措施

临时保障措施是指在有明确证据表明进口产品数量增加，将对国内产业造成难以补救的损害的紧急情况下，进口国与成员国之间可不经磋商而采取临时保障措施。临时保障措施的实施期限自临时保障措施决定公告规定实施之日起，不得超过 200 天，并且此期限计入保障措施总期限。

临时保障措施采取提高关税的形式，如果事后调查不能证实进口激增对国内有关产业已经造成损害或威胁，则征收的临时关税应予以退还。

2．最终保障措施

最终保障措施可以采取提高关税、数量限制等形式，但保障措施应限于防止、补救严重损害并便利调整国内产业所必要的范围内。保障措施的实施期限一般不超过 4 年，全部实施期限（包括临时保障措施期限）不得超过 10 年。

第三节　我国贸易管制的主要措施

一、进出口许可证管理

进出口许可证管理属于国家限制进出口管理范畴，分为进口许可证管理和出口许可证管理。商务部会同海关总署制定、调整和发布年度《进口许可证管理货物目录》《出口许可证管理货物目录》。

（一）主管部门

商务部统一管理、指导全国各发证机构的进出口许可证签发工作，商务部配额许可证事务局（简称商务部许可证局）、商务部驻各地特派员办事处（简称特派办）和商务部授权的地方主管部门发证机构［简称地方发证机构，包括各省、自治区、直辖市、计划单列市及商务部授权的其他省会城市商务厅（局）、外经贸委（厅、局）为进出口许可证的发证机构］，负责在授权内签发“中华人民共和国进口许可证”（简称进口许可证）、“中华人民共和国出口许可证”（简称出口许可证）。

进出口许可证是国家管理货物进出口的凭证，不得买卖、转让、涂改、伪造和变造。

（二）管理范围

1．实行进口许可证管理的商品

我国实行进口许可证管理的商品有重点旧机电产品和消耗臭氧层物质两类。其中，对重点旧机电产品实行进口许可证管理，对消耗臭氧层物质实行进口配额许可证管理，由商务部发证机构实行分级发证。

国家消耗臭氧层物质进出口管理机构对符合申请条件的进出口单位签发消耗臭氧层物质进出口审批单，申请获准的进出口单位应当持进出口审批单，向所在地省级商务主管部门所属的发证机构申请领取消耗臭氧层物质进出口许可证。在京中央企业向国务院商务主管部门授权的发证机构申请领取消耗臭氧层物质进出口许可证。消耗臭氧层物质进出口审批单实行“一批一单”制。审批单有效期为90日，不得超期或者跨年度使用。

2．实行出口许可证管理的商品

我国实行出口许可证管理的商品分别实行出口配额许可证、出口配额招标及出口许可证管理，具体如下。

（1）实行出口配额许可证管理的货物：小麦、小麦粉、玉米、玉米粉、大米、大米粉、锯材、棉花、煤炭、原油、成品油、锑及锑制品、锡及锡制品、白银、铟及铟制品、磷矿石。出口上述货物的，需按规定申请取得配额，凭配额证明文件申领出口许可证。

（2）实行出口配额招标管理的商品：甘草及甘草制品、蔺草及蔺草制品、镁砂、滑石块（粉）。出口上述货物的，需凭配额招标中标证明文件申领出口许可证。

（3）实行出口许可证管理的货物：冰鲜牛肉、冻牛肉、冰鲜猪肉、冻猪肉、冰鲜鸡肉、冻鸡肉、焦炭、成品油、石蜡、钨及钨制品、消耗臭氧层物质、铂金、钼制品、天然砂（含标准砂）、摩托车（含全地形车）及其发动机和车架、汽车（包括成套散件）及其底盘等。其中，对向港、澳、台地区出口的天然砂实行出口许可证管理，对标准砂实行全球出口许可证管理。

出口许可证实行分级发证。其中，玉米、小麦、棉花、煤炭、原油、成品油等商品的出口许可证，由商务部许可证局签发；大米、玉米粉、小麦粉、大米粉、锯材、活牛、活猪、活鸡、锑及锑制品、钨及钨制品、锡及锡制品、白银、铟及铟制品、钼制品、磷矿石、蔺草及蔺草制品、滑石块（粉）、镁砂、甘草及甘草制品、铂金、天然砂（含标准砂）等商品的出口许可证，由各地的特派办签发；消耗臭氧层物质，石蜡，锆、钽、锗等部分金属及制品，汽车（包括成套散件）及其底盘，摩托车及其发动机和车架，钼制品，冰鲜牛肉，冻牛肉，冰鲜猪肉，冻猪肉，冰鲜鸡肉，冻鸡肉，氟石（萤石），矾土，焦炭，碳化硅，稀土，成品油等商品的出口许可证，由各地方发证机构签发，在京中央企业的出口许可证由商务部许可证局签发。

（三）报关规范

（1）进口许可证的有效期为 1 年，当年有效。当出现特殊情况需要跨年度使用时，有效期最长不得超过次年 3 月 31 日，逾期自行失效。

（2）出口许可证的有效期最长不得超过 6 个月，且有效期截止时间不得超过当年 12 月 31 日。

（3）进出口许可证实行“一证一关”（进出口许可证只能在一个海关报关，下同）管理。一般情况下，进出口许可证为“一批一证”（进出口许可证在有效期内一次报关使用，下同）。

对不属于“一批一证”制的货物，出口许可证签发时应在备注栏内填注“非一批一证”。在出口许可证有效期内，“非一批一证”制货物可以多次报关使用，但最多不超过 12 次。

（4）实行出口“非一批一证”管理的货物为：外商投资企业出口货物、加工贸易方式出口货物、补偿贸易项下出口货物；小麦、玉米、大米、小麦粉、玉米粉、大米粉、活牛、活猪、活鸡、牛肉、猪肉、鸡肉、原油、成品油、煤炭、摩托车（含全地形车）及其发动机和车架、汽车（包括成套散件）及其底盘等货物。

（5）对实行“一批一证”的进出口许可证管理的大宗、散装货物，以出口为例，其溢装数量在货物总量 3%以内的原油、成品油予以免证，其他货物溢装数量在货物总量 5%以内的予以免证；对实行“非一批一证”的进出口许可证管理的大宗、散装货物，在每批货物出口时，按其实际出口数量进行许可证证面数量核扣，在最后一批货出口时，应按该许可证剩余数量溢装上限，即 5%（原油、成品油溢装上限 3%）以内计算免证数额。

（6）消耗臭氧层物质的进出口许可证实行“一批一证”制，在有效期内一次报关使用。

（7）进出口许可证一经签发，不得擅自更改证面内容。如需更改，经营者应当在许可证有效期内提出更改申请，并将许可证交回原发证机构，由原发证机构重新换发许可证。

二、进口关税配额管理

关税配额管理属于限制进口，实行关税配额证管理，其主管部门为商务部和国家发展改革委。所有贸易方式进口关税配额范围的商品均列入关税配额管理范围。对外贸易经营者经批准取得关税配额证后允许按照关税配额税率征税进口，如超出则按限额外税率征税进口。

我国实施关税配额管理的农产品有小麦、玉米、稻谷、大米、棉花、糖、羊毛及羊毛条，实施关税配额管理的工业产品是化肥。

（一）实行关税配额管理的农产品

（1）实行关税配额管理的农产品，其主管部门为商务部及国家发展改革委。其中，糖、羊毛、羊毛条由商务部公布并由商务部授权机构负责办理本地区内的申请，小麦、玉米、稻谷、大米、棉花由国家发展改革委公布并由国家发展改革委授权机构负责受理本地区的申请。

（2）由境外进入保税仓库、保税区、出口加工区的上述农产品，无须提交“农产品进口关税配额证”，海关按现行规定验放并实施监管。从保税仓库、保税区、出口加工区出库或出区进口的关税配额农产品，企业持进口关税配额证向海关办理进口手续。

（3）“农产品进口关税配额证”实行“一证多批”制，即最终用户需分多批进口的，在有效期内，凭“农产品进口关税配额证”可多次办理通关手续，直至海关核注栏填满为止。

（二）实行关税配额管理的工业品

化肥进口关税配额为全球配额，商务部负责全国化肥关税配额管理工作。

三、两用物项和技术进出口许可证管理

（一）主管部门

商务部许可证局和受商务部委托的省级商务主管部门为两用物项和技术进出口许可证发证机构。两用物项和技术进出口前，进出口经营者应当向发证机关申领“中华人民共和国两用物项和技术进口许可证”（简称两用物项和技术进口许可证）或“中华人民共和国两用物项和技术出口许可证”（简称两用物项和技术出口许可证），凭相应许可证向海关办理进出口通关手续。

（二）管理范围

两用物项和技术是指《中华人民共和国核出口管制条例》《中华人民共和国核两用品及相关技术出口管制条例》《中华人民共和国导弹及相关物项和技术出口管制条例》《中华人民共和国生物两用品及相关设备和技术出口管制条例》《中华人民共和国监控化学品管理条例》《中华人民共和国易制毒化学品管理条例》《有关化学品及相关设备和技术出口管制办法》所规定的相关物项及技术。

两用物项和技术进出口许可证管理目录，分为《两用物项和技术进口许可证管理目录》《两用物项和技术出口许可证管理目录》两个部分，如表 3-3 所示。

表 3-3　两用物项和技术进出口管理范围表

进　　口	出　　口
3 类： （1）监控化学品管理物项。 （2）易制毒化学品管理物项。 （3）放射性同位素管理物项。 易制毒化学品分为 3 类：第一类是可以用于制毒的主要原料，第二类、第三类是可以用于制毒的化学配剂	8 类： （1）核出口管制物项和技术。 （2）核两用品及相关技术出口管制物项和技术。 （3）生物两用品及相关设备和技术管制货物。 （4）监控化学品管理物项。 （5）有关化学品及相关设备和技术出口管制物项和技术。 （6）导弹及相关物项和技术出口管制物项和技术。 （7）易制毒化学品管理物项。 （8）无人驾驶飞行器、飞行艇及设备等部分两用物项和技术。 说明： 如果出口经营者拟出口的物项和技术存在被用于大规模杀伤性武器及其运载工具风险的，无论该物项和技术是否列入管理目录，都应当办理两用物项和技术出口许可证。 出口经营者在出口过程中，如发现拟出口的物项和技术存在被用于大规模杀伤性武器及其运载工具风险的，应及时向国务院相关行政主管部门报告，并积极配合采取措施中止合同执行

（三）报关规范

（1）对以任何方式进口或出口，以及过境、转运、通运列入《两用物项和技术进出口许可证管理目录》的商品，进出口经营者应向海关提交有效的两用物项和技术进出口许可证，进出口经营者未向海关出具两用物项和技术进出口许可证而产生的相关法律责任由其自行承担。

（2）保税区、出口加工区等海关特殊监管区域与境外之间进出的两用物项和技术的商品，应向海关交验两用物项和技术进出口许可证；保税区、出口加工区等海关特殊监管区域与境内区外之间进出的两用物项和技术的商品，或者在上述海关监管区域、保税场所之间进出的两用物项和技术的商品，无须办理两用物项和技术进出口许可证。

（3）两用物项和技术进出口许可证有效期一般不超过 1 年。当跨年度使用时，在有效期内只能使用到次年 3 月 31 日，逾期发证机构将根据原许可证有效期换发新证。

（4）两用物项和技术进口许可证实行“非一批一证”制和“一证一关”制，两用物项和技术出口许可证实行“一批一证”制和“一证一关”制。

（5）两用物项和技术进出口许可证仅限于申领许可证的进出口经营者使用，不得买卖、转让、涂改、伪造或变造；两用物项和技术进出口许可证应在批准的有效期内使用，逾期自动失效，海关不予验放。

（6）两用物项和技术进出口许可证一经签发，任何单位和个人不得更改证面内容，如需对证面内容进行更改，进出口经营者应当在许可证有效期内，凭原许可证和新的批准文件向发证机构重新申领。

四、自动进口许可证管理

除国家禁止、限制进出口货物、技术外的其他货物、技术，均属于自由进出口范围。自由进出口货物、技术不受限制，但基于监测进出口情况的需要，国家对部分属于自由进口的货物实行自动进口许可证管理。

自动进口许可证管理是国家基于对这类货物的统计和监督需要而实行的一种在任何情况下对进口申请一律予以批准，具有自动登记性质的许可管理。

（一）主管部门

商务部许可证局、各地特派办、地方发证机构及地方机电产品进出口管理机构负责自动进口许可证货物的管理和自动进口许可证的签发工作。

（二）管理范围

1. 自动进口许可证管理的商品范围

实施自动进口许可证管理的货物包括非机电类货物、机电类货物两大类，分为两个管理目录。

（1）目录一（非机电类货物产品）：牛肉、猪肉、羊肉、肉鸡、鲜奶、奶粉、植物油、食糖、烟草、煤、铁矿石、铝土矿、原油、成品油、化肥、钢材等商品。

（2）目录二（机电类货物产品）：涉及移动通信产品，卫星广播、电视设备及关键部件，汽车产品（小客车、小轿车、越野车及其发动机等），飞机，船舶（大型客、货轮），游戏机等商品。

2．免于交验自动进口许可证的情形

进口列入《自动进口许可管理货物目录》的商品，在办理报关手续时应向海关提交自动进口许可证，但下列情形免于提交。

（1）加工贸易项下进口并复出口的（原油、成品油除外）。

（2）外商投资企业作为投资进口或投资额内生产自用的（旧机电产品除外）。

（3）货样广告品、实验品进口，每批次价值不超过 5 000 元人民币的。

（4）暂时进口的海关监管货物。

（5）进入保税区、出口加工区等海关特殊监管区域及进入保税仓库、保税物流中心的属于自动进口许可管理的货物。

（三）报关规范

（1）自动进口许可证有效期为 6 个月，但仅限公历年度内有效。

（2）自动进口许可证项下货物原则上实行“一批一证”管理，对部分货物也可实行“非一批一证”管理。对实行“非一批一证”管理的，在有效期内可以分批次累计报关使用，但累计使用不得超过 6 次。

（3）对实行“一批一证”的自动进口许可证管理的大宗、散装货物，其溢装数量在货物总量 3%以内的原油、成品油、化肥、钢材等大宗散装货物予以免证，其他货物溢装数量在货物总量 5%以内的予以免证；对实行“非一批一证”的自动进口许可证管理的大宗、散装货物，每批货物进口时，按其实际数量核扣自动进口许可证额度数量，最后一批货物进口时，应按自动进口许可证实际剩余数量的允许溢装上限，即 5%（原油、成品油、化肥、钢材在溢装上限 3%）以内计算免证数额。

五、固体废物进口管理

（一）主管部门

生态环境部是进口废物的国家主管部门。固体废物利用单位在组织进口列入限制进口目录的固体废物前，应当向生态环境部提出进口申请，经审查批准并签发相关固体废物进口许可证后才可组织进口。申请和审批进口固体废物，按照风险最小化原则，实行“就近口岸”报关。

进口的固体废物运抵口岸后，国内收货人应当向海关报检。对符合国家环境保护控制标准的，出具有关文书；对不符合国家环境保护控制标准或者相关技术规范强制性要求的，出具检验检疫处理通知书。海关凭有效废物进口许可证办理通关手续。除另有规定外，进口固体废物不得办理转关手续（废纸除外）。

（二）管理范围

固体废物包括工业固态废物（在工业、交通等生产活动中产生的固体废物）、城市生活垃圾、危险废物，以及液态废物和置于容器中的气态废物。

我国对进口废物实施分类目录管理，分别实施禁止进口、限制进口、非限制进口三类管理。对列入《禁止进口固体废物目录》的固体废物一律禁止进口管理；对列入《限制进口类可用作原料的废物目录》的固体废物实施限制进口管理；对列入《非限制进口类可用作原料的废物目录》的固体废物，进口单位无须申领固体废物进口许可证，但必须符合环境保护控制标准并经海关检验合格，否则不得进口；对虽列入《限制进口类可用作原料的废物目录》《非限制进口类可用作原料的废物目录》，但经入境检验检疫不符合进口可用作原料的环境保护控制标准或者相关技术规范等强制性要求的固体废物，实施禁止进口管理。

（三）报关规范

（1）向海关申报进口列入《限制进口类可用作原料的废物目录》的固体废物，报关单位应主动向海关提交有效的废物进口许可证及其他有关单据；向海关申报进口列入《非限制进口类可用作原料的废物目录》的固体废物，报关单位应主动向海关提交有关单据。

（2）不论以何种方式进口上述管理范围的固体废物，包括由境外进入保税区、出口加工区、物流园区、保税港区等海关特殊监管区域应向海关交验废物进口许可证。

（3）固体废物从海关特殊监管区域和保税监管场所进口到境内区外，或者在海关特殊监管区域和场所之间进出的，无须办理固体废物进口相关许可证。

（4）固体废物进口许可证当年有效，因故在有效期内未使用完的，企业应当在有效期届满 30 日前向发证机关提出延期申请。发证机构扣除已使用数量后重新签发固体废物相关许可证，并在备注栏中注明“延期使用”和原证号，且只能延期一次，延期最长不超过 60 日。

（5）固体废物相关许可证实行“一证一关”管理。一般情况下，固体废物进口相关许可证为“非一批一证”制，在有效期内可以多次报关使用，由海关逐批签注核减进口数量，最后一批进口时，允许溢装上限为固体废物进口相关许可证实际余额的 3%；如要实行“一批一证”管理，应当同时在固体废物进口相关许可证备注栏内打印“一批一证”字样。

（6）海关特殊监管区域和保税监管场所不得以转口货物为名存放进口固体废物。

六、进出口药品管理

（一）主管部门

国家食品药品监督管理总局是进出口药品的主管部门，以签发许可证件的形式对其进出口加以管制。目前，我国公布的药品进出口管理目录有《进口药品目录》《生物制品目录》《精神药品管制品种目录》《麻醉药品管制品种目录》《兴奋剂目录》。

（二）精神药品进出口管理范围及报关规范

精神药品进出口准许证是用来证明对外贸易经营者经营列入《精神药品管制品种目录》管理药品合法进出口的最终证明文件。

进出口列入《精神药品管制品种目录》的药品，如咖啡因、去氧麻黄碱、复方甘草片等。任何单位以任何贸易方式进出口列入上述范围的药品，不论用于何种用途，均须事先申领精神药品进出口准许证。

精神药品进出口准许证仅限在该证注明的口岸海关使用，并实行“一批一证”制，证面内容不得自行更改，如需更改，应到国家食品药品监督管理总局办理换证手续。

（三）麻醉药品进出口管理范围及报关规范

麻醉药品进出口准许证是用来证明对外贸易经营者经营列入《麻醉药品管制品种目录》管理药品合法进出口的最终证明文件。

进出口列入《麻醉药品管制品种目录》的麻醉药品，包括鸦片、可卡因、大麻、海洛因及合成麻醉药类和其他易成瘾癖的药品、药用原植物及其制剂。任何单位以任何贸易方式进出口列入《麻醉药品管制品种目录》的药品，不论用于何种用途均须事先申领麻醉药品进出口准许证。

麻醉药品进出口准许证仅限在该证注明的口岸海关使用，并实行“一批一证”制，证面内容不得自行更改，如需更改，应到国家食品药品监督管理总局办理换证手续。

（四）兴奋剂进出口管理范围及报关规范

为了防止在体育运动中使用兴奋剂，保护体育运动参加者的身心健康，维护体育竞赛的公平竞争，国家体育总局会同海关总署、国家食品药品监督管理总局制定颁布了《兴奋剂目录》。

进出口列入《兴奋剂目录》的药品，包括蛋白同化制剂品种、肽类激素品种、麻醉药品品种、刺激剂（含精神药品）品种、药品类易制毒化学品品种、医疗用毒性药品品种、其他品种等。

根据《蛋白同化制剂、肽类激素进出口管理办法》的相关规定，国家对蛋白同化制剂、肽类激素实行进出口准许证管理。进口准许证有效期为1年，出口准许证有效期不超过3个月（有效期时限不跨年度）。进口准许证、出口准许证实行“一证一关”制，只能在有效期内一次性使用，证面内容不得修改。

（五）一般药品进口管理范围及报关规范

国家对一般药品进口的管理实行目录管理，包括《进口药品目录》《生物制品目录》。进口药品通关单是用来证明对外贸易经营者经营列入上述目录的药品合法进口的证明文件。进口药品通关单仅限在该单注明的口岸海关使用，并实行“一批一证”制，证面内容不得更改。其适用范围如下。

（1）进口列入《进口药品目录》的药品，包括用于预防、治疗、诊断人的疾病，有目的地调节人的生理机能并规定有适应症、用法和用量的物质，包括中药材、中药饮品、中成药、化学原料药及其制剂、抗生素、生化药品、血清疫苗和诊断药品。

（2）进口列入《生物制品目录》的药品，包括疫苗类、血液制品类及血源筛查用诊断试剂等。

（3）首次在中国境内销售的药品。

目前，一般药品出口暂无特殊的管理要求。

七、黄金及其制品进出口管理

中国人民银行是黄金及黄金制品进出口主管部门，会同海关总署制定并公布《黄金及其制品进出口管理目录》。列入《黄金及其制品进出口管理目录》的黄金及制品进口或出口通关时，应当向海关提交中国人民银行及其分支机构签发的“黄金及其制品进出口准许证”。

进出口单位以下列贸易方式进出口黄金及其制品的，应办理“黄金及其制品进出口准许证”：①一般贸易；②海关特殊监管区域、保税监管场所与境内区外进出口的；③加工贸易转内销及境内购置黄金原料以加工贸易出口黄金制品的。

保税区、出口加工区及其他海关特殊监管区域和保税监管场所与境外之间进出，海关特殊监管区域、保税监管场所之间进出的黄金及其产品，免于办理“黄金及其制品进出口准许证”。

列入中国人民银行、海关总署联合发布的《黄金及其制品进出口管理目录》的黄金及其制品，主要包括氰化金，氰化金钾（含金 40%），其他金化合物，非货币用金粉，非货币用未锻造金，非货币用半制成金，货币用未锻造金（包括镀铂的金），金的废、碎料，镶嵌钻石的黄金制首饰及其零件，其他黄金制首饰及其零件，其他贵金属制金器及其零件，金质铸币（金质贵金属纪念币），黄金表壳（按重量计含金量 80%以上），黄金表带（按重量计含金量 80%以上）等。

八、农药进出口管理

农业部是国家农药进出口的主管部门，会同海关总署制定了《中华人民共和国进出口农药登记证明管理名录》（简称《农药名录》）。进出口列入上述目录的农药，应事先向农业部农药检定所申领“农药进出口登记管理放行通知单”，凭此通知单向海关办理报关手续。

“农药进出口登记管理放行通知单” 实行“一批一证”制，进出口一批农药产品，办理一份通知单。

九、兽药进口管理

进口兽药实行目录管理，《进口兽药管理目录》由农业部会同海关总署制定并公布。企业进口列入《进口兽药管理目录》的兽药，应向进口口岸所在地省级人民政府兽医行政管理部门申请办理“进口兽药通关单”。“进口兽药通关单”实行“一单一关”制，在 30 日有效期内只能一次性使用。对进口同时列入《进口药品目录》的兽药，海关免于验核“进口药品通关单”。

本章重要概念

对外贸易管制　进出口许可制度　关税配额管理　进口配额许可证管理　出口配额限制　出口配额许可证管理　出口配额招标管理　自动进口许可管理　对外贸易救济措施　反倾销　反补贴　保障措施　进出口许可证管理　两用物项和技术进出口管理

课后复习题

一、单项选择题

1．我国对外贸易管理的法律体系的核心是（　　）。

A．《海关法》　　B．《京都公约》

C．《对外贸易法》　　D．《进出口商品检验法》

2．临时反倾销措施实施的期限最长不超过（　　）个月。

A．3　　B．4　　C．6　　D．9

3．临时保障措施的实施期限，自临时保障措施决定公告规定实施之日起，不得超过（　　）天，并且此期限计入保障措施总期限。

A．90　　B．150　　C．200　　D．365

4. 属于我国限制进口的商品有（　　）。

A. 尿素（化肥）　　　　　　　　B. 氯酸钾

C. 四氯化碳　　　　　　　　　　D. 莱克多巴胺

5. 玉米、小麦、棉花、煤炭、原油、成品油等商品的出口许可证由（　　）签发。

A. 计划单列市，以及商务部授权的其他省会城市的商务主管部门

B. 各省、自治区、直辖市的商务主管部门

C. 商务部驻各地特派员办事处

D. 商务部配额许可证事务局

6. 进口许可证有效期为（　　），特殊情况需要跨年度使用的，有效期最长不得超过次年（　　），逾期自动失效。

A. 3 个月，1 月 31 日　　　　　B. 6 个月，3 月 31 日

C. 9 个月，1 月 31 日　　　　　D. 1 年，3 月 31 日

7. 我国实行进口许可证管理的货物有（　　）。

A. 冰鲜鸡肉　　B. 镁砂　　C. 消耗臭氧层物质　　D. 铂金

8. 消耗臭氧层物质的进出口许可证实行（　　）制，在有效期内一次报关使用。

A. "一批一证"　　　　　　　　B. "一批一证""一证一关"

C. "一证一关"　　　　　　　　D. "一证多批"

9. 以下关于农产品关税配额制度，说法有误的是（　　）。

A. 所有贸易方式进口关税配额范围的商品均列入关税配额管理范围

B. 由境外进入保税仓库、保税区、出口加工区的农产品，无须提交"农产品进口关税配额证"，海关按现行规定验放并实施监管

C. 农产品关税配额实行"一证一批"制和"一证一关"制

D. 大米进口时，海关凭"农产品关税配额证"办理通关验放手续

10. 由发改委对外公布下一年度的关税配额总量、关税配额申请条件，国务院关税税则委员会确定关税配额农产品税则号列和适用税率的农产品是（　　）。

A. 大豆　　B. 棉花　　C. 小米　　D. 燕麦

11. 浙江某公司与境外签订合同进口棉花，实行农产品进口关税配额"一证多批"制，在此证有效期内该公司最多可分（　　）次进口。

A. 6　　B. 8　　C. 12　　D. 直到海关核注栏填满为止

12. 两用物项和技术进出口许可证一经签发，如需对证面内容进行修改，则应（　　）。

A. 不可修改　　B. 背书修改　　C. 直接更改　　D. 重新申领

13. 两用物项和技术进出口许可证有效期一般不超过 1 年，当跨年度使用时，在有效期内只能使用到次年（　　）。

A. 1 月 31 日　　B. 3 月 31 日　　C. 5 月 31 日　　D. 6 月 30 日

14. 关于两用物项和技术出口许可证报关规范的正确表述是（　　）。

A. 有效期一般不超过 6 个月

B. 实行"一批一证"制和"一证一关"制

C. 实行"非一批一证"制和"一证一关"制

D. 实行"非一批一证"制，最多可使用 6 次

15. 某企业持一份证面数量为 400 吨的钢材自动进口许可证（非一批一证），以海运

散装形式分两批进口。第一批实际进口数量为 200 吨，第二批最多可进口的数量为（　　）吨。

A．210　　B．206　　C．205　　D．203

16．发证机关根据企业申请，于 2018 年 9 月 30 日向企业签发了自动进口许可证。该证有效期截止日是（　　）。

A．2018 年 12 月 31 日　　B．2019 年 3 月 31 日

C．2019 年 6 月 30 日　　D．2019 年 9 月 30 日

17．我国进口废物的国家主管部门是（　　）。

A．商务部　　B．生态环境部

C．农业部　　D．国家发改委

18．兴奋剂的进口准许证有效期是 1 年，出口许可证的有效期是不超过（　　）。

A．3 个月　　B．6 个月　　C．9 个月　　D．1 年

19．以下不属于精神药品进出口管理范围的商品是（　　）。

A．可卡因　　B．咖啡因　　C．去氧麻黄碱　　D．复方甘草片

20．国家农药进出口的主管部门是（　　）。

A．农业部　　B．国家林业局

C．国家食品药品监督管理总局　　D．海关

二、多项选择题

1．我国货物、技术进出口许可管理制度的管理范围包括（　　）。

A．禁止进出口货物和技术　　B．限制进出口货物和技术

C．自由进出口技术　　D．部分实行自动许可管理的自由进口货物

2．以下属于我国禁止进口的商品有（　　）。

A．麻黄草　　B．滴滴涕

C．去氧麻黄碱　　D．莱克多巴胺

3．以下属于我国禁止出口的商品有（　　）。

A．消耗臭氧层物质　　B．木炭

C．硅砂　　D．原料血浆

4．我国实行出口许可证管理的商品有实行出口配额许可证、出口配额招标及出口许可证管理。其中，实行出口配额许可证管理的商品是（　　）。

A．玉米　　B．消耗臭氧层物质

C．汽车　　D．棉花

5．下列描述正确的是（　　）。

A．商务部配额许可证局签发重点旧机电产品的进口许可证

B．我国对出口石蜡实行出口许可证管理

C．出口许可证有效期为 1 年，特殊情况可申请延期，最长不得超过次年 3 月 31 日

D．锑合金和钨合金的出口免于申领出口许可证，但应按规定申领两用物项和技术出口许可证

6．以下无须提交“农产品进口关税配额证”的情形是（　　）。

A．由境外进入保税区的玉米　　B．由境外进入保税区的棉花

C．以加工贸易进口的大米　　　　D．以加工贸易进口的羊毛

7．下列对两用物项和技术进出口许可证管理表述正确的是（　　）。

A．两用物项和技术进出口前，经营者应向发证机关申领两用物项和技术进出口许可证，凭此证向海关办理报关手续

B．两用物项和技术进口许可证应在批准的有效期内使用，逾期自动失效，海关不予验放

C．两用物项和技术出口许可证实行“一批一证”制和“一证一关”制

D．两用物项和技术进出口许可证仅限于申领许可证的进出口经营者使用

8．下列商品类别中，既属于两用物项和技术进口许可证管理，又属于两用物项和技术出口许可证管理的是（　　）。

A．监控化学品　　　　B．放射性同位素

C．生物两用品　　　　D．易制毒化学品

9．对实行“一批一证”制的自动进口许可证管理的大宗、散装货物，其溢装数量在货物总量3%以内的大宗散装货物予以免证，其中包括（　　）。

A．原油　　B．成品油　　C．煤炭　　D．化肥

10．下列情形中，可免交自动进口许可证的有（　　）。

A．加工贸易项下进口并复出口的（原油、成品油除外）

B．货样广告品、实验品进口，每批次价值不超过5 000元人民币的

C．暂时进口的海关监管货物

D．外商投资企业作为投资进口或者投资额内生产自用的（旧机电产品除外）

11．下列废物中，属于我国《固体废物污染环境防治法》管理范围的有（　　）。

A．工业固态废物　　　　B．危险废物

C．液态废物　　　　D．城市生活垃圾

12．以下属于进出口《麻醉药品管制品种目录》的麻醉药品有（　　）。

A．鸦片　　B．大麻　　C．可卡因　　D．海洛因

13．以下进出口商品实行“一批一证”制的有（　　）。

A．精神药品　　B．麻醉药品　　C．兴奋剂　　D．一般药品

14．进口应提交“进口药品通关单”的有（　　）。

A．列入《进口药品目录》的药品

B．列入《生物制品目录》的药品

C．列入《兴奋剂目录》的药品

D．首次在中国境内销售的药品

15．下列许可证件有效期为1年的有（　　）。

A．进口许可证　　　　B．出口许可证

C．自动进口许可证　　　　D．两用物项和技术进出口许可证

16．既实行“一批一证”制，又实行“一证一关”制报关管理规范的有（　　）。

A．进出口许可证　　　　B．自动进口许可证

C．两用物项和技术进口许可证　　　　D．两用物项和技术出口许可证

17．下列属于中国人民银行、海关总署联合发布的《黄金及其产品进出口管理目录》的黄金及其制品有（　　）。

A．氰化金钾（30%）　　B．非货币用金粉

C．实验室用制品　　D．黄金制首饰

18．下面应提交“黄金及其制品进出口准许证”的是（　　）。

A．加工贸易转内销黄金原料以加工贸易出口黄金制品的

B．海关特殊监管区域、保税监管场所与境内区外进出口的黄金及其产品

C．保税区与境外之间进出口的黄金及其产品

D．海关特殊监管区域、保税监管场所之间进出口的黄金及其产品

19．下列有关许可证件表述不正确的是（　　）。

A．“自动进口许可证”实行“一批一证”和“一证一关”管理

B．“进口兽药通关单”实行“一批一单”和“一单一关”管理，在30日有效期内只能一次性使用

C．“农药进出口登记管理放行通知单”实行“一批一证”管理

D．“进口药品通关单”实行“一批一证”管理

20．无论以何种方式进出口都必须申领相关许可证件的进出口商品有（　　）。

A．黄金及其制品　　B．两用物项和技术

C．精神类药品　　D．兴奋剂

三、判断题

1．对外贸易管制是一国对外贸易管理形式之一，是政府的一种强制性行政管理行为，属于非关税措施。（　　）

2．对列入国家公布的禁止进口目录，以及其他法律、法规明令禁止或停止进口的货物、技术，必须取得国家商务主管部门的许可才能经营进口。（　　）

3．临时反倾销措施实施的期限，自临时反倾销措施决定公告规定实施之日起，不超过6个月。在特殊情形下，可以延长至9个月。（　　）

4．实行“非一证一批”管理的出口许可证，其使用次数最多不超过12次。（　　）

5．进出口许可证是国家管理货物进出口的凭证，不得买卖、转让、涂改、伪造和更改。（　　）

6．对外贸易经营者取得关税配额证后按照关税配额税率征税进口，如超出则按限额外税率征税进口。（　　）

7．我国实施关税配额管理的农产品有玉米、稻谷、大麦、羊毛、棉花。（　　）

8．对于《两用物项和技术进出口许可证管理目录》内的物项和技术都实行两用物项和技术进出口许可证管理，对于目录外的物项和技术则无须申领两用物项和技术进出口许可证。（　　）

9．如出口经营者拟出口的物项和技术存在被用于大规模杀伤性武器及其运载工具风险的，无论是否列入目录，都应办理两用物项和技术出口许可证。（　　）

10．两用物项和技术进出口许可证实行“非一批一证”制和“一证一关”制。（　　）

11．自动进口许可管理是在任何情况下对进口申请一律予以批准的进口许可制度。（　　）

12．进入保税区、出口加工区等海关特殊监管区域及进入保税仓库、保税物流中心的属自动进口许可管理的货物，在办理报关手续时也要交验进口许可证。（　　）

13. 海关特殊监管区域和场所如要以转口货物为名存放进口固体废物，必须经生态环境部批准。（　　）

14. 药品必须经由国务院批准允许进口药品的口岸才可进口。（　　）

15. 兴奋剂进出口许可证实行“一批一证”制。（　　）

16. 保税区、出口加工区及其他海关特殊监管区域、保税监管场所与境外进出，以及海关特殊监管区域、保税监管场所之间进出口的蛋白同化制剂、肽类激素，免于办理药品进口准许证、出口准许证，由海关实施监管。（　　）

17. 进口药品通关单实行“一批一证”制，证面内容不得更改。（　　）

18. 保税区、出口加工区及其他海关特殊监管区域、保税监管场所与境外进出，以及海关特殊监管区域、保税监管场所之间进出的黄金及其产品，免于办理“黄金及其制品进出口许可证”，由海关实施监管。（　　）

19. 从海关特殊监管区域、保税监管场所进入境内区外的废纸，免于交验废物进口许可证。（　　）

20. 从境外进入保税区、出口加工区及其他海关特殊监管区域的兽药，应该办理“进口兽药通关单”。（　　）

四、简答题

1. 我国对外贸易管制的基本框架与法律体系分别有哪些内容？
2. 我国对外贸易管制的目的与特点有哪些？
3. 我国实行国营贸易管理的商品范围包含什么？
4. 我国的对外贸易经营者资格管理制度有哪些具体内容？
5. 我国进出口货物的对外贸易救济措施有哪些种类？
6. 海关依据法律、法规对禁止进出口目录商品实施监督管理的具体商品分别有哪些？
7. 我国对限制进出口货物的管理措施具体有哪些？
8. 简述出入境检验检疫职责范围。

第四章

海关监管制度

学习目标

通过本章的学习，了解海关监管货物的含义和分类，熟悉电子报关与通关作业无纸化的含义和适用范围。掌握一般进出口货物的含义、特征、适用范围及其报关程序，熟悉进出口申报的内容，正确区分放行与结关的关系。熟悉保税加工货物监管制度的适用范围、监管模式及监管制度要求，掌握保税加工货物的含义、形式、特征、保证金台账制度及保税料件和成品的进出口要求，掌握保税加工货物的合同备案、进出口报关及合同报核程序。了解减免税货物、暂准进出境货物的含义，能正确区分法定减免税和特定减免税货物，熟悉特定减免税货物的报关程序。熟悉展览品及其他暂准进出境货物的范围、报关程序及后续处理方法，准确区别展览品和展览用品的适用范围和征免税管理措施。

案例导入

2018 年 7 月 3 日，一票重 30 吨的非保税货物铁颗粒通过海关特殊监管区域管理系统进入大连大窑湾保税港区。这是大连海关隶属大窑湾海关办理的东北地区首票“仓储货物按状态分类监管”业务，标志着东北口岸“仓储货物按状态分类监管”制度正式落地实施。

“仓储货物按状态分类监管”制度是指允许非保税货物以非报关方式进入海关特殊监管区域，与保税货物集拼、分拨后，实际离境出口或出区返回境内的海关监管制度。

据大窑湾海关保税监控科科长孟庆尧介绍，该项政策的落地，打破了传统的内贸壁垒，发挥了海关特殊监管区域成为连接国内外两个市场的桥梁作用，有效盘活了区内企业闲置的仓储资源，拓展了区内企业的经营范围，增强了经营的灵活性，提高了市场竞争力，简化了出入区手续，降低了企业的仓储成本和物流成本。

根据上述资料，请思考：

（1）海关监管货物有哪些？

（2）保税货物与非保税货物有什么区别？

（3）不同的监管货物有什么样的监管措施？

（资料来源：http://dalian.customs.gov.cn/dalian_customs/460673/460675/1931339/index.html）

第一节 海关监管制度概述

一、海关监管制度的含义与体系

（一）海关监管制度的含义

海关监管制度是规定和调整海关在对进出境的货物、物品、运输工具及监管场所进行实际监管过程中发生的，海关与进出境货物、物品、运输工具的当事人和他们的代理人、担保人之间的管理与被管理的关系，以及海关与其他行政部门或企业事业单位之间业务合作、配合关系的法律规范的总称。它作为规定海关和相对人在进出境监管中权利、义务的法律规范，既规范海关监管行为，又规范相对人进出境行为，特别是规范相对人的报关行为、纳税行为、代理行为、承运行为、担保行为等，以及实现权利和履行义务的步骤，是海关实施进出境监管活动的基本制度保障，也是监督海关依法行政的主要依据。

（二）海关监管制度的体系

由于进出境货物的贸易形态与营销方式复杂、进出境物品的携运途径多样、运输工具的种类繁多等，使海关须具有与其管理目标相适应且各具针对性的监管方式，如进出境货物的一般进出口、保税进出口、暂时进出口，进出境物品的旅客携带、邮局寄递，进出境运输工具的进出境船舶、进出境航空器等。

由此，海关监管制度就形成了一个层次分明，且又各有分支的相对完整的体系（见图4-1）。

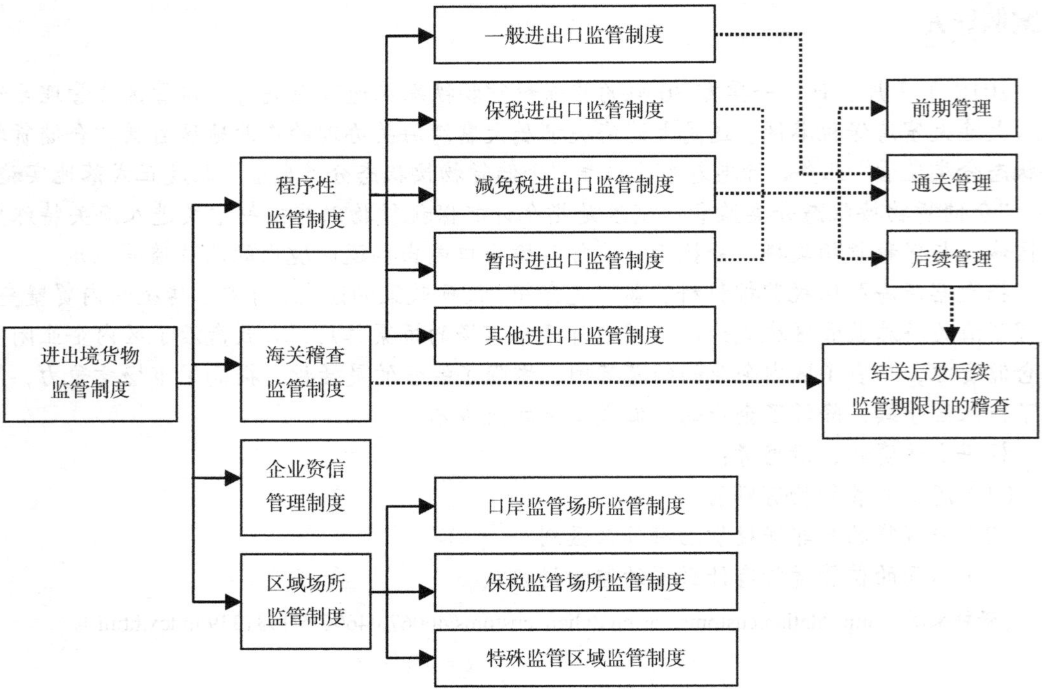

图4-1 海关综合监管模式下的进出境货物监管制度体系

二、海关监管货物的含义与分类

（一）海关监管货物的含义

海关监管货物是指自进境起到办结海关手续止的进口货物，自向海关申报起到出境止的出口货物，以及自进境起到出境止的过境、转运、通运货物等应当接受海关监管的货物，包括一般进出口货物，保税货物，特定减免税货物，暂准进出境货物，过境、转运、通运货物，以及其他进出境货物。

这是海关对进出境货物实施监督管理在法律意义上的时间、范围的限制规定。

（二）海关监管货物的分类

根据货物进出境目的的不同，海关监管货物可以分成以下几类。

（1）一般进出口货物，包括一般进口货物和一般出口货物。一般进口货物是指办结海关手续进入国内生产、消费领域流通的进口货物；一般出口货物是指办结海关手续离境到境外生产、消费领域流通的出口货物。

（2）保税货物是指经海关批准未办理纳税手续进境，在境内储存、加工、装配后复运出境的货物。保税货物又分为保税加工货物和保税物流货物两大类。

（3）特定减免税货物是指经海关依法准予免税进口的用于特定地区、特定企业，有特定用途的货物。

（4）暂准进出境货物，包括暂准进境货物和暂准出境货物。暂准进境货物是指经海关批准凭担保进境，在境内使用后原状复运出境的货物；暂准出境货物是指经海关批准凭担保出境，在境外使用后原状复运进境的货物。

（5）过境、转运、通运货物是指由境外起运，通过中国境内继续运往境外的货物。

（6）其他进出境货物是指上述货物以外尚未办结海关手续的其他进出境货物。

三、海关监管货物的报关程序

（一）报关程序的含义

报关程序是指进出口货物收发货人、运输工具负责人、物品所有人或其代理人按照海关的规定，办理货物、物品、运输工具进出境及相关海关事务的手续和步骤。本章所指的报关程序主要限于进出境货物的报关程序。

货物进出境应当经过审单、查验、征税、放行四个海关作业环节。与之相适应，进出口货物收发货人或其代理人应当按程序办理相对应的进出口申报、配合查验、缴纳税费、提取或装运货物等手续，货物才能进出境。但是，这些程序还不能满足海关对所有进出境货物的实际监管要求。例如，加工贸易原材料进口，海关要求事先备案，必须有一个前期办理手续的阶段；如果上述进口原材料加工成成品出口，在“放行”和“装运货物”离境的环节也不能完成所有的海关手续，必须有一个后期办理核销结案的阶段。因此，从海关对进出境货物进行监管的全过程来看，报关程序按时间先后可以分为三个阶段：前期阶段、进出口阶段、后续阶段。

（二）报关的基本程序

1．前期阶段

前期阶段是指进出口货物收发货人或其代理人根据海关对进出境货物的监管要求，在货物进出口之前，向海关办理备案手续的过程，主要包括以下几个方面。

（1）保税加工货物进口之前，进口货物收货人或其代理人办理加工贸易备案手续，申请建立加工贸易电子化手册或电子账册。

（2）特定减免税货物进口之前，进口货物收货人或其代理人办理货物的减免税备案和审批手续，申领减免税证明。

（3）暂准进出境货物进出口之前，进出口货物收发货人或其代理人办理货物暂准进出境备案申请手续。

（4）其他进出境货物中的加工贸易不作价设备进口之前，进口货物收货人或其代理人办理加工贸易不作价设备的备案手续；出料加工货物出口之前，出口货物发货人或其代理人办理出料加工的备案手续。

2．进出口阶段

进出口阶段是指进出口货物收发货人或其代理人根据海关对进出境货物的监管要求，在货物进出境时，向海关办理进出口申报、配合查验、缴纳税费、提取或装运货物手续的过程。

3．后续阶段

后续阶段是指进出口货物收发货人或其代理人根据海关对进出境货物的监管要求，在货物进出境储存、加工、装配、使用、维修后，在规定的期限内，按照规定的要求，向海关办理上述进出口货物核销、销案、申请解除监管等手续的过程，主要包括以下几个方面。

（1）保税加工货物，进口货物收货人或其代理人在规定期限内办理申请核销的手续。

（2）特定减免税货物，进口货物收货人或其代理人在海关监管期满，或者在海关监管期内经海关批准出售、转让、退运、放弃并办妥有关手续后，向海关申请办理解除海关监管的手续。

（3）暂准进境货物，收货人或其代理人在暂准进境规定期限内，或者在经海关批准延长暂准进境期限到期前，办理复运出境手续或正式进口手续，然后申请办理销案手续；暂准出境货物，发货人或其代理人在暂准出境规定期限内，或者在经海关批准延长暂准出境期限到期前，办理复运进境手续或正式出口手续，然后申请办理销案手续。

（4）其他进出境货物中的加工贸易不作价设备、出料加工货物、修理货物、部分租赁货物等，进出口货物收发货人或其代理人在规定的期限内办理销案手续。

四、电子报关与通关作业无纸化

（一）电子报关

电子报关是指进出口货物收发货人或其代理人通过计算机系统，按照《中华人民共和国海关进出口货物报关单填制规范》（简称《报关单填制规范》）的有关要求，向海关传送报关单电子数据，并备齐随附单证的申报方式。

《海关法》规定：“办理进出口货物的海关申报手续，应当采用纸质报关单和电子数据报关单的形式。”这一规定确定了电子报关的法律地位，使电子数据报关单和纸质报关单具有同等的法律效力。

在一般情况下，进出口货物收发货人或其代理人先向海关计算机系统发送电子数据报关单，接收到海关计算机系统返回的表示接受申报的信息后，打印向海关提交的纸质报关单，并准备必需的随附单证。

（二）通关作业无纸化

1．含义

通关作业无纸化是指海关以企业分类管理和风险分析为基础，按照风险等级对进出口货物实施分类，运用信息化技术改变海关验核进出口企业递交纸质报关单及随附单证办理通关手续的做法，直接对企业通过中国电子口岸录入申报的报关单及随附单证的电子数据进行无纸审核、验放处理的通关作业方式。

目前，在北京、天津、上海、南京、杭州、宁波、福州、青岛、广州、深圳、拱北、黄埔等海关及上述12个海关以外的其余30个海关的一些业务现场开展试点。

2．适用范围

通关作业无纸化适用范围：AA类、A类、B类的进出口企业，AA类、A类、B类的报关企业。

涉及许可证件［不包括“入（出）境货物通关单”］的进出口货物，暂不适用“通关作业无纸化”作业方式。

涉及税费但未选择电子支付的进出口货物，暂不适用“通关作业无纸化”作业方式。

五、电子通关系统

我国海关已经在进出境货物通关作业中全面使用计算机进行信息化管理，成功地开发运用了多个电子通关系统。

（一）海关H883/EDI通关系统

海关H883/EDI通关系统是指海关与通关对象之间运用EDI技术自动交换和处理通关文件，并利用海关计算机应用系统及时、自动完成整个通关过程的EDI实用系统。EDI通关系统涉及进出口货物报关、审单、征税、放行等通关环节，以及包括报关行、金融单位、仓储企业、运输企业和国际贸易行政管理等部门。

（二）海关H2000通关系统

海关H2000通关系统是海关H883/EDI通关系统的升级换代系统，是根据建立现代海关制度的战略目标，结合通关作业改革的实际需要，以数据库为核心存放通关管理业务的管理参数信息，实现全国海关信息共享和报关数据处理的大型信息化通关业务管理软件系统。

（三）中国电子口岸系统

中国电子口岸系统又称口岸电子执法系统，简称电子口岸，是利用现代计算机信息技术，将与进出口贸易管理有关的政府机关分别管理的进出口业务信息电子底账数据集中存放在公共数据中心，为管理部门提供跨部门、跨行业联网数据核查，为企业提供网上办理各种进出口业务的国家信息系统。电子口岸和海关H2000通关系统连接起来，构成了覆盖全国的进出口贸易服务和管理的信息网络系统。电子口岸是我国“金关”工程的重要组成部分，也是海关信息化建设的“品牌”工程。

第二节　一般进出口货物监管制度

一、一般进出口货物概述

（一）一般进出口货物的含义

一般进出口货物是一般进口货物和一般出口货物的合称，是指在进口环节缴纳了应征的进口税费并办结了所有必要的海关进口手续，海关放行后不再进行监管，直接进入生产和消费领域流通的进口货物和在出口环节缴纳了应征的出口税费并办结了所有必要的海关出口手续，海关放行后离境的出口货物。

一般进出口货物并不完全等同于一般贸易货物。一般贸易是国际贸易中的一种交易方式，是指中国境内有进出口经营权的企业单边进出口的贸易，按一般贸易交易方式进出口的货物即为一般贸易货物。一般进出口货物是指按照海关一般进出口监管制度监管的进出口货物。一般贸易货物在进口时可以按一般进出口监管制度办理海关手续，这时它就是一般进出口货物；符合条件的，可以享受特定减免税优惠，按特定减免税监管制度办理海关手续，这时它就是特定减免税货物；经海关批准保税的，也可以按保税监管制度办理海关手续，这时它就是保税货物。

（二）一般进出口货物的特征

一般进出口货物监管制度由一系列具体的法律规范组成，其中既有货物进出口的基本通关规则，也有办理通关手续的程序性要求，一般进出口货物监管制度有以下几个特征。

1．进出境时缴纳进出口税费

一般进出口货物的收发货人应当按照《海关法》和其他有关法律、行政法规的规定，在货物进出境时向海关缴纳应当缴纳的税费。

2．进出口时提交相关的许可证件

货物进出口时受国家法律、行政法规管制并需要申领进出口许可证件的，进出口货物收发货人或其代理人应当向海关提交相关的进出口许可证件。

3．进口货物海关放行即办结海关手续，出口货物海关放行后离境即办结海关手续

海关征收了全额的税费，审核了相关的进出口许可证件，并对货物进行实际查验（或做出不予查验的决定）以后，按规定签章放行。这时，进出口货物收发货人或其代理人才能办理提取进口货物进入国内市场或装运出口货物离境的手续。

对一般进口货物来说，海关放行就意味着海关手续已经全部办结，海关不再监管，可以直接进入生产和消费领域流通。对一般出口货物来说，海关放行后离境才意味着海关手续全部办结。

（三）一般进出口货物监管制度的适用

海关监管货物按货物进境、出境后是否复运出境、复运进境，可以分为两大类：一类是进境、出境后不再复运出境、复运进境的货物，我们称为实际进出口的货物；另一类是进境、出境后还将复运出境、复运进境的货物，我们称为非实际进出口的货物。

下列货物适用一般进出口监管制度办理进出口海关手续。

（1）一般贸易进口货物。

（2）一般贸易出口货物。
（3）转为实际进口的保税货物、暂准进境货物，转为实际出口的暂准出境货物。
（4）易货贸易、补偿贸易进出口货物。
（5）不批准保税的寄售代销贸易货物。
（6）承包工程项目实际进出口货物。
（7）外国驻华商业机构进出口陈列用的样品。
（8）外国旅游者小批量订货出口的商品。
（9）随展览品进境的小卖品。
（10）免费提供的进口货物，如外商在经济贸易活动中赠送的进口货物；外商在经济贸易活动中免费提供的试车材料等；我国在境外的企业、机构向国内单位赠送的进口货物。

二、一般进出口货物的报关程序

一般进出口货物的报关程序没有前期阶段和后续阶段，只有进出口阶段，由四个环节构成，即进出口申报、配合查验、缴纳税费、提取或装运货物。所有进出境货物的报关程序都有进出口阶段，因此，一般进出口货物的报关程序除缴纳税费环节外也适用于其他所有进出境货物的报关。

（一）进出口申报

1. 概述

（1）申报的含义。申报是指进出口货物收发货人、受委托的报关企业，依照《海关法》及有关法律、行政法规的要求，在规定的期限、地点，采用电子数据报关单和纸质报关单形式，向海关报告实际进出口货物的情况，并接受海关审核的行为。国家限制进出口的货物，没有进出口许可证件的，不予放行。进出口货物收发货人、受委托的报关企业办理申报手续的人员，应当是在海关备案的报关员。

（2）申报期限。进口货物的申报期限为自装载货物的运输工具申报进境之日起 14 日内（从运输工具申报进境之日的第二天开始算，下同）。进口货物自装载货物的运输工具申报进境之日起超过 3 个月仍未向海关申报的，货物由海关提取并依法变卖。对属于不宜长期保存的货物，海关可以根据实际情况提前处理。

出口货物的申报期限为货物运抵海关监管区后、装货的 24 小时以前。

经电缆、管道或其他特殊方式进出境的货物，进出口货物收发货人或其代理人按照海关规定定期申报。

（3）申报日期。申报日期是指申报数据被海关接受的日期。不论是以电子数据报关单方式申报，还是以纸质报关单方式申报，海关接受申报数据的日期即为接受申报的日期。采用先电子数据报关单申报，后提交纸质报关单，或者仅以电子数据报关单方式申报的，申报日期为海关计算机系统接受申报数据时记录的日期。

（4）申报单证。申报单证可以分为报关单和随附单证两大类，其中随附单证包括基本单证和特殊单证。准备申报的单证是报关员开始进行申报工作的第一步，是整个报关工作能否顺利进行的关键一步。

①报关单。报关单是由报关员按照海关规定格式填制的申报单，是指进出口货物报关单或带有进出口货物报关单性质的单证，比如，特殊监管区域进出境备案清单、进出口货

物集中申报清单、ATA 单证册、过境货物报关单、快件报关单，等等。一般来说，任何货物的申报，都必须有报关单。当然现在普遍采用无纸化申报，提交电子报关单数据。

②基本单证。基本单证是指进出口货物的货运单据和商业单据，主要有进口提货单据、出口装货单据、商业发票、装箱单、进出口合同等。一般来说，任何货物的申报，都必须有基本单证。

③特殊单证。特殊单证主要有进出口许可证件、加工贸易电子化手册和电子账册、特定减免税证明、作为有些货物进出境证明的原进出口货物报关单、原产地证明书等。某些货物的申报，必须有特殊单证，如进口许可证管理货物进口申报，必须有进口许可证。

准备申报单证的原则是：基本单证、特殊单证必须齐全、有效、合法，填制报关单必须真实、准确、完整，报关单与随附单证数据必须一致。进出口货物收发货人或其代理人应向报关员提供基本单证、特殊单证，报关员审核这些单证后，填制报关单草单并进行电子数据预录入。

（5）滞报金。进口货物收货人未按规定期限向海关申报产生滞报的，由海关按规定征收滞报金。进口货物收货人超过规定期限向海关申报的，滞报金的征收，以自运输工具申报进境之日起第 15 日为起始日，以海关接受申报之日为截止日。

进口货物滞报金按日计征。起始日和截止日均计入滞报期间。

滞报金的日征收金额为进口货物完税价格的 5‰，以人民币“元”为计征单位，不足人民币 1 元的部分免予计收。滞报金的起征点为人民币 50 元。

征收滞报金的计算公式为：

滞报金额=进口货物完税价格×5‰×滞报期间（滞报天数）

2．申报的作业流程

（1）申报前准备。申报前准备工作主要包括接单、理单、制单、复核等若干作业环节。

接受进出口货物海关申报的任务，行业内俗称接单，在接单环节要尽可能获取与申报货物有关的全部报关随附单证及相关信息。理单环节是对报关随附单证的有效性、一致性进行审核，为填制报关单草单和现场报关做好准备。制单环节主要是填制报关单草单。复核环节是对报关单草单的内容进行再次核对，排除错误。

（2）申报前看货取样。进口货物的收货人在向海关申报前，为了确定货物的品名、规格、型号等，可以向海关提交查看货物或提取货样的书面申请。海关审核同意的，派海关工作人员到场监管。

涉及动植物及其产品和其他应依法提供检疫证明的货物，如需提取货样，应当按照国家有关法律的规定，事先取得主管部门签发的书面批准证明。提取货样后，到场监管的海关工作人员与进口货物的收货人在海关开具的取样记录和取样清单上签字确认。

（3）电子数据申报。

①确认舱单信息。企业可在海关总署网站在线服务大厅查询（网址：http://www.customs.gov.cn/publish/portal0/tab9406/）。企业获得舱单后，通过申报平台，就可以按一体化方式进行报关。

②选择申报口岸。企业可以在自己的经营单位的注册地申报，或货物所在地申报，也可以到口岸申报。

③预录入。报关单数据预录入是指报关员按照《报关单填制规范》填制并复核完毕报

关单草单后，将报关单草单数据通过 QP 系统进行录入，形成电子数据报关单。

④报关单电子数据发送。报关单电子数据录入无误后，点击申报确认按钮进行电子数据传送。电子数据发送后，除接到海关不接受申报的信息外，申报单位原则上不能再对已发送电子数据做出修改。在报关单电子数据发送前，需要特别注意因电子数据申报不实而可能引起的有关法律责任。

（4）现场交单。海关审单中心通过电子数据审核后，报关员应当自接到“现场交单”或“放行交单”通知之日起 10 个自然日内（非工作日），持打印的纸质报关单，备齐规定的随附单证并签名盖章，到海关递交书面单证并办理相关海关手续。超过 10 个自然日未到现场递交报关单证的，电子数据报关单将被海关删除，原申报单据无效。如想继续通关，需重新进行电子数据报关单申报。

（5）申报的修改或撤销。海关接受进出口货物申报后，电子数据和纸质的进出口货物报关单不得修改或者撤销。确有正当理由的，经海关审核批准，可以修改或撤销，其主要有以下两种情况。

第一种情况：进出口货物收发货人或其代理人申请修改或撤销进出口报关单。

进出口货物收发货人或其代理人确有如下正当理由的，可以向原接受申报的海关申请修改或者撤销进出口货物报关单。

①由于报关员操作或书写失误造成所申报的报关单内容有误，并且未发现有走私违规或者其他违法嫌疑的。

②出口货物放行后，由于装运、配载等原因造成原申报货物部分或全部退关、变更运输工具的。

③进出口货物在装载、运输、存储过程中因溢短装，不可抗力的灭失、短损等原因造成原申报数据与实际货物不符的。

④根据贸易惯例先行采用暂时价格成交，实际结算时按商检品质认定或国际市场实际价格付款方式，因而需要修改申报内容的。

⑤由于计算机、网络系统等方面的原因导致电子数据申报错误的。

⑥其他特殊情况经海关核准同意的。

海关已经决定布控、查验的，以及涉案的进出口货物的报关单在办结前不得修改或者撤销。

进出口货物收发货人或其代理人申请修改或者撤销进出口货物报关单的，应当向海关提交“进（出）口货物报关单修改/撤销申请表”，以及相应的证明材料。

第二种情况：海关发现进出口货物报关单需要进行修改或者撤销的。

海关发现进出口货物报关单需要进行修改或者撤销，向进出口货物收发货人或其代理人制发“进（出）口货物报关单修改/撤销确认书”，通知其要求修改或者撤销的内容，进出口货物的收发货人或其代理人应当在 5 日内对进出口货物报关单进行修改或者撤销的内容进行确认，确认后海关完成对进出口货物报关单的修改或者撤销。

（二）配合查验

1．海关查验

海关查验是指海关为确定进出口货物收发货人向海关申报的内容是否与进出口货物的真实情况相符，或者为确定商品的归类、价格、原产地等，依法对进出口货物进行实际核查的执法行为。海关通过查验，检查报关单位是否伪报、瞒报、申报不实，同时也为海关的征税、统计、后续管理提供可靠的资料。

（1）查验方法。海关实施查验可以彻底查验，也可以抽查。彻底查验是指对一票货物逐件开拆包装、验核货物实际状况；抽查是指按照一定比例有选择地对一票货物中的部分货物验核实际状况。

查验操作可以分为人工查验和设备查验。

（2）复验。有下列情形之一的，海关可以对已查验货物进行复验：经初次查验未能查明货物的真实属性，需要对已查验货物的某些性状做进一步确认的；货物涉嫌走私违规，需要重新查验的；进出口货物收发货人对海关查验结论有异议，提出复验要求并经海关同意的；其他海关认为必要的情形。

已经参加过查验的查验人员不得参加对同一票货物的复验。

（3）径行开验。径行开验是指海关在进出口货物收发货人或其代理人不在场的情况下，对进出口货物进行开拆包装查验。

有下列情形之一的，海关可以径行开验：进出口货物有违法嫌疑的；经海关通知查验，进出口货物收发货人或其代理人届时未到场的。

海关径行开验时，存放货物的海关监管场所经营人、运输工具负责人应当到场协助，并在查验记录上签名确认。

2．配合查验

海关查验货物时，进出口货物收发货人或其代理人应当到场，配合海关查验。进出口货物收发货人或其代理人配合海关查验应当做好如下工作。

（1）负责按照海关要求搬移货物、开拆包装，以及重新封装货物。

（2）预先了解和熟悉所申报货物的情况，如实回答查验人员的询问及提供必要的资料。

（3）协助海关提取需要做进一步检验、化验或鉴定的货样，收取海关出具的取样清单。

（4）查验结束后，认真阅读查验人员填写的“海关进出境货物查验记录单”，注意查验情况的记录是否符合实际。

查验记录准确清楚的，配合查验人员签名确认。

（三）缴纳税费

进出口货物收发货人或其代理人将报关单及随附单证提交给货物进出境地指定海关，海关对报关单进行审核，对需要查验的货物先由海关查验，然后核对计算机计算的税费，开具税款缴款书和收费票据。进出口货物收发货人或其代理人在规定时间内，持缴款书或收费票据向指定银行办理税费交付手续，一旦收到银行缴款成功的信息，即可报请海关办理货物放行手续。

（四）提取或装运货物

1．海关进出境现场放行

海关进出境现场放行一般由海关在进口货物提货凭证或出口货物装货凭证上加盖海关放行章。进出口货物收发货人或其代理人签收进口提货凭证或者出口装货凭证，并依据相应凭证提取进口货物或将出口货物装上运输工具离境。

在实行“无纸通关”申报方式的海关，海关做出现场放行决定时，通过计算机将海关决定放行的信息发送给进出口货物收发货人或其代理人和海关监管货物保管人。进出口货物收发货人或其代理人从计算机上自行打印海关通知放行的凭证，依据凭证提取进口货物或将出口货物装运到运输工具上离境。

2．货物结关

货物结关是进出境货物办结海关手续的简称。进出境货物由收发货人或其代理人向海关办理完所有的海关手续，履行了法律规定的与进出口有关的一切义务，进口货物可以提取，出口货物可以离境，海关不再进行监管。海关进出境现场放行有以下两种情况。

（1）货物已经结关。对于一般进出口货物，放行时进出口货物收发货人或其代理人已经办理了所有海关手续，因此，海关进出境现场放行即等于结关。

（2）货物尚未结关。对于保税货物、特定减免税货物、暂准进出境货物、部分其他进出境货物，放行时进出境货物的收发货人或其代理人并未办完所有的海关手续，海关在一定期限内还需进行监管，所以该类货物的海关进出境现场放行不等于结关。

3．申请签发报关单证明联和办理其他证明手续

进出口货物收发货人或其代理人，办理完提取进口货物或装运出口货物的手续以后，如需要海关签发有关货物的进口、出口货物报关单证明联或办理其他证明手续的，均可向海关提出申请。

（1）报关单证明联。报关单证明联作为进出口货物收发货人向海关、税务、外汇管理等部门办理加工贸易手册核销、出口退税、进出口货物收付汇手续的重要凭证，进出口货物收发货人或其代理人在办理结关手续后，按照不同的海关监管方式，可以向海关申请签发以下报关单证明联：进口付汇证明联、出口收汇证明联及出口退税证明联（2018 年 4 月全面取消打印纸质版，详见海关总署 2018 年第 26 号公告）。

（2）货物进口证明书。对进口汽车、摩托车，进口货物的收货人或其代理人应当向海关申请签发货物进口证明书，进口货物收货人凭此证明书向国家交通管理部门办理汽车、摩托车的牌照申领手续。海关放行汽车、摩托车后，签发货物进口证明书，并实行“一车一证”制。同时，将货物进口证明书上的内容通过计算机发送给海关总署，再传输给国家交通管理部门。其他进口货物如需申领货物进口证明书，收货人或其代理人也可向海关提出申请。

第三节 保税加工货物监管制度

一、保税加工货物概述

（一）保税加工货物与加工贸易

保税加工货物是指经海关批准未办理纳税手续进境，在境内加工、装配后复运出境的货物。

保税加工货物通常被称为加工贸易保税货物。加工贸易保税货物不完全等同于加工贸易货物。加工贸易货物只有经过海关批准才能保税进口。经海关批准准予保税进口的加工贸易货物才是保税加工货物。

加工贸易，即原材料、零部件、元器件、包装物料、辅助材料等从境外进口，在境内加工、装配后，把成品运往境外的贸易。

加工贸易通常有以下两种形式。

（1）来料加工。来料加工是指由境外企业提供料件，经营企业不需要付汇进口，按照境外企业的要求进行加工、装配，只收取加工费，制成品由境外企业销售的经营活动。

（2）进料加工。进料加工是指经营企业购买料件进口，制成成品后外销出口的经营活动。

（二）保税加工货物的特征

（1）料件进口时暂缓缴纳进口关税及进口环节海关代征税；除国家另有规定外，免予交验相关进口许可证件。

（2）成品出口时除另有规定外，无须缴纳关税；成品出口时凡属许可证件管理的，必须交验出口许可证件。

（3）进出境海关办结货物现场放行手续并未结束海关监管。

（三）海关对保税加工货物的监管模式

1．物理围网

物理围网是指由海关对专门划定区域内开展保税加工业务实施封闭式管理。目前，主要适用于保税区、出口加工区、保税港区、综合保税区等海关监管的特殊区域企业开展加工贸易。在该模式下，海关对保税加工企业实行联网监管，以企业为海关监管单元，以核查企业电子底账作为海关监管的主要手段，不实行银行保证金台账管理。

2．非物理围网

非物理围网是指海关针对经营企业的不同情况分别以电子账册和电子化手册作为海关监管手段的管理模式。

海关对以电子账册作为海关监管手段的保税加工企业以企业作为监管单元，实行联网监管。海关对以电子化手册作为海关监管手段的保税加工企业，以保税加工合同作为监管单元。

（四）保税加工货物的管理

海关对保税加工货物的管理，主要可以归纳为以下五个要点。

1．商务审批

加工贸易业务经过商务主管部门审批才能进入海关备案程序。大体上有以下两种情况。

（1）建立电子化手册（合同审批）。加工贸易经营企业在向海关办理加工贸易合同备案建立电子化手册之前，先要到商务主管部门办理合同审批手续。经审批后，凭商务主管部门出具的“加工贸易业务批准证书”和“加工贸易企业经营状况和生产能力证明”两个单证及商务主管部门审批同意的加工贸易合同到海关备案。

（2）建立电子账册（经营范围审批）。加工贸易经营企业在向海关申请建立电子账册之前，先要到商务主管部门办理审批加工贸易经营范围的手续，由商务主管部门对加工贸易企业做出前置审批，凭商务主管部门出具的“经营范围批准证书”和“加工贸易企业经营状况和生产能力证明”到海关申请建立电子账册。

2．备案保税

加工贸易料件经海关批准才能保税进口。海关批准保税是通过受理备案来实现的。凡是准予备案的加工贸易料件进口时可以暂不办理纳税手续，即保税进口。

3．纳税暂缓

国家规定专为加工出口产品而进口的料件，按实际加工复出口成品所耗用料件的数量准予免缴进口关税和进口环节增值税、消费税。这里所指的免税，是指用在出口成品上的料件可以免税。但是在料件进口的时候无法确定用于出口成品上的料件的实际数量，海关只有先准予保税，在产品实际出口并最终确定使用在出口成品上的料件数量后，再确定征免税的范围，即用于出口的部分不予征税，不出口的部分征税，然后再由企业办理纳税手续。

纳税暂缓会出现以下两个问题。

（1）缓税利息的征收。保税加工货物经批准不复运出境，在征收进口关税和进口环节代征税时要征收缓税利息（边角料和特殊监管区域的保税加工货物除外）。利息根据填发海关税款缴款书时中国人民银行公布的活期存款利率决定并按日征收。

（2）加工贸易银行保证金台账制度。料件进境时未办理纳税手续，适用海关事务担保，具体担保手续按加工贸易银行保证金台账制度执行。

1）加工贸易银行保证金台账制度的核心。

加工贸易银行保证金台账制度的核心是对不同地区的加工贸易企业和加工贸易涉及的进出口商品实行分类管理，对部分企业进口的部分料件，由银行按照海关根据规定计算的金额征收保证金。

地区分为东部地区和中西部地区。东部地区包含辽宁省、北京市、天津市、河北省、山东省、江苏省、上海市、浙江省、福建省、广东省。中西部地区指东部地区以外的中国其他地区。

加工贸易企业按报关单位分类管理中“收发货人的审定标准”分为 AA 类、A 类、B 类、C 类、D 类五个管理类别。

商品分为禁止类、限制类、允许类三类。

2）分类管理的具体内容（见表 4-1）。

表 4-1　加工贸易银行保证金台账分类管理

<table>
<tr><th rowspan="2">进口料件金额</th><th rowspan="2">台账分类管理内容</th><th colspan="2">禁止类商品</th><th colspan="2">限制类商品</th><th colspan="2">允许类商品</th></tr>
<tr><th>东部</th><th>中西部</th><th>东部</th><th>中西部</th><th>东部</th><th>中西部</th></tr>
<tr><td rowspan="6">进口料件在1万美元以上的</td><td>AA 类企业</td><td rowspan="4" colspan="2">不准开展保税加工贸易</td><td rowspan="2" colspan="2">空转</td><td colspan="2">不转</td></tr>
<tr><td>A 类企业</td><td colspan="2">空转</td></tr>
<tr><td>B 类企业</td><td>半实转</td><td colspan="3">空转</td></tr>
<tr><td>C 类企业</td><td colspan="4">实转</td></tr>
<tr><td>D 类企业</td><td colspan="6">不准开展保税加工贸易</td></tr>
<tr><td>特殊监管区域企业</td><td colspan="2">不准开展保税加工贸易</td><td colspan="4">不转</td></tr>
<tr><td rowspan="2">进口料件在1万美元及以下的</td><td>AA 类、A 类、B 类企业</td><td rowspan="2" colspan="2">不准开展保税加工贸易</td><td colspan="4">不转</td></tr>
<tr><td>C 类企业</td><td colspan="4">实转</td></tr>
</table>

注：表中“不转”指不设台账，不缴纳保证金；“空转”指设台账，不缴纳保证金；“实转”指设台账，缴纳全额保证金；“半实转”指设台账，减半支付保证金。

①任何企业都不得开展禁止类商品的加工贸易。

②适用 D 类管理的企业不得开展加工贸易。

③适用 C 类管理的企业，不管在什么地区开展加工贸易，进口限制类、允许类商品都要设台账，按全部进口料件应征税款金额全额征收保证金。

④东部地区适用 B 类管理的企业开展加工贸易，进口限制类、允许类商品均设台账，进口限制类商品按进口的限制类商品应征税款的 50%征收保证金，进口允许类商品不征收保证金。

⑤东部地区适用 A 类管理的企业，中西部地区适用 A 类、B 类管理的企业开展加工贸易，进口限制类、允许类商品均设台账，但实行保证金台账空转。

⑥适用 AA 类管理的企业，不管在什么地区开展加工贸易，进口允许类商品不设台账，进口限制类商品设台账，但实行保证金台账空转。

⑦适用 AA 类、A 类、B 类管理的企业，不管在什么地区，进口料件（不管是限制类还是允许类商品）金额在 1 万美元及以下的，可以不设台账，因此也不征收保证金。

4．监管延伸

海关对保税加工货物的监管无论是地点，还是时间，都需要延伸。保税加工的料件在进境地被提取，不是监管的结束，而是海关保税监管的开始，海关一直要监管到加工、装配后复运出境或办结正式进口手续为止。

5．核销结关

保税加工货物经过海关核销后才能结关。保税加工货物的核销是非常复杂的工作。保税加工的料件进境后要进行加工、装配，改变原进口料件的形态，复出口的商品不再是原进口的商品。这样，向海关的报核，不仅要确认进出数量是否平衡，还要确认成品是否由进口料件生产。在报核的实践中，数量往往是不平衡的。正确处理报核中发生的数量不平衡问题，是企业报核必须解决的问题。

二、保税加工货物的报关程序（以电子化手册管理为例）

电子化手册管理模式的主要特征是以合同为单元进行监管，其基本程序是合同备案、进出口报关、合同报核。

（一）合同备案

1．合同备案的含义

加工贸易合同备案是指加工贸易企业持经批准的加工贸易合同到主管海关备案，申请保税并建立加工贸易电子化手册或领取其他准予备案凭证的行为。

海关受理合同备案是指海关根据国家规定在接受加工贸易合同备案后，批准合同约定的进口料件保税，并把合同内容转化为手册内容建立电子化手册或核发其他准予备案的凭证。对不予备案的合同，海关应当书面告知经营企业。

2．合同备案的企业

国家规定开展加工贸易业务应当由经营企业到加工企业所在地的主管海关办理加工贸易合同备案手续。经营企业和加工企业有可能是同一个企业，也可能不是同一个企业。

经营企业是指负责对外签订加工贸易进出口合同的各类进出口企业和外商投资企业，以及经批准获得来料加工经营许可的对外加工装配服务公司。

加工企业是指接受经营企业委托，负责对进口料件进行加工或者装配，且具有法人资格的生产企业，以及由经营企业设立的虽不具有法人资格，但实行相对独立核算并已经办理工商营业执照的工厂。

（二）进出口报关

电子化手册管理下的保税加工货物报关，适用保税料件进口与成品出口的报关，剩余料件、边角料、残次品、副产品的报关两种情形。

1．保税料件进口与成品出口的报关

（1）申报概述。

保税料件进口与成品出口由加工贸易经营单位或其代理人向海关申报。保税料件进口与成品出口申报必须凭电子化手册编号或持有其他准予合同备案的凭证。

保税料件进口与成品出口的报关程序与一般进出口货物一样，也有四个环节，其中申报、配合查验、提取货物或装运货物三个环节与一般进出口货物基本一致。有区别的是，保税料件进口的报关程序第三个环节不是缴纳税费，而是暂缓纳税，即保税。

（2）关于许可证件管理。

保税料件进口时，除易制毒化学品、监控化学品、消耗臭氧层物质、原油、成品油等个别规定商品外，均可以免予交验进口许可证件。这里所称“免予交验进口许可证件”，并不包括涉及公共道德、公共卫生、公共安全所实施的进出口管制证件。

成品出口时，属于国家规定应交验出口许可证件的，在出口报关时必须交验出口许可证件。

（3）关于进出口税收征管。

①保税料件进口。准予保税的加工贸易料件进口时暂缓纳税。

②成品出口。加工贸易项下出口应税商品，如果是全部使用进口料件加工生产的成品，不征收出口关税。加工贸易项下出口应税商品，如果是部分使用进口料件、部分使用国产料件加工的成品，则按海关核定的比例征收出口关税。

2．剩余料件、边角料、残次品、副产品的报关

对于履行加工贸易合同中产生的剩余料件、边角料、残次品、副产品，企业必须在手册有效期内处理完毕。处理的方式有内销、结转、退运、放弃等。除放弃后应该销毁处理的外，其他处理方式都必须填制报关单报关，有关报关单是企业报核的必要单证。

（1）内销。保税加工货物转内销应经商务主管部门审批，加工贸易企业凭“加工贸易保税进口料件内销批准证”办理内销料件正式进口报关手续，缴纳进口税和缓税利息。经批准允许转内销的保税加工货物属进口许可证件管理的，企业还应按规定向海关补交进口许可证件。

（2）结转。加工贸易企业可以向海关申请将剩余料件结转至另一个加工贸易合同项下生产出口，但应当在同一经营单位、同一加工厂、同样的进口料件和同一加工贸易方式的情况下结转。

（3）退运。加工贸易企业因故申请将剩余料件、边角料、残次品、副产品等保税加工货物退运出境的，应凭电子化手册编号并持有关单证向口岸海关报关，办理出口手续，留存有关报关单证，以备报核。

（4）放弃。企业放弃剩余料件、边角料、残次品、副产品等，交由海关处理，应当提交书面申请。对符合规定的，海关将做出准予放弃的决定。对于属于国家禁止或限制进口的废物及对环境造成污染的废物，海关将做出不予放弃的决定。

(5) 销毁。被海关做出不予结转决定或不予放弃决定的加工贸易货物或涉及知识产权等原因企业要求销毁的加工贸易货物，企业可以向海关提出销毁申请，海关经核实同意销毁的，由企业按规定销毁，必要时海关可以派工作人员监督销毁。货物销毁后，企业应当收取有关部门出具的销毁证明材料，以备报核。

(三) 合同报核

加工贸易合同报核是指加工贸易企业在加工贸易合同履行完毕或中止合同并按规定对未出口的货物进行处理后，按照规定的期限和规定的程序，向加工贸易主管海关申请核销、结案的行为。

经营企业应当在规定的期限内将进口料件加工复出口，并自加工贸易电子化手册项下最后一批成品出口之日起或者手册到期之日起 30 日内向海关报核。经营企业对外签订的合同因故提前中止的，应当自合同中止之日起 30 日内向海关报核。

第四节　特定减免税货物监管制度

一、减免税监管制度概述

减免税制度是关税制度中的一项重要内容，国家通过对某些进出境货物给予减征或者免征关税的优惠，体现国家的政策取向。我国将减免税分为三类，即法定减免税、特定减免税和临时减免税。实际上，特定减免税和临时减免税都属于政策性减免税范围，两者并无明显的区别。

(一) 法定减免税

法定减免税是指按照《海关法》《进出口关税条例》和其他法律、行政法规的规定，对进出境货物和物品可以享受的减免税优惠。法定减免税货物的进出境无须办理减免税审批手续，海关对法定减免税货物和物品一般不进行后续管理。

通常，下列进出口货物、进出境物品，减征或者免征关税。

(1) 无商业价值的广告品和货样。

(2) 外国政府、国际组织无偿赠送的物资。

(3) 在海关放行前遭受损坏或者损失的货物。

(4) 关税税额在人民币 50 元以下的一票货物。

(5) 中华人民共和国缔结或者参加的国际条约规定减征、免征关税的货物、物品。

(二) 特定减免税

特定减免税是海关根据国家政治、经济的需要，经国务院批准，对特定地区、特定企业和特定用途进口货物给予的减免关税和进口环节海关代征税的优惠，也称政策性减免税。

所谓“特定地区”，是指我国关境内由国家规定的某一特别限定区域，享受减免税的货物只能在这一专门规定的区域内使用。例如，保税区内使用的生产设备等。“特定企业”是指国家专门规定的企业，享受减免税优惠的货物只能由这些规定的企业使用。例如，外商投资企业的进口投资额度内设备可以有条件地享受减免税优惠待遇。“特定用途”是指货物用于国家规定的用途。例如，残疾人康复用的训练设备等。

1. 特定减免税货物的具体规定

《海关法》对特定减免税政策只是做了原则性规定，“特定减税或者免税的范围和办法由国务院规定”，也就是说，法律授权国务院对特定减免税做出具体规定。目前，我国实施特定减免税的项目主要有：外商投资项目投资额度内进口自用设备；外商投资企业自有资金项目；属国家重点鼓励发展产业的国内投资项目进口自用设备；外国政府贷款和国际金融组织贷款项目额度或投资总额内进口物资；国家支持的重大技术装备；特定区域物资；科教、科技开发用品；救灾、扶贫慈善捐赠物资；无偿援助项目进口物资；其他实施减免税项目的进口物资。

2. 特定减免税货物的特征

（1）特定条件下减免进口关税。特定减免税是我国关税优惠政策的重要组成部分，是国家无偿向符合条件的进口货物使用企业提供的关税优惠，其目的是优先发展特定地区经济，鼓励外商在我国的直接投资，保证国有大中型企业和科学、教育、文化、卫生事业的发展。因而，这种关税优惠具有鲜明的特定性，只能在国家行政法规规定的特定条件下使用。

（2）进口申报应当提交进口许可证件。按照国家有关进出境管理的法律法规，凡属于进口需要交验许可证件的货物，收货人或其代理人都应当在进口申报时向海关提交相关进口许可证件（“免税不免证”）。

（3）进口后在特定的海关监管年限内接受海关监管。进口货物享受特定减免税的条件之一就是在规定的期限，使用于规定的地区、企业和用途，并接受海关的监管。特定减免税进口货物的监管年限各有不同，分别是：船舶、飞机，8 年；机动车辆，6 年；其他货物，5 年。监管年限自货物进口放行之日起计算。稽查期限是海关监管期限及其后的 3 年内。

（4）特定减免税进口设备可以在两个享受特定减免税优惠的企业之间结转。结转手续应当分别向企业主管海关办理。

（三）临时减免税

临时减免税是指法定减免税和特定减免税以外的其他减免税，国务院根据某个单位、某类商品、某个时期或某批货物的特殊情况和需要，给予特别的临时性减免税优惠。

二、特定减免税货物的报关程序

（一）减免税备案和审批

1. 减免税备案

减免税申请人按照有关进出口税收优惠政策的规定申请减免税进出口相关货物，海关需要事先对减免税申请人的资格或者投资项目等情况进行确认，减免税申请人应当在申请办理减免税审批手续前，向主管海关申请办理减免税备案手续。

2. 减免税审批

减免税备案后，减免税申请人应当在货物申报进口前，向主管海关申请办理进口货物减免税审批手续，并同时提交相关材料，经审核通过的，签发“进出口货物征免税证明”。

3．进出口货物征免税证明

进出口货物征免税证明的有效期最长不得超过 6 个月，如情况特殊，可以向海关申请延期一次，延期时间自有效期届满之日起算，延长期限不得超过 6 个月。

进出口货物征免税证明使用一次有效，即一份进出口货物征免税证明上的货物只能在一个进口口岸一次性进口。如果同一合同项下货物分口岸进口或分批到货的，应向审批海关申明，并按到货口岸、到货日期分别申请进出口货物征免税证明。

（二）进口报关

政策性减免税货物进口报关程序，可参见本章第二节中的有关内容。但是政策性减免税货物进口报关的有些具体手续与一般进出口货物的报关有所不同。

（1）减免税货物进口报关时，进口货物收货人或其代理人除了向海关提交报关单及随附单证以外，还应当向海关提交进出口货物征免税证明。海关在审单时从计算机查阅进出口货物征免税证明的电子数据，核对纸质的进出口货物征免税证明。

（2）减免税货物进口填制报关单时，报关员应当特别注意报关单上“备案号”栏目的填写。

“备案号”栏目内填写进出口货物征免税证明上的 12 位编号，12 位编号写错将不能通过海关计算机逻辑审核，或者在提交纸质报关单证时无法顺利通过海关审单。

（三）减免税货物的处置

1．转让

在海关监管年限内，减免税申请人将进口减免税货物转让给不享受进口税收优惠政策或者进口同一货物不享受同等减免税优惠待遇的其他单位的，应当事先向减免税申请人主管海关申请办理减免税货物补缴税款和解除监管手续。

2．结转

在海关监管年限内，减免税申请人将进口减免税货物转让给进口同一货物享受同等减免税优惠待遇的其他单位的，应当按照相关规定办理减免税货物结转手续。

结转减免税货物的监管年限应当连续计算，转入地主管海关在剩余监管年限内对结转减免税货物继续实施后续监管。

3．移作他用

在海关监管年限内，减免税申请人需要将减免税货物移作他用的，应当事先向主管海关提出申请。经海关批准，企业可以将减免税货物移作他用，并按照移作他用的时间补缴相应税款。

（四）解除监管

1．监管期满

减免税货物海关监管年限届满的，自动解除监管。

2．监管期内

在海关监管年限内的进口减免税货物，减免税申请人书面申请提前解除监管的，应当向主管海关申请办理补缴税款和解除监管手续。按照国家有关规定在进口时免予提交许可证件的进口减免税货物，减免税申请人还应当补交有关许可证件。

第五节　暂准进出境货物监管制度

一、暂准进出境货物概述

（一）暂准进出境货物的含义及范围

1．含义

暂准进出境货物是暂准进境货物和暂准出境货物的合称。暂准进境货物是指为了特定的目的，经海关批准暂时进境，按规定的期限原状复运出境的货物。暂准出境货物是指为了特定的目的，经海关批准暂时出境，按规定的期限原状复运进境的货物。

2．范围

暂准进出境货物分为两大类。

第一类暂准进出境货物，包括以下几种。

（1）在展览会、交易会、会议及类似活动中展示或者使用的货物。

（2）文化、体育交流活动中使用的表演、比赛用品。

（3）进行新闻报道或者摄制电影、电视节目使用的仪器、设备及用品。

（4）开展科研、教学、医疗活动使用的仪器、设备及用品。

（5）上述 4 项活动中使用的交通工具及特种车辆。

（6）货样。

（7）供安装、调试、检测设备使用的仪器、工具。

（8）盛装货物的容器。

（9）其他用于非商业目的的货物。

第二类是指第一类以外的暂准进出境货物，如工程施工中使用的设备、仪器及用品。

（二）暂准进出境货物的特征

1．暂时免予缴纳税费

在进境或者出境时向海关缴纳相当于应纳税款的保证金或者提供其他担保的，暂时免予缴纳全部税费。

2．免予提交进出口许可证件

暂准进出境货物不是实际进出口货物，只要按照暂准进出境货物的有关法律、行政法规办理进出境手续，可免予交验进出口许可证件。但是，涉及公共道德、公共安全、公共卫生所实施的进出境管制制度的暂准进出境货物应当凭许可证件进出境。

3．为特定目的进出境，在规定期限内按原状复运进出境

每种暂准进出境货物都有其特定的使用目的，不得移作他用。同时，货物又必须在事先规定的期限内，保持原有状态复运出境或者复运进境。暂准进出境货物应当自进境或者出境之日起 6 个月内复运出境或者复运进境；经收发货人申请，海关可以根据规定延长复运出境或者复运进境的期限。

没有在规定期限复运出境或者复运进境的，则需要按一般进出口货物办理手续并缴纳进出口税。

4．按货物实际使用流向办结海关手续

暂准进出境货物必须在规定期限内，由货物的收发货人根据货物的不同流向向海关办理核销结关手续。

5．核销后结案

当暂准进出境货物有了实际去向，并按规定办理了海关手续时，海关应通过核对进与出之间涉及的货物情况，确认无漏管、漏税，即可核销、签注。

二、暂准进出境货物的报关程序

按照我国海关的监管方式，暂准进出境货物可以归纳为以下三种监管方式的报关程序：使用 ATA 单证册报关的暂准进出境货物；不使用 ATA 单证册报关的进出境展览品；其他暂准进出境货物。

（一）使用 ATA 单证册报关的暂准进出境货物

1．ATA 单证册概述

（1）含义。ATA 单证册是暂准进口单证册的简称，是指世界海关组织通过的《货物暂准进口公约》及其附约 A 和《ATA 公约》中规定使用的，用于替代各缔约方海关暂准进出口货物报关单和税费担保的国际性通关文件。

（2）格式。一份 ATA 单证册一般由 8 页 ATA 单证组成：一页绿色封面单证、一页黄色出口单证、一页白色进口单证、一页白色复出口单证、两页蓝色过境单证、一页黄色复进口单证、一页绿色封底。我国海关只接受中文或者英文填写的 ATA 单证册。

2．ATA 单证册的适用范围、发证机构、有效期

（1）适用范围。在我国，使用 ATA 单证册的范围仅限于展览会、交易会、会议及类似活动项下的货物。

（2）发证机构。中国国际商会是我国 ATA 单证册的担保协会和出证协会。

（3）有效期。使用 ATA 单证册报关的货物暂准进出境期限为自货物进出境之日起 6 个月。超过 6 个月的，ATA 单证册持证人可以向海关申请延期。延期最多不超过 3 次，每次延长期限不超过 6 个月。延长期届满应当复运出境、进境或者办理进出口手续。

（二）不使用 ATA 单证册报关的进出境展览品

进出境展览品的海关监管有使用 ATA 单证册的，也有不使用 ATA 单证册直接按展览品填制进出境货物报关单报关的。以下介绍不使用 ATA 单证册报关的进出境展览品。

1．进出境展览品的范围

（1）进境展览品。

进境展览品包含在展览会中展示或示范用的货物、物品，为示范展出的机器或器具所需要的物品，展览者设置临时展台的建筑材料及装饰材料，供展览品做示范宣传用的电影片、幻灯片、录像带、录音带、说明书、广告、光盘、显示器材及其他用于展览会展示的货物等。

（2）进境展览用品。

①免税的展览用品。在境内展览会期间供消耗、散发的用品（简称展览用品），由海关根据展览会性质、参展商规模、观众人数等情况，对其数量和总值进行核定，在合理范围内的，按照有关规定免征进口关税和进口环节税。

②征税的展览用品。展览用品中的酒精饮料、烟草制品及燃料不适用有关免税的规定。

展览会期间出售的小卖品，属于一般进口货物范围，进口时应当缴纳进口关税和进口环节海关代征税，属于许可证件管理的商品，应当交验许可证件。

（3）出境展览品。

出境展览品包含国内单位赴国外举办展览会或参加外国博览会、展览会而运出的展览品，以及与展览活动有关的宣传品、布置品、招待品、其他公用物品。

与展览活动有关的小卖品、展卖品，可以按展览品报关出境；不按规定期限复运进境的办理一般出口手续，交验出口许可证件，缴纳出口关税。

2. 展览品的暂准进出境期限

进境展览品的暂准进境期限是 6 个月，即自展览品进境之日起 6 个月内复运出境。出境展览品的暂准出境期限为自展览品出境之日起 6 个月内复运进境。超过 6 个月的，进出境展览品的收发货人可以向海关申请延期。延期最多不超过 3 次，每次延长期限不超过 6 个月。延长期届满应当复运出境、进境或者办理进出口手续。

3. 展览品的进出境申报

（1）进境申报。境内举办展览会的办展人，或者参加展览会的参展人应当在展览品进境 20 个工作日前，向主管地海关提交有关部门备案证明或者批准文件及展览品清单等相关单证办理备案手续。

展览品进境申报手续可以在展出地海关办理。展览会主办单位或其代理人应当向海关提交报关单、展览品清单、提货单、发票、装箱单等。展览品中涉及检验检疫等管制的，还应当向海关提交有关许可证件。

（2）出境申报。境内出境举办展览会的办展人，或者参加展览会的参展人应当在展览品出境 20 个工作日前，向主管地海关提交有关部门备案证明，或者批准文件及展览品清单等相关单证办理备案手续。

展览品出境申报手续应当在出境地海关办理。在境外举办展览会或参加国外展览会的企业应当向海关提交国家主管部门的批准文件、报关单、展览品清单等单证。

展览品属于应当缴纳出口关税的，向海关缴纳相当于税款的保证金；属于核用品、核两用品及相关技术出口管制商品的，应当提交出口许可证。

4. 进出境展览品的核销结关

（1）复运进出境。进境展览品按规定期限复运出境，出境展览品按规定期限复运进境后，海关分别签发报关单证明联，展览品所有人或其代理人依据相应的报关单证明联向主管海关办理核销结关手续。

（2）转为正式进出口。进境展览品在展览期间被人购买的，由展览会主办单位或其代理人向海关办理进口申报、纳税手续，其中属于许可证件管理的，应当提交进口许可证件。

出口展览品在境外参加展览会后被销售的，由海关核对展览品清单后要求企业补办有关正式出口手续。

（三）其他暂准进出境货物

1. 概述

（1）范围。可以暂不缴纳税款的 9 项暂准进出境货物，除使用 ATA 单证册报关的货物、不使用 ATA 单证册报关的展览品、集装箱箱体按各自的监管要求由海关进行监管外，其余的均按其他暂准进出境货物进行监管，均属于其他暂准进出境货物的范围。

（2）期限。其他暂准进出境货物应当自进出境之日起 6 个月内复运出境或复运进境。

超过6个月的，收发货人可以向海关申请延期。延期最多不超过3次，每次延长期限不超过6个月。延长期届满应当复运出境、进境或者办理进出口手续。

国家重点工程、国家科研项目使用的暂准进出境货物，在18个月延长期届满后仍需要延期的，由主管地直属海关报海关总署审批。

2．报关程序

（1）进境申报。

其他暂准进境货物进境时，收货人或其代理人应当向海关提交主管部门允许货物为特定目的而暂时进境的批准文件、进口货物报关单、商业及货运单据等，向海关办理暂时进境申报手续。

其他暂准进境货物不必提交进口货物许可证件，但对国家规定需要实施检验检疫的，或者为公共安全、公共卫生等实施管制措施的，仍应当提交有关的许可证件。

其他暂准进境货物在进境时，收货人或其代理人免予缴纳进口税，但必须向海关提供担保。

（2）出境申报。

其他暂准出境货物出境，发货人或其代理人应当向海关提交主管部门允许货物为特定目的而暂时出境的批准文件、出口货物报关单、商业及货运单据等，向海关办理暂时出境申报手续。

其他暂准出境货物，除易制毒化学品、监控化学品、消耗臭氧层物质、有关核出口、核两用品及相关技术的出口管制条例管制的商品及其他国际公约管制的商品外，无须交验许可证件。

（3）结关。

①复运进出境。其他暂准进境货物复运出境，暂准出境货物复运进境，进出口货物收发货人或其代理人必须留存由海关签章的复运进出境的报关单，准备报核。

②转为正式进出口。其他暂准进出境货物因特殊情况，改变特定的暂准进出境目的转为正式进出口，经主管地直属海关批准后，按照规定提交有关许可证件，办理货物正式进口或者出口的报关纳税手续。

第六节　其他进出口货物监管制度

一、过境、转运、通运货物

（一）过境货物

1．含义

过境货物是指从境外起运，在我国境内不论是否换装运输工具，通过陆路运输，继续运往境外的货物。

2．范围

下列货物准予过境。

（1）与我国签有过境货物协定的国家的过境货物。

（2）与我国签有铁路联运协定的国家收、发货的过境货物。

（3）未与我国签有过境货物协定但经国家商务、运输主管部门批准，并向入境地海关备案后准予过境的货物。

下列货物禁止过境。

（1）来自或运往我国停止或禁止贸易的国家和地区的货物。

（2）各种武器、弹药、爆炸品及军需品（通过军事途径运输的除外）。

（3）各种烈性毒药、麻醉品、鸦片、吗啡、海洛因、可卡因等毒品。

（4）我国法律、法规禁止过境的其他货物、物品。

3．管理

海关对过境货物监管的目的是防止过境货物在我国境内运输过程中滞留在国内，或将我国货物混入过境货物随运出境；防止禁止过境货物从我国过境。

（1）对过境货物经营人的管理要求。

①过境货物经营人应当持主管部门的批准文件和工商行政管理部门颁发的营业执照，向海关主管部门申请办理注册登记手续。

②装载过境货物的运输工具，应当具有海关认可的加封条件或装置，海关认为必要时，可以对过境货物及其装载装置进行加封。

③运输部门和过境货物经营人应当负责保护海关封志的完整，任何人不得擅自开启或损毁。

④运输部门和过境货物经营人应当按海关规定提供担保。

（2）对过境货物的管理要求。

①民用爆炸品、医用麻醉品等的过境运输，应经海关总署会同有关部门批准后，方可过境。

②有伪报货名和国别，借以运输我国禁止过境货物的，以及其他违反我国法律、行政法规情事的，海关可依法将货物做扣留处理。

③海关可以对过境货物实施查验，海关在查验过境货物时，经营人或承运人应当到场，负责搬移货物，开拆、封装货物。

④过境货物在境内发生损毁或者灭失的（除不可抗力原因造成的外），经营人应当负责向出境地海关补办进口纳税手续。

4．报关程序

（1）进境报关。

过境货物进境时，过境货物经营人或报关企业应当向海关递交“过境货物报关单”和运单、转载清单、载货清单、发票、装箱清单等，办理过境手续。

过境货物经进境地海关审核无误后，进境地海关在提运单上加盖“海关监管货物”戳记，并将过境货物报关单和过境货物清单制作“关封”后加盖“海关监管货物”专用章，连同上述提运单一并交过境货物经营人或报关企业。

过境货物经营人或承运人应当负责将上述单证及时交出境地海关验核。

（2）出境报关。

过境货物出境时，过境货物经营人或报关企业应当及时向出境地海关申报，并递交进境地海关签发的“关封”和其他单证。出境地海关审核有关单证、“关封”和货物，确认无误后，加盖放行章，监管货物出境。

5．过境期限

过境货物的过境期限为6个月，因特殊原因，可以向海关申请延期，经海关同意后，最长可延期3个月。

过境货物超过规定期限3个月仍未过境的，海关按规定依法提取变卖，变卖后的货款按有关规定处理。

（二）转运货物

1．含义

转运货物是指由境外起运，通过我国境内设立海关的地点换装运输工具，不通过境内陆路运输，继续运往境外的货物。

2．范围

进境运输工具载运的货物具备下列条件之一的，可以办理转运手续。

（1）持有转运或联运提货单的。

（2）进口载货清单上注明是转运货物的。

（3）持有普通提货单，但在卸货前向海关声明转运的。

（4）误卸下的进口货物，经运输工具负责人提供确实证件的。

（5）因特殊原因申请转运，获海关批准的。

3．管理

海关对转运货物实施监管的主要目的在于防止货物在口岸换装过程中误进口或误出口。

海关对转运货物有以下监管规定。

（1）外国转运货物在中国口岸存放期间，不得开拆、改换包装或进行加工。

（2）转运货物必须在3个月之内办理海关有关手续并转运出境，超出规定期限3个月仍未转运出境或办理其他海关手续的，海关将提取依法变卖处理。

（3）海关对转运的外国货物有权进行查验。

4．报关程序

（1）载有转运货物的运输工具进境后，承运人应当在进口载货清单上列明转运货物的名称、数量、起运地和到达地，并向主管海关申报进境。

（2）申报经海关同意后，在海关指定的地点换装运输工具。

（3）在规定时间内运送出境。

（三）通运货物

1．含义

通运货物是指从境外起运，不通过我国境内陆路运输，进境后由原运输工具载运出境的货物。

2．报关程序

（1）运输工具进境时，运输工具的负责人应凭注明通运货物名称和数量的“船舶进口报告书”或国际民航机使用的“进口载货舱单”向进境地海关申报。

（2）进境地海关在接受申报后，在运输工具抵、离境时对申报的货物予以核查，并监管货物实际离境。

（3）运输工具因装卸货物需搬运或倒装货物时，应向海关申请并在海关的监管下进行。

二、无代价抵偿货物

（一）无代价抵偿货物的含义

无代价抵偿货物是指进出口货物在海关放行后，因残损、短少、品质不良或者规格不符，由进出口货物的收发货人、承运人或者保险公司免费补偿或者更换的与原货物相同或者与合同规定相符的货物。

收发货人申报进出口的无代价抵偿货物，与退运出境或者退运进境的原货物不完全相同或者与合同规定不完全相符的，经收发货人说明理由，海关审核认为理由正当且税则号列未发生改变的，仍属于无代价抵偿货物的范围。

收发货人申报进出口的免费补偿或者更换的货物，其税则号列与原进出口货物的税则号列不一致的，不属于无代价抵偿货物范围，属于一般进出口货物范围。

（二）无代价抵偿货物的监管特征

（1）进出口无代价抵偿货物免予交验进出口许可证件。

（2）进口无代价抵偿货物，不征收进口关税和进口环节海关代征税；出口无代价抵偿货物，不征收出口关税。

但是进出口与原货物或合同规定不完全相符的无代价抵偿货物，应当按规定计算与原进出口货物的税款差额，高于原征收税款数额的应当征收超出部分的税款；低于原征收税款的，原进出口货物的收发货人、承运人或者保险公司同时补偿货款的，应当退还补偿货款部分的税款，未补偿货款的，不予退还。

（3）现场放行后，海关不再按照无代价抵偿货物进行监管。

（三）无代价抵偿货物的报关程序

无代价抵偿大体上可以分为两种：一种是短少抵偿；另一种是残损、品质不良或规格不符抵偿。对两种抵偿引起的两类进出口无代价抵偿货物在报关程序上有所区别。

残损、品质不良或规格不符引起的无代价抵偿货物，进出口前应当先办理被更换的原进出口货物中残损、品质不良或规格不符货物的海关手续。残损、品质不良或规格不符引起的无代价抵偿货物进出口海关手续如下。

（1）原进口货物退运出境及原出口货物退运进境。

原进口货物的收货人或其代理人应当办理被更换的原进口货物中残损、品质不良或规格不符的货物的退运出境的报关手续。被更换的原进口货物退运出境时不征收出口关税。

原出口货物的发货人或其代理人应当办理被更换的原出口货物中残损、品质不良或规格不符的货物的退运进境的报关手续。被更换的原出口货物退运进境时不征收进口关税和进口环节海关代征税。

（2）原进口货物不退运出境，放弃交由海关处理。

被更换的原进口货物中残损、品质不良或规格不符的货物不退运出境，但原进口货物的收货人愿意放弃，交由海关处理的，海关应当依法处理并向收货人提供依据，凭此依据申报进口无代价抵偿货物。

（3）原进口货物不退运出境也不放弃，以及原出口货物不退运进境。

被更换的原进口货物中残损、品质不良或规格不符的货物不退运出境且不放弃交由海关处理的，原进口货物的收货人应当按照海关接受无代价抵偿货物申报进口之日适用的有关规定申报进口，并按照海关对原进口货物重新估定的价格计算的税额缴纳进口关税和进口环节海关代征税，属于许可证件管理的商品还应当交验相应的许可证件。

被更换的原出口货物中残损、品质不良或规格不符的货物不退运进境，原出口货物的发货人应当按照海关接受无代价抵偿货物申报出口之日适用的有关规定申报出口，并按照海关对原出口货物重新估定的价格计算的税额缴纳出口关税，属于许可证件管理的商品还应当交验相应的许可证件。

（四）向海关申报办理无代价抵偿货物进出口手续的期限

向海关申报进出口无代价抵偿货物应当在原进出口合同规定的索赔期内，而且不超过原货物进出口之日起 3 年。

（五）无代价抵偿货物报关应当提供的单证

收发货人向海关申报无代价抵偿货物进出口时除应当填制报关单和提供基本单证外，还应当提供其他特殊单证。

1．进口申报需要提交的特殊单证

（1）原进口货物报关单。

（2）原进口货物退运出境的出口货物报关单，或者原进口货物交由海关处理的货物放弃处理证明，或者已经办理纳税手续的单证（短少抵偿的除外）。

（3）原进口货物税款缴纳书，或者进出口货物征免税证明。

（4）买卖双方签订的索赔协议。

海关认为需要时，纳税义务人还应当提交具有资质的商品检验机构出具的原进口货物残损、短少、品质不良或者规格不符的检验证明书或者其他有关证明文件。

2．出口申报需要提交的特殊单证

（1）原出口货物报关单。

（2）原出口货物退运进境的进口货物报关单，或者已经办理纳税手续的单证（短少抵偿的除外）。

（3）原出口货物税款缴纳书。

（4）买卖双方签订的索赔协议。

海关认为需要时，纳税义务人还应当提交具有资质的商品检验机构出具的原出口货物残损、短少、品质不良或者规格不符的检验证明书或者其他有关证明文件。

三、退运货物

退运货物是指原出口货物或进口货物因各种原因造成退运进口或者退运出口的货物。退运货物包括一般退运货物和直接退运货物。

（一）一般退运货物

一般退运货物是指已办理申报手续且海关已放行出口或进口，因各种原因造成退运进口或退运出口的货物。

1．一般退运进口货物的海关手续

（1）报关。

一般退运进口货物的报关有以下两种情况。

①原出口货物已收汇。原出口货物退运进境时，若该批出口货物已收汇、已核销，原发货人或其代理人应填写进口货物报关单向进境地海关申报，并提供原货物出口时的出口货物报关单，海关应凭加盖已核销专用章的“外汇核销单出口退税专用联”（正本），税务部门出具的“出口商品退运已补税证明”，保险公司证明或承运人溢装、漏卸的证明等有关资料办理退运进口手续，同时签发一份进口货物报关单。

②原出口货物未收汇。原出口货物退运进口时，若该批出口货物未收汇，原发货人或其代理人在办理退运手续时，提交原出口货物报关单、出口收汇核销单、报关单退税证明联向进口地海关申报退运进口，同时填制一份进口货物报关单。若出口货物部分退运进口，海关应在原出口货物报关单上批注退运的实际数量、金额后退回企业并留存复印件，海关核实无误后，验放有关货物进境。

（2）税收。

因品质或者规格原因，出口货物自出口之日起 1 年内原状退货复运进境的，经海关核实后不予征收进口税；原出口时已经征收出口关税的，只要重新缴纳因出口而退还的国内环节税，自缴纳出口税款之日起 1 年内准予退还。

2.一般退运出口货物的海关手续

（1）报关。

因故退运出口的进口货物，原收货人或其代理人应填写出口货物报关单申报出境，并提供原货物进口时的进口货物报关单、保险公司证明或承运人溢装、漏卸的证明等有关资料，经海关核实无误后，验放有关货物出境。

（2）税收。

因品质或者规格原因，进口货物自进口之日起 1 年内原状退货复运出境的，经海关核实后可以免征出口关税；已征收的进口关税和进口环节海关代征税，自缴纳进口税款之日起 1 年内准予退还。

（二）直接退运货物

直接退运货物是指在货物进境后、办结海关放行手续前，进口货物收发货人、原运输工具负责人或者其代理人（以下统称当事人）申请直接退运境外，或者海关根据国家有关规定责令直接退运境外的全部或者部分货物。

进口转关货物在进境地海关放行后，当事人申请办理退运手续的，不属于直接退运货物，应当按照一般退运货物办理退运手续。

1．当事人申请直接退运的货物

（1）范围。

在货物进境后、办结海关放行手续前，有下列情形之一的，当事人可以向海关申请办理直接退运手续。

①因国家贸易管理政策调整，收货人无法提供相关证件的。

②属于错发、误卸或者溢卸货物，能够提供发货人或者承运人书面证明文书的。

③收发货人双方协商一致同意退运，能够提供双方同意退运的书面证明文书的。

④有关贸易发生纠纷，能够提供法院判决书、仲裁机构仲裁决定书，或者无争议的有效货物所有权凭证的。

⑤货物残损或者国家检验检疫不合格，能够提供国家检验检疫部门根据收货人申请而出具的相关检验证明文书的。

对在当事人申请直接退运前，海关已经确定查验或者认为有走私违规嫌疑的货物，不予办理直接退运，待查验或者案件处理完毕后，按照海关有关规定处理。

（2）提交的单证。

当事人向海关申请直接退运，应当按照海关要求提交“进口货物直接退运申请书”，证明进口实际情况的合同、发票、装箱清单、已报关货物的原报关单、提运单或者载货清单等相关单证，符合申请条件的相关证明文书及海关要求当事人提供的其他文件。海关按行政许可程序受理或者不予受理，受理并批准直接退运的，制发“准予直接退运决定书”。

（3）报关单填制注意事项。

办理进口货物直接退运手续，应当按照《报关单填制规范》填制进出口货物报关单，并符合下列要求。

①“标记唛码及备注”栏填“准予直接退运决定书”编号。

②“贸易方式”栏填“直接退运”（代码4500）。

（4）关于直接退运的其他规定。

当事人办理进口货物直接退运的申报手续时，应当先填写出口货物报关单向海关申报，再填写进口货物报关单，并在进口货物报关单的“标记唛码及备注”栏填报关联报关单（出口货物报关单）号。

因进口货物收发货人或者承运人的责任造成货物错发、误卸或者溢卸，经海关批准直接退运的，当事人免予填制报关单，凭“准予直接退运决定书”向海关办理直接退运手续。

经海关批准直接退运的货物不需要交验进出口许可证或者其他监管证件，免予征收各种税费及滞报金，不列入海关统计。

对货物进境申报后经海关批准直接退运的，在办理进口货物直接退运出境申报手续前，海关应当将原进口货物报关单或者转关单数据予以撤销。

进口货物直接退运应当从原进境地口岸退运出境。对因运输原因需要改变运输方式，或者由另一口岸退运出境的，应当经由原进境地海关批准后，以转关运输方式出境。

2．海关责令直接退运的货物

（1）范围。

在货物进境后、办结海关放行手续前，有下列情形之一，依法应当退运的，由海关责令当事人将进口货物直接退运境外。

①进口国家禁止进口的货物，经海关依法处理后的。

②违反国家检验检疫政策法规，经国家检验检疫部门处理并且出具“检验检疫处理通知书”或者其他证明文书后的。

③未经许可擅自进口属于限制进口用作原料的固体废物，经海关依法处理后的。

④违反国家有关法律、行政法规，应当责令直接退运的其他情形。

对需要责令进口货物直接退运的，由海关根据相关政府行政主管部门出具的证明文书，向当事人制发“中华人民共和国海关责令进口货物直接退运通知书”。

（2）报关单填制注意事项。

办理进口货物直接退运手续，应当按照《报关单填制规范》填制进出口货物报关单，并符合下列要求。

①“标记唛码及备注”栏填“责令直接退运通知书”编号。

②“贸易方式”栏填“直接退运”（代码 4500）。

（3）关于直接退运的其他规定。

因进口货物收发货人或者承运人的责任造成货物错发、误卸或者溢卸，经海关责令直接退运的，当事人免予填制报关单，凭“责令直接退运通知书”向海关办理直接退运手续。

经海关责令直接退运的货物不需要交验进出口许可证或者其他监管证件，免予征收各种税费及滞报金，不列入海关统计。

进口货物直接退运应当从原进境地口岸退运出境。对因运输原因需要改变运输方式，或者由另一口岸退运出境的，应当经由原进境地海关批准后，以转关运输方式出境。

知识链接 4-1　退关货物

（一）含义

退关货物又称出口退关货物，是指向海关申报出口并获准放行，但因故未能装上运输工具，经发货单位请求，退运出海关监管区域不再出口的货物。

（二）海关手续

（1）出口货物的发货人及其代理人应当在得知出口货物未装上运输工具，并决定不再出口之日起 3 天内，向海关申请退关。

（2）经海关核准且撤销出口申报后方能将货物运出海关监管场所。

（3）已缴纳出口关税的退关货物，可以在缴纳税款之日起 1 年内提出书面申请，向海关申请退税。

（4）出口货物的发货人及其代理人办理出口货物退关手续后，海关应对所有单证予以注销，并删除有关报关电子数据。

本章重要概念

海关监管货物　报关程序　通关作业无纸化　中国电子口岸　一般进出口货物　滞报金　提前申报　补充申报　径行开验　保税加工货物　合同备案　保证金台账制度　单耗　净耗　法定减免税　特定减免税　临时减免税　暂准进出境货物　ATA 单证册　过境货物　转运货物　通运货物　无代价抵偿货物　退运货物

课后复习题

一、单项选择题

1. 报关程序按时间先后可以分为（　　）。

A. 前期阶段、进出口阶段、后续阶段

B. 进出口阶段、备案阶段、核销阶段

C. 核销阶段、进出口阶段、后续阶段

D. 备案阶段、核销阶段、进出口阶段

2.（　　）是指海关以企业守法管理为核心，综合企业类别、商品归类、价格、许可证件、贸易国别、航线、物流信息等各类风险要素，按照风险高低对企业进出口货物设定分类通关标准，由报关单位在通关时自主选择并经海关确认后实施的差别化作业模式。

A. 分类通关　　B. 差别化通关

C. 无纸化通关　　D. 区域通关一体化

3.（　　）暂不适用“通关作业无纸化”作业方式。

A. B类报关企业

B. 涉及入境通关单的进出口货物

C. 涉及税费但未选择电子支付的进出口货物

D. AA类、A类报关企业

4.（　　）是我国“金关”工程的重要组成部分，也是海关信息化建设的“品牌”工程。

A. 海关H883/EDI通关系统　　B. 海关H2000通关系统

C. 海关QP通关系统　　D. 中国电子口岸系统

5. 进口货物的收货人自运输工具申报进境之日起，超过（　　）未向海关申报的，其进口货物由海关提取依法变卖处理。

A. 1个月　　B. 3个月

C. 6个月　　D. 1年

6. 出口货物的发货人或其代理人除海关特准的外，根据规定应当在货物运抵监管区后，（　　）向海关申报。

A. 装货前24小时　　B. 装货的24小时以前

C. 货物运抵口岸24小时内　　D. 承载的运输工具起运（或起航）的24小时前

7. 滞报金计征起始日为运输工具申报进境之日起第（　　）日为起始日，海关接受申报之日为截止日。

A. 7　　B. 10

C. 14　　D. 15

8. 进出口货物收发货人或其代理人应当自接到海关“现场交单”或“放行交单”通知之日起（　　），持打印的纸质报关单及随附单证并签名盖章，到货物所在地海关提交书面单证并办理相关手续。

A. 5日内　　B. 15日内

C. 7日内　　D. 10日内

9. 经海关批准，未办理纳税手续进境，在境内加工、装配后复运出境的货物是（　　）。

A. 过境货物　　B. 暂准进出境货物

C. 一般进出口货物　　D. 保税加工货物

10. 下列说法不正确的是（　　）。

A. 加工贸易料件经商务主管部门批准才能保税进口

B. 加工贸易料件经海关批准才能保税进口

C. 海关批准保税是通过受理备案来实现的

D. 凡是准予备案的加工贸易料件进口时可以暂不办理纳税手续

11. 对于履行加工贸易合同中产生的剩余料件、边角料、残次品、副产品，企业必须在手册有效期内处理完毕。下列无须填制报关单的方式是（　　）。

A. 结转　　B. 退运

C. 放弃　　D. 销毁

12.（　　）是指加工贸易企业从事加工复出口业务，在海关核定的单耗标准内、加工过程中产生的、无法再用于加工该合同项下出口制成品的数量合理的废、碎料及下脚料。

A. 边角料　　B. 剩余料件

C. 残次品　　D. 副产品

13. A与B企业都属于享受进口减免税优惠的企业，A企业将特定减免税货物转让给B企业，应当由（　　）先向主管海关申领“进出口货物征免税证明”，凭此证明办理货物的结转手续。

A. A企业　　B. B企业

C. 其他企业　　D. 以上答案都不对

14. 北京某外企从美国购进大型机器成套设备，分三批运输进口，其中一批从天津进口，一批从青岛进口，另一批从北京进口。该企业在向海关申请办理该套设备的减免税手续时，下列做法正确的是（　　）。

A. 向北京海关分别申领两份征免税证明

B. 向北京海关分别申领三份征免税证明

C. 向天津海关申领一份征免税证明，向青岛海关申领一份征免税证明

D. 向天津海关申领一份征免税证明，向青岛海关申领一份征免税证明，向北京海关申领一份征免税证明

15. 某外商投资企业进口用于生产汽车的设备若干台，试问其监管期限与稽查的期限分别是（　　）。

A. 5年，8年　　B. 6年，9年

C. 8年，11年　　D. 3年，6年

16.（　　）的进出境无须办理减免税审批手续，海关对其一般不进行后续管理。

A. 法定减免税货物　　B. 特定减免税货物

C. 临时减免税货物　　D. 一般减免税货物

17. 我国规定暂准进出境货物应当自进境或者出境之日起（　　）内，复运出境或复运进境。

A. 6个月　　B. 1年

C．3 个月　　　　D．1 个月

18．我国 ATA 单证册的签发机构是（　　）。

A．海关总署　　　　B．中国国际商会

C．国务院　　　　D．外经贸部

19．参展期在 24 个月以上展览会的展览品，在 18 个月延长期届满后仍需要延期的由（　　）审批。

A．隶属海关　　　　B．直属海关

C．海关总署　　　　D．直属海关关长

20．在我国，使用 ATA 单证册的范围仅限于（　　）。

A．文化、体育交流活动中使用的表演、比赛用品

B．展览会、交易会、会议及类似活动项下的货物

C．开展科研、教学、医疗活动使用的仪器、设备及用品

D．进行新闻报道或者摄制电影、电视节目使用的仪器、设备及用品

二、多项选择题

1．下列属于海关监管货物的是（　　）。

A．一般进出口货物　　　　B．保税货物

C．过境、转运、通运货物　　　　D．其他尚未办结海关手续的进出境货物

2．进出口阶段是指进出口货物收发货人或其代理人根据海关对进出境货物的监管要求，在货物进出境时，向海关办理（　　）手续的过程。

A．进出口申报　　　　B．配合查验

C．缴纳税费　　　　D．提取或装运货物

3．对于企业申报的（　　）按“有纸报关”录入。

A．涉及许可证件管理的货物　　　　B．征税的货物

C．减免税的进口货物　　　　D．适用“担保验放”的货物

4．对于（　　）经注册地海关核准，并与海关、电子口岸签订协议书的及适用（　　）的货物按“事后交单”录入。

A．A 类及以上企业　　　　B．B 类及以上企业

C．“自行暂存”报关单　　　　D．“集中代存”报关单

5．以下关于查验表述正确的有（　　）。

A．进出口货物收发货人对海关查验结论有异议的，可以向海关提出复验要求

B．海关查验货物时，进出口货物收发货人或其代理人应当到场，配合海关查验

C．已经参加过查验的查验人员不得参加对同一票货物的复验

D．经海关通知查验，进出口货物收发货人或其代理人届时未到场的，海关可以径行开验

6．下列情形中，海关可以复验的有（　　）。

A．经初次查验未能查明货物的真实属性，需要对已查验货物的某些性状做进一步确认的

B．货物涉嫌走私违规，需要重新查验的

C．进出口收发货人对海关查验结论有异议，提出复验要求并经海关同意的

D．其他海关认为必要的情形

7．进出口货物收发货人或其代理人配合海关查验的工作主要包括（　　）。

A．负责搬运货物、开箱、封箱

B．回答海关人员的询问，提供有关单证

C．协助海关提取需要做进一步检验、化验或鉴定的货样，收取海关开具的取样清单

D．签字确认查验记录

8．因海关关员的责任造成被查验货物损坏的，进出口货物收发货人或其代理人可以要求海关赔偿。但下列情况海关将不予赔偿（　　）。

A．海关正常查验时所产生的不可避免的磨损

B．进出口货物的收发货人或其代理人搬运货物、开箱、封箱不慎造成损坏的

C．由于海关关员的责任造成被查验货物损坏的直接经济损失

D．海关查验时收发货人或其代理人对货物是否受损未提出异议，事后发现货物有损坏的

9．以下关于保税货物说法正确的是（　　）。

A．料件进境时暂缓缴纳进口关税及进口环节税

B．除国家另有规定外免于交验进口许可证件

C．成品出口时除特殊商品外无须缴纳出口关税

D．涉及出口许可证件管理的无须交验出口许可证件

10．海关批准货物保税的原则是（　　）。

A．合法经营　　　　B．复运出境

C．可以监管　　　　D．暂缓纳税

11．保税加工货物监管制度的适用范围包括（　　）。

A．专为加工、装配出口产品而从国外进口且海关准予保税的原材料、零部件

B．专为进口料件和出口产品而使用的包装袋和包装箱

C．深加工结转转出的成品

D．在保税加工生产过程中产生的副产品

12．（　　）经批准不复运出境，在征收进口关税和代征税时无须缴纳缓税利息。

A．副产品

B．边角料

C．特殊监管区域的保税加工货物

D．残次品

13．（　　）属于政策性减免税范围。

A．特定减免税　　　　B．法定减免税

C．一般减免税　　　　D．临时减免税

14．根据《海关法》《进出口关税条例》的规定，（　　）的进出口货物可以按照特定减免税货物监管。

A．特定商品　　　　B．特定用途

C．特定地区　　　　D．特定企业

15．特定减免税货物的特征有（　　）。

A．减免进口关税

B．提交进口许可证件
C．免予提交进口许可证件
D．在特定的海关监管年限内接受海关监管
16．政策性减免税进口货物的特点有（　　）。
A．在货物进出口前办理减免税审批手续
B．可以在两个享受同等税收优惠待遇的单位之间转让并无须补税
C．政策性减免税货物放行后，在其监管年限内应当接受海关监管
D．未经海关核准并缴纳关税的，不得移作他用
E．应当提供许可证件而不能提供的
17．暂准进出境货物的特征有（　　）。
A．暂时免予缴纳税费
B．免予提交进出口许可证件
C．在规定期限内按原状复运出境或复运进境
D．为特定目的进出口
18．暂准进出境货物涉及（　　）的应当凭许可证件进出境。
A．公共道德　　B．公共安全
C．公共卫生　　D．公共文明
19．下列展览用品中，（　　）可以免税。
A．布置、装饰临时展台消耗的低值货物
B．供展览会使用的档案、表格及其他文件
C．食品及饮料的样品虽未包装分发，但确实在活动中消耗掉的
D．展览用品中的酒精饮料
20．展览用品中的（　　）不适用有关免税的规定，而实行照章征税。
A．用进口的散装原料制成的饮料样品
B．燃料
C．烟草制品
D．酒精饮料

三、判断题

1．报关程序是指进出口货物收发货人、运输工具负责人、物品所有人或其代理人按照海关的规定，办理货物、物品、运输工具进出境及相关海关事务的手续和步骤。（　　）

2．货物报关程序应当经过审单、查验、征税、放行四个海关作业环节。（　　）

3．保税加工贸易原材料进口，海关要求事先备案，加工成成品出口必须有一个后期核销结案的阶段。（　　）

4．报关基本程序中的前期阶段是指进出口货物收发货人或其代理人根据海关对进出境货物的监管要求，在规定的期限内，向海关办理上述进出口货物核销、销案等手续的过程。（　　）

5．适用一般进出口监管制度的货物放行后即结关。（　　）

6．一般进出口货物就是一般贸易货物。（　　）

7．对于经电缆、管道等方式输送进出口的货物，由于是特殊货物，无须向海关申报。

(　　)

8．收发货人或其代理人要求修改或者撤销报关单的，应当提交进出口货物报关单修改/撤销确认书。(　　)

9．加工贸易料件经海关批准才能保税进口。(　　)

10．凡是准予备案的加工贸易料件进口时可以暂不办理纳税手续，即保税进口。(　　)

11．加工贸易工艺损耗是指因加工工艺原因，料件在正常加工过程中除净耗外所必须耗用，但不能存在或者转化到成品中的无形损耗的量。(　　)

12．实行物理围网监管的企业不实行银行保证金台账制度。(　　)

13．关税税额在人民币 50 元以下的一票货物实行免税，这属于特定减免税。(　　)

14．特定减免税进口设备可以在两个企业之间免税结转。(　　)

15．"进出口货物征免税证明"的有效期为 6 个月，一份证明上只能验放一批货物。(　　)

16．特定减免税货物一般不豁免进口许可证，另有规定的除外。(　　)

17．我国海关只接受中文或者英文填写的 ATA 单证册。(　　)

18．对于丢失或被窃的展览品，海关按照进口同类货物征收进口税。(　　)

19．展览品因不可抗力的原因灭失或者失去使用价值的，经海关核实后可以免税复运进出境。(　　)

20．国家重点工程、国家科研项目使用的暂准进出境货物，在 18 个月延长期届满后仍需要延期的，由主管地海关报直属海关审批。(　　)

四、案例分析题（不定项选择题）

(一) 济南某进出口公司从德国进口 10 辆大众轿车，该货物通过轮船"FLOW STOW"号装运到青岛港码头，再转关运输到济南。该公司委托青岛某报关行办理进口转关手续。货物到港后，海关进行查验，报关行的报关员小李陪同关员查验，但在查验过程中，小李在开动轿车时，不慎把另一辆大众轿车撞坏。根据以上资料，回答下列问题。

1．该批货物的报关程序是(　　)。

A．备案—进出境报关—查验—提取货物

B．进出境报关—查验—缴纳税费—提取货物

C．备案—进出境报关—查验—缴纳税费—核销结案

D．备案—进出境报关—查验—提取货物—核销结案

2．该批货物的申报期限为(　　)。

A．自装载货物的轮船申报进境之日起 14 日内，向济南海关办理报关手续

B．自装载货物的轮船申报进境之日起 14 日内，向青岛海关办理报关手续

C．货物转关运输到济南后 24 小时之前，向济南海关办理报关手续

D．货物转关运输到济南之日起 15 日内，向济南海关办理报关手续

3．本案例中，被撞毁的大众轿车由(　　)承担责任。

A．海关　　B．青岛某报关行

C．负责查验的海关关员　　D．报关员小李

4．该公司进口汽车，需要凭(　　)办理牌照申领手续。

A．商品检验证明　　B．进口许可证

C．进口付汇证明联　　　　　　　　D．进口货物证明书

5．该批货物在进口报关时需提交的单证为（　　）。

A．发票　　　　　　　　　　　　　B．提单

C．代理报关授权委托书　　　　　　D．自动进口许可证

（二）深圳华富进出口公司（440393××××，A 类企业），从境外购进一批黄铜，料件进口前，该企业已向海关办妥加工贸易合同登记备案手续，并建立了电子化手册。料件进口委托广东佛山佳盛电子厂（440636××××，加工贸易 B 类管理企业）加工生产芯片后由深圳华富进出口公司出口。该加工合同履行期间，部分原料未能及时到货，为确保履行成品出口合同，深圳华富进出口公司报经主管海关核准，从我国国内市场购买国产料件进行串换，合同执行完毕，尚有剩余料件。根据上述案例，解答下列问题。

1．本案例涉及的委托加工在海关管理中称为（　　）。

A．外发加工　　　　　　　　　　　B．异地加工

C．深加工结转　　　　　　　　　　D．联合加工

2．本案例涉及的加工贸易合同备案手续应由（　　）。

A．深圳华富进出口公司到广东佛山佳盛电子厂所在地主管海关申请办理

B．深圳华富进出口公司在所在地主管海关申请办理

C．广东佛山佳盛电子厂在所在地主管海关申请办理

D．广东佛山佳盛电子厂到深圳华富进出口公司所在地主管海关申请办理

3．该加工贸易合同备案时，其银行保证金台账应按下列规定办理（　　）。

A．不设台账，不缴纳保证金

B．设台账，不缴纳保证金

C．设台账，缴纳 50%保证金

D．设台账，缴纳全额保证金

4．该项加工合同内剩余料件，企业可以处理的方式有（　　）。

A．内销、结转　　　　　　　　　　B．退运

C．放弃，交由海关处理　　　　　　D．自行销毁

5．如果该项加工合同内剩余料件进行结转，下列说法正确的是（　　）。

A．应在同一经营单位、同一加工工厂的情况下结转

B．应在同样的进口料件和同一加工贸易方式的情况下结转

C．应向海关提供申请结转的书面申请、剩余料件清单等单证和材料

D．应办理正式进口报关手续，缴纳进口税和缓税利息

6．如果该项加工合同内剩余料件进行内销的，下列说法正确的是（　　）。

A．剩余料件内销时，应交付缓税利息

B．剩余料件内销时，免交付缓税利息

C．加工贸易企业凭“加工贸易保税进口料件内销批准证”办理内销料件正式进口报关手续，缴纳进口税

D．属进口许可证件管理的，企业还应按规定向海关补交进口许可证件。

五、简答题

1．简述海关监管制度的含义。

2．简述通关作业无纸化的适用范围和程序。
3．简述一般进出口货物的特征及与一般贸易货物的区别。
4．简述一般进出口货物监管制度的适用范围。
5．简述保税加工货物监管制度的适用范围及特征。
6．简述保税加工货物监管制度的管理要点。
7．简述法定减免税货物适用的范围及特征。
8．简述征免税证明的申领及使用规范。
9．暂准进出境货物具备哪些特征？其适用的货物范围有哪些？
10．进境展览品与展览用品的适用范围分别是什么？

第五章

海关税收征管制度

学习目标

通过本章的学习，了解进出口税费核算过程、原产地规则的基本内容，熟悉进出口税费的含义、种类、适用范围、成交价格估价方法，掌握进出口税费核算步骤、相关计入项目和扣减项目费用的调整，能用成交价格估价方法以外的其他估价方法来确定完税价格，掌握优惠和非优惠原产地的确定标准，掌握我国进出口税率的种类及适用范围，能按照从价关税核算作业程序及计算公式核算虚拟案例的关税税款。

案例导入

福州甲公司通过香港乙公司从台湾丙公司进口抛光机床（商品编码 8460902000）1 台，加工中心原产地为美国。合同价格为 20 000 美元/台（CIF 福州），为此 A 公司向 B 公司支付 20 000 美元的购货佣金。装有该批货物的运输工具于 2018 年 5 月 14 日申报进境，次日向海关 QP 系统申报，并于当日收到“现场交单”通知，2018 年 5 月 18 日办理报关手续。

根据上述资料，请思考：

（1）海关如何对进口货物进行完税价格审定？

（2）该案例中，海关审定的成交价格是多少？

（3）该批抛光机床适用税率的时间如何确定？

第一节　进出口税费概述

进出口税费是指在进出口环节由海关依法征收的关税、消费税、增值税等税费。依法征收税费是海关的任务之一。依法缴纳税费是纳税义务人的基本义务。学会如何缴纳进出口税费是报关员应该具备的报关技能之一。

进出口税费征收的法律依据主要是《海关法》《关税条例》及其他有关法律、行政法规。另外，按照《中华人民共和国船舶吨税暂行条例》，船舶吨税由海关征收。

一、关税

（一）关税概述

1. 关税的含义

关税是由海关代表国家，按照国家制定的关税政策和公布实施的税法及进出口税则，对进出境的货物和物品征收的一种流转税。海关征收关税的依据是国家制定的法律和行政法规。关税是国家税收的重要组成部分，是国家中央财政收入的重要来源，也是 WTO 允许缔约方保护其境内经济的一种手段，其基本作用在于体现国家主权，推动国家的经济建设。关税的起征点为人民币 50 元，低于 50 元的免征。

2. 关税的特点

关税征收的对象是进出境的货物和物品，而不是其他货物和物品或行为；货物和物品也只有在进出境的时候才能征收关税，在关境内流通时就不再征收关税。其具有如下特点：无偿性、强制性、固定性及涉外性。

3. 关税的要素

（1）关税征税主体。关税征税主体，也称关税征收主体。根据《海关法》的规定，行使征收关税职能的国家机关是中华人民共和国海关，征收关税是海关的一项主要任务。未经法律的授权，其他任何单位和个人均无权征收关税。

（2）关税征收对象。关税征收对象，也称关税征收客体。法律规定作为征收关税的标的物，是进出一国关境的货物和物品，它是区别关税和其他税种的重要标志。

（3）关税的纳税义务人。关税纳税义务人，也称关税纳税人或关税纳税主体，是指依法负有直接向国家缴纳关税义务的法人或自然人。我国关税的纳税义务人是进口货物的收货人、出口货物的发货人、进出境物品的所有人。

（二）进口关税

进口关税是指一国（地区）海关对进入其境内的货物和物品征收的关税，这是关税中最主要的一种。

1. 进口关税的种类

以是否按照税则税率征收税款，可将进口关税分为正税和附加税。

（1）正税。

正税是指按照《进出口税则》中的进口税率征收的关税，具有规范性、相对稳定性的特点。其包括以下几种。

①从价税。从价税是指以货物、物品的价格作为计税标准，以应征税额占货物价格的百分比为税率，价格和税额成正比例关系的关税。我国对进出口货物征收关税主要采用从价税计税标准。

②从量税。从量税是指以货物、物品的计量单位（如重量、数量、容量等）作为计税标准，按每一计量单位应征税额征收的关税。我国目前对冻整鸡及鸡产品、啤酒、石油原油、胶片等进口商品，对尿素、硫酸钾等出口化肥征收从量税。

③复合税。复合税是指在《进出口税则》中，一个税目中的商品同时使用从价、从量两种标准计税，计税时按两者之和作为应征税额征收的关税。我国目前对进口价格高于 2 000 美元的磁带录像机、磁带放像机，对进口价格高于 5 000 美元的电视摄像机等进口商

品征收复合税。

④滑准税。滑准税是指在《进出口税则》中预先按产品的价格高低分档制定若干不同的税率，然后根据进口商品价格的变动而增减进口税率的一种关税。当商品价格上涨时采用较低税率，当商品价格下跌时则采用较高税率，其目的是使该种商品的国内市场价格保持稳定。我国目前对关税配额外进口的一定数量的棉花实行滑准税。

（2）附加税

附加税是指国家出于特定需要，对进口货物除征收正税之外另行征收的关税，一般具有临时性的特点。其包括反倾销税、反补贴税、保障措施关税和报复性关税。

2．进口关税的核算步骤（以进口从价关税核算为例）

进口关税核算步骤主要有三个：确定完税价格；选择适用税率；按照公式准确计算税款。

（1）确定完税价格。我国海关征收进出口税费主要以从价税为基础进行计算，即主要以货物的价格为基础确定纳税义务人应向海关缴纳的税款。这是进行税费核算的首要步骤。

（2）选择适用税率。目前，世界各国关税大多采用复式税率设置，即针对同一税则号列（商品编码）货物存在不同的关税税率。这主要是原产国（地区）差异、国家税收政策等因素导致的。

（3）按照公式准确计算税款。在完税价格、税率等关键要素确定无误的情况下，按照规定的计算公式进行准确计算是进口关税核算的最后一个步骤，也是核心所在。计算公式如下：

$$\text{应纳关税税额}=\text{完税价格}\times\text{进口关税税率}$$

需要注意的是，进出口货物完税价格、进出口关税、进口环节代征税、滞纳金、船舶吨税一律以人民币计征，采用四舍五入方法计算至分。起征点均为人民币 50 元，不足人民币 50 元的免予征收。

（三）出口关税

1．出口关税的含义

出口关税是指一国（地区）海关以出境货物、物品为课税对象所征收的关税。为鼓励出口，世界各国一般不征收出口关税或仅对少数商品征收出口关税。征收出口关税的主要目的是限制和调控某些商品的过度、无序出口，特别是防止本国一些重要自然资源和原材料的无序出口。目前，我国主要对资源性、高耗能类商品征收出口关税。出口关税起征点为人民币 50 元，低于 50 元的免予征收。

2．出口关税的核算步骤

出口关税的核算步骤主要有三个：确定完税价格；选择适用税率；按照公式准确计算税款。首先按照相关规定确定出口货物的完税价格，再选取出口货物适用的应征关税税率（有出口暂定税率的，应优先选用暂定税率），最后按照公式核算出口关税税款。计算公式为：

$$\text{出口关税税额} = \text{出口货物完税价格}\times\text{出口关税税率}$$

$$\text{出口货物完税价格} = \frac{\text{FOB（出口境内口岸）}}{1+\text{出口关税税率}}$$

二、进口环节海关代征税

进口货物、物品在办理海关手续放行后，进入国内流通领域，与国内货物同等对待，需缴纳应征的国内税。进口货物、物品的国内税依法由海关在进口环节征收。目前，进口环节海关代征税主要有增值税、消费税两种。

（一）进口环节增值税

1．增值税的含义及范围

增值税是以商品的生产、流通和劳务服务各个环节所创造的新增价值为课税对象的一种流转税。进口环节增值税是在货物、物品进口时由海关依法向进口货物、物品的法人或自然人征收的一种增值税，基本涉及所有进口货物。进口环节增值税的起征点为人民币 50 元，低于 50 元的免予征收。

我国增值税的征收原则是中性、简便、规范，采取基本税率再加一档低税率的征收模式。适用基本税率（17%）的范围包括：纳税人销售或者进口除适用低税率的货物以外的货物，以及提供加工、修理修配劳务等。适用低税率（13%）的范围是指纳税人销售或者进口下列货物。

（1）粮食、食用植物油。

（2）自来水、暖气、冷气、热水、煤气、石油液化气、天然气、沼气、居民用煤炭制品。

（3）图书、报纸、杂志。

（4）饲料、化肥、农药、农机、农膜。

（5）国务院规定的其他货物。

2．增值税的核算步骤

征收增值税采用从价计征方式。较进口从价税的核算增加两个步骤，即关税税额及消费税税额的计算，增值税组成计税价格包含关税税额及消费税税额。具体步骤有：确定关税完税价格；计算关税税额；计算消费税税额；选择适用税率；按照公式准确计算税款。计算公式如下：

$$增值税组成计税价格=关税完税价格+关税税额+消费税税额$$

$$应纳税额=增值税组成计税价格\times增值税税率$$

（二）进口环节消费税

1．消费税的含义及范围

消费税是以消费品或消费行为的流转额作为课税对象而征收的一种流转税。我国开征消费税的目的是调节我国的消费结构，引导消费方向，确保国家财政收入。我国进口的应税消费品的消费税采用从价、从量和复合计税的方法计征。进口环节消费税的起征点为人民币 50 元，低于 50 元的免予征收。

消费税的征收范围，仅限于少数消费品。应税消费品大体可分为以下几种类型。

（1）一些过度消费会对人的身体健康、社会秩序、生态环境等方面造成危害的特殊消费品。如烟、酒、鞭炮、焰火等。

（2）奢侈品、非生活必需品，如贵重首饰及珠宝玉石、化妆品等。

（3）高能耗消费品，如小轿车、气缸容量 250 毫升以上的摩托车等。

（4）不可再生和替代的资源类消费品，如汽油、柴油等。

2．消费税的核算步骤

进口环节海关代征税主要是进口环节增值税及进口环节消费税两个税种，其中消费税征收采用从价、从量、复合计税三者选一的方式，国家对应征消费税商品均规定了具体征收标准。

实行从价定率方式计算消费税纳税额时，采用价内税的计税方法，即计税价格的组成中包括了消费税税额。其计算公式为：

$$消费税组成计税价格 = \frac{关税完税价格 + 关税税额}{1 - 消费税税率}$$

$$消费税应纳税额 = 消费税组成计税价格 \times 消费税税率$$

三、滞报金

按照规定，进口货物应自装载货物的运输工具申报进境之日起 14 日内向海关申报，未按规定期限向海关申报的，由海关自起征日之日起，至海关接受申报之日止，按日征收相应货物完税价格万分之五的滞报金。滞报金起征点为人民币 50 元，低于 50 元的免予征收。

四、滞纳金

按照规定，关税、进口环节增值税、进口环节消费税的纳税义务人或其代理人，应当自海关填发税款缴款书之日起 15 日内向指定银行缴纳税款。逾期缴纳税款的，由海关自缴款期限届满之日起至缴清税款之日止，按日征收晚于规定期限缴纳税款 5‱的滞纳金。滞纳金起征点为人民币 50 元，低于 50 元的免予征收。

第二节　进出口货物完税价格的确定

案例导入

国内某公司从美国购入一套游乐设施，签有游乐设施进口（设备合同）和游乐设施设计（设计合同）两份合同。设备合同约定游乐设施价值为 FOB300 万美元，并另需支付卖方代理佣金 6 万美元。设计合同全额总计 80 万美元，其中设备设计费用 50 万美元，在国内指导、安装等技术服务费 30 万美元。其他单据显示，从出口国到进口国港口的运费支出 5 万美元，保险费支出 3 000 美元，国内该公司支付代理其进口货物单位的费用为 10 万元人民币，从进口港到进口单位所在地发生运费、保险费用合计 3 万元人民币。根据上述单据，进口单位应如何确定用于税款核算的价格？

我国海关税收征管使用的主要为从价税，即以货物的价格为基础确定纳税义务人需要向海关缴纳的税款。审定完税价格是海关根据一定的法律规范和判定标准，确定进出口货物海关计税价格的过程。准确认定进出口货物完税价格是贯彻关税政策的重要环节，也是海关依法行政的重要体现。

进出口关税、进口环节代征税的完税价格以人民币计征，采用四舍五入法计算至分。

一、我国海关审价的法律依据

我国已加入 WTO，并已全面实施《WTO 估价协定》。目前，我国已基本建立既与《WTO 估价协定》相衔接，又与我国国情相适应的审价体系。海关审价的依据可分为以下三个层次。

（一）法律层次——《海关法》

《海关法》规定："进出口货物的完税价格，由海关以该货物的成交价格为基础审查确定。成交价格不能确定时，完税价格由海关估定。"

（二）行政法规层次——《关税条例》

《关税条例》作为《海关法》的配套法规，对估价定义、估价方法、海关和纳税义务人之间的权利义务做了原则性的规定。

（三）部门规章层次——海关总署颁布施行的《中华人民共和国海关审定进出口货物完税价格办法》（简称《审价办法》）

《审价办法》结合我国加入 WTO 以来在探索实施《WTO 估价协定》过程中的经验及我国审价工作实际，完整、明确地体现了《WTO 估价协定》的基本原则和主要内容，进一步增强了规定的指导性和操作性，是最低层次的执法依据。

需要注意的是，准许进口的进境旅客行李物品、个人邮递物品及其他个人自用物品的完税价格和涉嫌走私的进出口货物、物品计税价格的核定不适用《审价办法》，上述特殊情况的进出口物品及货物完税价格的审定方法由海关总署另行制定。

二、进口货物完税价格的审定

《审价办法》规定：进口货物的完税价格，由海关以该货物的成交价格为基础审查确定，并应包括货物运抵中华人民共和国境内输入地点起卸前的运输及相关费用、保险费。"相关费用"主要是指与运输有关的费用，如装卸费、搬运费等属于广义运费范围内的费用。

海关确定进口货物完税价格共有进口货物成交价格估价方法、相同货物成交价格估价方法、类似货物成交价格估价方法、倒扣价格估价方法、计算价格估价方法、合理方法六种估价方法。上述估价方法应当依次采用，但如果进口货物纳税义务人提出要求并提供相关资料，经海关同意，可以颠倒倒扣价格估价方法和计算价格估价方法的次序。

（一）进口货物成交价格估价方法

进口货物成交价格估价方法是《关税条例》《审价办法》规定的第一种估价方法，进口货物的完税价格应首先以成交价格估价方法审查确定。进口货物的成交价格是指卖方向中华人民共和国境内销售该货物时买方为进口该货物向卖方实付、应付的，并按有关规定调整后的价款总额，包括直接支付的价款和间接支付的价款。

需要注意的是，虽然在多数情况下成交价格可能与合同或发票的价格相同，但是成交价格不完全等同于贸易实际中的发票或合同价格，贸易中的发票或合同价格取决于买卖双方的约定，它的定价是自由的。但成交价格有其特定含义，必须符合"销售"的要求，并由实付、应付价格和直接、间接支付及调整因素构成，还要满足一定的条件。

1．成交价格定义方面

（1）合同体现的销售行为是否符合《审价办法》的规定。成交价格存在的一个重要前提就是买卖双方之间存在销售行为。

按照《审价办法》，“销售”必须同时符合三个要件：①货物实际进入中华人民共和国关境内；②货物的所有权和风险由卖方转移给买方；③买方为此向卖方支付价款。

诸如免费赠送、捐赠的货物，经营租赁进口货物，免费提供样品等交易方式均不同时符合上述三个条件，所以不能使用成交价格估价方法审核确定完税价格。

（2）合同买方、卖方是否符合《审价办法》关于买方、卖方的规定。《审价办法》规定，买方是指通过履行付款义务购入货物，并且为此承担风险、享有收益的自然人、法人或者其他组织。其中，进口货物的买方是指向中华人民共和国境内购入进口货物的自然人、法人或者其他组织。卖方是指销售货物的自然人、法人或者其他组织。其中，进口货物的卖方是指向中华人民共和国境内销售进口货物的自然人、法人或者其他组织。

《审价办法》强调，判断“买方”不应简单地以进口单证上出现的名称为标准，而应以其在交易中承担的功能确定。“买方”可以是进口报关的企业，也可以是国内的最终用户，关键在于销售对应的主体。

（3）合同或发票体现的价格是否规范完整。按照《审价办法》的要求，成交价格不仅包括实付价格，还包括应付价格，即作为卖方销售进口货物的条件，由买方向卖方或者为履行卖方义务向第三方已经支付或者将要支付的全部款项。

例如，进口商向卖方购买一台设备，交易价格为 5 000 元人民币。合同约定买方需要在进口前支付 3 000 元人民币，剩余的 2 000 元人民币需要在安装以后再对外支付。则本案例中实付价格为 3 000 元人民币，应付价格为 2 000 元人民币，被估价货物成交价格应为两者之和 5 000 元人民币。

另外，成交价格应包括直接支付和间接支付，其中直接支付是指买方直接向卖方支付的款项，而间接支付是指买方根据卖方的要求，将货款全部或者部分支付给第三方，或者冲抵买卖双方之间的其他资金往来的付款方式。间接支付包括买方为卖方偿还债务、向权利所有人支付特许权使用费等形式。例如，进口商向卖方购买一台设备，交易价格为 50 000 元人民币。同时，卖方由于过去交易的未结事项，仍欠买方 20 000 元人民币。买卖双方约定此次交易价格抵扣过去的欠款后确定最终的结算价格，即买方只需向卖方实际支付 30 000 元人民币。则本案例中直接支付为 30 000 元人民币，间接支付为 20 000 元人民币，被估价货物的完税价格为两者之和 50 000 元人民币。

（4）关于“调整因素”。调整因素包括计入项目和扣减项目。

1）计入项目由买方负担费用。

①除购货佣金以外的佣金和经纪费。佣金通常可分为购货佣金和销售佣金。

购货佣金又称买方佣金，是买方向其采购代理人支付的佣金，是买方的采购代理人在为买方寻找供应商，并将买方要求通知卖方、收集样品、检查货物，有时在安排运输、保险等事宜的活动中，因提供劳务而取得的报酬。由于买方自行从事的活动与卖方的销售行为无关，所以不计入被估货物的完税价格。

销售佣金又称卖方佣金，是卖方代理人为卖方寻找买主，或者为卖方促成交易而获得的报酬，即卖方向其销售代理人支付的佣金，但该佣金如果由买方直接付给卖方的代理人，则按照规定应计入完税价格。

经纪费是中间人向交易双方收取的费用。由于中间人不是合同的当事人，也不是任何一方的代理人，而是居于当事人之间起媒介作用的中间人，起牵线搭桥的作用。因此，中间人向买方收取的经纪费应全部计入进口货物的完税价格。

②与进口货物作为一个整体的容器的费用。一般情况下，一些货物（如乐器、绘图仪器、香水等）销售时其容器都不单独作价，其价值已经包含在被估价货物的完税价格内。如果合同规定买方需另外支付容器费用的，或买方另行向第三方支付容器费用的，则应将该费用计入进口货物的完税价格。

③包装材料费用和包装劳务费用。按照商业惯例，除裸装、散装货物不需要包装外，一般在销售时卖方均会提供货物的包装，且包装费一般已包含在合同货价内，不另行计算。如果合同规定包装等费用由买方在合同货价之外另行支付，或者买方为了运输或再销售的目的而额外对被估价货物进行包装，那么这些费用应计入货物成交价格中合并征税。

④协助价值。在国际贸易中，买方以免费或以低于成本价的方式向卖方提供了一些货物或者服务，这些货物或服务的价值被称为协助价值。协助价值与进口货物的生产和向中华人民共和国境内销售有关的，由买方以免费或者以低于成本价的方式提供，未包括在进口货物的实付或应付价格中，并且可以按适当比例分摊这些货物或者服务的价值。具体有：进口货物包含的材料、部件、零件和类似货物；在生产进口货物过程中使用的工具、模具和类似货物；在生产进口货物过程中消耗的材料；在境外进行的为生产进口货物所需的工程设计、技术研发、工艺及制图等相关服务。

如果买方在额外向卖方提供货物或服务时，未收取上述对应的费用，且卖方在销售被估货物时也未将该批货物或服务的价值加入发票价格，则海关需根据本款的规定将其调整计入被估货物的完税价格中。

⑤特许权使用费。特许权使用费是指进口货物的买方为取得知识产权权利人及权利人有效授权人关于专利权、商标权、专有技术、著作权、分销权、销售权的许可或者转让而支付的费用。如果买方在购买进口货物的同时，又发生了一项技术贸易或服务贸易，技术贸易或服务贸易是随附于货物贸易同步发生的，则技术贸易或服务贸易涉及的特许权使用费就构成了本项应税的价格调整项目，应合并计入进口货物的完税价格。

⑥返还给卖方的转售收益。如果买方在货物进口之后，把进口货物的转售、处置或使用的收益的一部分返还给卖方，这部分收益的价格应该计入完税价格中。

上述所有项目的费用或价值计入成交价格中，必须同时满足三个条件：由买方负担；未包括在进口货物的实付或应付价格中；有客观量化的数据资料。如果缺乏客观量化的数据资料导致无法确定应计入的准确金额的，则不应使用成交价格估价方法。

2）扣减项目具体如下。

①厂房、机械设备等货物进口后发生的建设、安装、装配、维修或者技术援助费用，但是保修费用除外。

②货物运抵境内输入地点起卸后发生的运输及其相关费用、保险费。

③进口关税、进口环节代征税及其他国内税。

④为在境内复制进口货物而支付的费用。

⑤境内外技术培训及境外考察费用。

此外，同时符合下列条件的利息费用不计入完税价格：一是利息费用是买方为购买进口货物而融资所产生的；二是有书面的融资协议的；三是利息费用单独列明的；四是纳税义务人可以证明有关利率不高于在融资当时、当地此类交易通常具有的利率水平，且没有融资安排的相同或者类似进口货物的价格与进口货物的实付、应付价格非常接近的。

码头装卸费（Terminal Handling Charge，THC）是指货物从船舷到集装箱堆场间发生的费用，属于货物运抵中华人民共和国境内输入地点起卸后的运输相关费用，因此不应计入货物的完税价格。

需要注意的是，只有在使用成交价格估价方法时，海关才需使用本条规定的价格调整项目对买卖双方的交易价格进行调整。在使用其他估价方法时，由于不再使用买卖双方的交易金额，而另行参照其他价格估定方法，因此也不再涉及上述加项及减项价格调整项目。

2．成交价格需满足条件方面

按照《审价办法》，成交价格除需符合上述定义的要求外，还要满足成交价格要求的四项条件。如其中任意一项条件不能满足，则成交价格估价方法同样不能适用。

（1）买方对进口货物的处置和使用不受限制。如果卖方对买方处置或使用货物设置限制，则可以认定其价格构成不完整，买方付出的款项只对应货物的部分价值。如果买方对进口货物的处置权或者使用权受到限制，则进口货物就不适用成交价格估价方法。

有下列情形之一的，视为对买方处置或者使用进口货物进行了限制。

①进口货物只能用于展示或者免费赠送的。

②进口货物只能销售给指定第三方的。

③进口货物加工为成品后只能销售给卖方或者指定第三方的。

④其他经海关审查，认定买方对进口货物的处置或者使用受到限制的。

需要注意的是，有三种限制并不影响成交价格的成立，分别是：法律、行政法规规定实施的限制；对货物销售地域的限制；对货物价格无实质性影响的限制。

（2）进口货物的价格受到某些条件或因素的影响而导致该货物的价格无法确定。有下列情形之一的，视为进口货物的价格受到了使该货物成交价格无法确定的条件或者因素的影响。

①进口货物的价格是以买方向卖方购买一定数量的其他货物为条件而确定的。

②进口货物的价格是以买方向卖方销售其他货物为条件而确定的。

③其他经海关审查，认定货物的价格受到使该货物成交价格无法确定的条件或者因素影响的。

（3）卖方不得直接或间接从买方获得因转售、处置或使用进口货物而产生的任何收益，除非上述收益能够被合理确定。如果买方在购买进口货物后，仍需将部分再销售收益返还给卖方，则上述需返还的利润或收益应计入进口货物的完税价格。例如，国内某单位进口电影放映设备，合同约定，买方在货物进口后 3 年内，每年按照影院销售收入的 10%作为收益返还。因影院每年的销售收入无法准确预计，则不能使用成交价格估价方法。如果合同规定，买方在进口后 3 年内，每年按照 10 万元人民币作为收益返还，则可对进口货物按照成交价格估价方法确定价格。

（4）买卖双方之间没有特殊关系，或虽有特殊关系但不影响成交价格。根据规定，有下列情形之一的，应当认定买卖双方有特殊关系。

①买卖双方为同一家族成员。

②买卖双方互为商业上的高级职员或董事。

③一方直接或间接地受另一方控制。

④买卖双方都直接或间接地受第三方控制。

⑤买卖双方共同直接或间接地控制第三方。

⑥一方直接或间接地拥有、控制或持有对方 5%以上（含 5%）公开发行的、有表决权的股票或股份。

⑦一方是另一方的雇员、高级职员或董事。

⑧买卖双方是同一合伙的成员。

此外，买卖双方在经营上相互有联系，一方是另一方的独家代理、经销或受让人，若与以上规定相符，也应当视为有特殊关系。

买卖双方有特殊关系这个事实本身并不能构成海关拒绝成交价格的理由，买卖双方之间存在特殊关系，可通过价格测试或销售环境测试来确定特殊关系是否对进口货物的成交价格产生影响。

在审价实践中，成交价格估价方法是我国海关最常使用的确定完税价格的方法。但是，也经常存在某些情况导致成交价格估价方法无法实施。

①进口货物的交易价格不符合成交价格定义的。

②进口货物的成交价格不符合成交价格所需条件的。

③成交价格缺乏客观量化数据的。

④海关启动价格质疑程序，否定成交价格的。

存在上述任一情况的，海关将不再使用成交价格估价方法估定进口货物完税价格，而使用相同货物成交价格估价方法，或依次使用类似货物成交价格估价方法、倒扣价格估价方法、计算价格估价方法、合理方法确定。应注意，采用成交价格估价方法以外的其他估价方法确定完税价格，海关应与纳税义务人进行价格磋商。

价格磋商是指海关在使用除成交价格估价方法以外的估价方法时，在保守商业秘密的基础上，与纳税义务人交换彼此掌握的用于确定完税价格的数据资料的行为。只有通过双方的充分交流，才便于得到适当的海关估价依据。纳税义务人未在规定的时限内与海关进行磋商的，视为其放弃价格磋商的权利，海关可以直接按照《审价办法》规定的方法审查确定货物的完税价格。进行价格磋商的目的不是为了达成一个海关与纳税义务人都可以接受的价格，而是交换彼此掌握的价格信息。因此，进出口单位应重视价格磋商环节，积极配合海关履行价格磋商程序，如实填报进出口货物有关情况并提供相关的信息资料。

知识链接 5-1 无须海关价格磋商可依法审查确定完税价格

符合以下情形之一的，经纳税义务人书面申请，无须磋商，海关依法审查确定进出口货物的完税价格。

①同一合同项下分批进出口的货物，海关对其中一批货物已经实施估价的。

②进出口货物的完税价格在人民币 10 万元以下的。

③关税及进口环节代征税总额在人民币 2 万元以下的。

④进出口货物属于危险品、鲜活品、易腐品、易失效品、废品、旧品等的。

（二）相同及类似货物成交价格估价方法

相同及类似货物成交价格估价方法，即以与被估货物同时或大约同时向中华人民共和国境内销售的相同货物及类似货物的成交价格为基础，审查确定进口货物价格的方法。

1．相同货物和类似货物

相同货物是指与进口货物在同一国家或者地区生产的，在物理性质、质量和信誉等所有方面都相同的货物，但是表面的微小差异允许存在。

类似货物是指与进口货物在同一国家或者地区生产的，虽然不是在所有方面都相同，但是却具有相似的特征、相似的组成材料、相同的功能，并且在商业中可以互换的货物。

2．相同或类似货物的时间要素

时间要素是指相同或类似货物必须与进口货物同时或大约同时进口，其中的“同时或大约同时”指在海关接受申报之日的前后各 45 天以内。

3．关于相同及类似货物成交价格估价方法的运用

在运用这两种估价方法时，首先应使用与进口货物处于相同商业水平、大致相同数量的相同或类似货物的成交价格，只有在上述条件不满足时，才可采用以不同商业水平和不同数量销售的相同或类似进口货物的价格，但不能将上述价格直接作为进口货物的价格，需要对由此而产生的价格方面的差异做出调整。

此外，还需要对进口货物与相同或类似货物之间由于运输距离和运输方式不同而在成本和其他费用方面产生的差异进行调整。

上述调整必须建立在客观量化的数据资料的基础上。

另外，在采用相同或类似货物成交价格估价方法确定进口货物价格时，首先应使用同一生产商生产的相同或类似货物的成交价格，只有在没有同一生产商生产的相同或类似货物的成交价格的情况下，才可以使用同一生产国或地区不同生产商生产的相同或类似货物的成交价格。如果有多个相同或类似货物的成交价格，应当以最低的成交价格为基础估定进口货物的价格。

（三）倒扣价格估价方法

倒扣价格估价方法即以进口货物、相同或类似进口货物在境内第一环节的销售价格为基础，扣除境内发生的有关费用来估定货物价格。

1．用以倒扣的上述销售价格应同时符合下列条件

（1）在被估货物进口时或大约同时，以该货物相同或类似进口货物在境内销售的价格为基础。其中“进口时或大约同时”为在进口货物接受申报之日的前后各 45 天以内。如果进口货物、相同或者类似货物没有在海关接受进口货物申报之日前后 45 天内在境内销售，可以将在境内销售的时间延长至接受货物申报之日前后 90 天内。

（2）按照该货物进口时的状态销售的价格。

（3）在境内第一环节销售的价格。

（4）向境内无特殊关系方销售的价格。

（5）按照该价格销售的货物合计销售总量最大。即必须使用被估价的进口货物、相同或类似进口货物合计销售总量最大的价格为基础估定货物完税价格。

2．倒扣价格估价方法的倒扣项目

使用倒扣价格估价方法时，还必须扣除一些费用，这些倒扣项目根据规定有以下四项。

（1）同等级或者同种类货物在境内第一销售环节销售时，通常的利润和一般费用（包括直接费用和间接费用）及通常支付的佣金。

（2）货物运抵境内输入地点之后的运输及其相关费用、保险费。

（3）进口关税、进口环节代征税及其他国内税。

（4）加工增值额，如果以货物经过加工后在境内转售的价格作为倒扣价格的基础，则必须扣除上述加工增值额。

（四）计算价格估价方法

计算价格估价方法既不是以成交价格，也不是以在境内的转售价格作为基础，它是以发生在生产国或地区的生产成本作为基础的价格。

1．计算价格的构成项目

按有关规定采用计算价格估价方法时，进口货物的完税价格由下列各项目的总和构成。

（1）生产该货物所使用的料件成本和加工费用。

（2）向境内销售同等级或者同种类货物通常的利润和一般费用（包括直接费用和间接费用）。

（3）货物运抵中华人民共和国境内输入地点起卸前的运输及其相关费用、保险费。

2．运用计算价格估价方法的注意事项

计算价格估价方法按顺序为第五种估价方法，但如果进口货物纳税义务人提出要求，可以与倒扣价格估价方法颠倒顺序使用。此外，海关在征得境外生产商同意并提前通知有关国家或者地区政府后，可以在境外核实该企业提供的有关资料。

（五）合理方法

合理方法是指当海关不能根据成交价格估价方法、相同货物成交价格估价方法、类似货物成交价格估价方法、倒扣价格估价方法和计算价格估价方法确定完税价格时，根据公平、统一、客观的估价原则，以客观量化的数据资料为基础审查确定进口货物价格的估价方法。

合理方法本身不是一种具体的估价方法，在实际运用时，应按顺序合理、灵活使用成交价格估价方法、相同货物成交价格估价方法、类似货物成交价格估价方法、倒扣价格估价方法和计算价格估价方法。

在运用合理方法估价时，禁止使用以下六种价格。

（1）境内生产的货物在境内的销售价格。

（2）在两种价格中较高的价格。

（3）依据货物在出口地市场的销售价格。

（4）以计算价格估价方法规定之外的价值或者费用计算的相同或者类似货物的价格。

（5）依据出口到第三国或地区货物的销售价格。

（6）依据最低限价或武断、虚构的价格。

三、出口货物完税价格的确定

出口货物的完税价格由海关以该货物的成交价格为基础审查确定，包括货物运至中华人民共和国境内输出地点装载前的运输及其相关费用、保险费。

（一）出口货物成交价格估价方法

出口货物成交价格估价方法是《审价办法》规定的第一种出口估价方法。出口货物的成交价格是指该货物出口销售时，卖方为出口该货物应当向买方直接收取和间接收取的价款总额。

不计入出口货物完税价格的税收、费用包括以下几种。

（1）出口关税。

（2）在货物价款中单独列明的货物运至中华人民共和国境内输出地点装载后的运费及其相关费用、保险费。

（3）在货物价款中单独列明由卖方承担的佣金。

（二）出口货物其他估价方法

出口货物的成交价格不能确定的，海关经了解有关情况，并与纳税义务人进行价格磋商后，依次以下列价格审查确定该货物的完税价格。

（1）同时或者大约同时向同一国家或者地区出口的相同货物的成交价格。

（2）同时或者大约同时向同一国家或者地区出口的类似货物的成交价格。

（3）根据境内生产相同或者类似货物的成本、利润和一般费用（包括直接费用和间接费用）、境内发生的运输及其相关费用、保险费计算所得的价格。

（4）按照合理方法估定的价格。

案例解析：

根据任务所示，并结合进口货物完税价格流程，进口单位首先应核实此次合同交易货物是否符合成交价格的有关规定，具体从是否符合销售概念、买方及卖方的规定、实付及应付规定及价格调整因素四个需满足的条件入手。另外，按照相关规定对运输及相关费用、保险费进行审核。经审核，货物成交未发现不符合成交价格规定的情形，运输及保险费定价也符合相关要求。最终确定用于税款核算的价格如下：

经对照《审价办法》，6 万美元费用属于卖方佣金性质，支付给卖方或卖方指定的其他人，均应计入完税价格。设备设计费用 50 万美元属于特许权使用费性质，与进口货物密切相关且不支付该费用无法取得设备进口资格，构成销售的条件，应计入完税价格。30 万美元费用用于设备在国内的安装、技术指导，与货物进口无关，应予扣除。从出口国到进口港的运费支出 5 万美元，保险费支出 3 000 美元属于输入地点起卸前费用，应予计入。国内公司支付代理其货物进口单位费用 10 万元人民币，属于买方佣金性质，不予计入。从进口港到进口单位所在地发生运费、保险费 3 万元人民币，属于输入地点起卸后发生的费用，不予计入。

综上，该单位使用成交价格估价方法，应以“300 万美元+6 万美元+50 万美元+5 万美元+3 000 美元”为完税价格的基础，并据上述价格结合适用税率核算应缴纳税款。

第三节　税率的确定

适用税率的确定与商品归类、货物原产地的确定关系十分密切，适用税率确定的前提是商品归类、货物原产地已经确定，并在此基础上运用税率适用的相关规定选择确定最为适合的计征汇率。适用税率的确定主要包含以下几个方面的内容。

一、商品归类

商品归类是根据归类原则，把某一具体商品按照其特征和性质等归入相应的商品类别中，以方便进行适当的业务管理。商品归类工作不仅是海关开展税收征管、实施贸易管制、编制进出口统计和查缉走私等工作的重要基础，也是进出口企业办理各项进出口报关相关业务的重要基础。某一进出口货物的商品编码一经确定，则其适用的关税税率、法定计量单位、监管证件等也就确定下来，因此无论是对于海关，还是对于进出口货物收发货人，商品归类均有着重要的意义。

二、原产地的确定

在国际贸易中，“原产地”是指货物生产的国家（地区），就是货物的“国籍”。因为确定了进口货物的“国籍”，就确定了其依照进口国（地区）的贸易政策所适用的关税和非关税待遇。为此，各国（地区）以本国（地区）立法的形式制定其鉴别货物“国籍”的标准，这就是原产地规则。

一般而言，能够确定进口货物属于优惠原产地规则适用范围的，则货物适用较为优惠的协定税率或特惠税率。进口货物如属于非优惠原产地规则适用范围，则货物适用最惠国税率。

从是否适用优惠贸易协定来分，原产地规则分为两大类：一类为优惠原产地规则；另一类为非优惠原产地规则。

（一）优惠原产地规则

优惠原产地规则是指一国为了实施国别优惠政策而制定的法律、法规，是以优惠贸易协定通过双边、多边协定形式，或者是由本国自主制定的一些特殊原产地认定标准，因此也称为协定原产地规则。优惠原产地规则下进口货物享受比最惠国税率更优惠的待遇。

我国加入 WTO 后，为了进一步改善所处的贸易环境，推进市场多元化进程，截至 2015 年，共签订了《亚太贸易协定》（前身为《曼谷协定》）、《中国—东盟自由贸易协定》、《内地与香港关于建立更紧密经贸关系的安排》（简称香港 CEPA）、《内地与澳门关于建立更紧密经贸关系的安排》（简称澳门 CEPA）、对台湾农产品零关税优惠措施、《中国—巴基斯坦自由贸易协定》、《中国—智利自由贸易协定》、《中国—新西兰自由贸易协定》、《中国—新加坡自由贸易协定》、《中国—秘鲁自由贸易协定》、《海峡两岸经济合作框架协议》（简称 ECFA）、《中国—哥斯达黎加自由贸易协定》、《中国—冰岛自贸协定》、《中国—瑞士自贸协定》、《中国—格鲁吉亚自贸协定》等优惠贸易协定。上述优惠贸易协定中均包含有相应的优惠原产地规则。

上述优惠贸易协定中，《亚太贸易协定》适用国家包括韩国、印度、斯里兰卡、孟加拉国和老挝；《中国—东盟自由贸易协定》适用国家包括越南、泰国、新加坡、马来西亚、印度尼西亚、文莱、缅甸、老挝、柬埔寨和菲律宾。

1．优惠原产地的认定标准

主要分为完全获得标准和实质性改变标准。

（1）完全获得标准。适用于完全在一国（地区）获得或者生产的货物，如农产品或矿产品，即从优惠贸易协定成员国或者地区（简称成员国或者地区）直接运输进口的货物是完全在该成员国或者地区获得或者生产的。

（2）实质性改变标准。适用于非完全在一国（地区）获得或者生产的货物。实质性改变标准主要有以下四种。

①税则归类改变是指原产于非成员国或者地区的材料在出口成员国或者地区境内进行制造、加工后，所得货物在《协调制度》中税则归类发生了变化。

②区域价值成分是指出口货物船上交货价格（FOB）扣除该货物生产过程中该成员国或者地区非原产材料价格后，所余价款在出口货物船上交货价格（FOB）中所占的百分比。

③制造加工工序是指赋予加工后所得货物基本特征的主要工序。

④其他标准。

2．直接运输规则

“直接运输”是指优惠贸易协定项下的进口货物从该协定成员国或者地区直接运输至中国境内，途中未经过该协定成员国或者地区以外的其他国家或者地区。

3．原产地证书

在我国，原产地确定是海关关税业务中的重要工作，与海关估价、商品归类并称海关关税领域三大核心技术。进口货物收货人或者其代理人应当向海关提交优惠原产地证书，且证书应当符合相应优惠贸易协定关于证书格式、填制内容、签章、提交期限等规定，并与商业发票、报关单等单证的内容相符。

（二）非优惠原产地规则

非优惠原产地规则是指一国根据实施其海关税则和其他贸易措施的需要，由本国立法自主制定的，因此也称为自主原产地规则。按照世界贸易组织的规定，适用于非优惠性贸易政策措施的原产地规则，其实施必须遵守最惠国待遇原则，即必须普遍地、无差别地适用于所有原产地为最惠国的进口货物。

1．非优惠原产地的认定标准

主要包括完全获得标准和实质性改变标准。

（1）完全获得标准。适用于完全在一个国家（地区）获得的货物的原产地的确定。

（2）实质性改变标准。适用于两个及以上国家（地区）所参与生产货物的原产地的确定。实质性改变标准以税则归类改变为基本标准，税则归类改变不能反映实质性改变的，以从价百分比、制造或者加工工序等标准为补充标准。

①税则归类改变标准是指在某一国家（地区）对非该国（地区）原产材料进行制造、加工后，所得货物在《进出口税则》中的四位数级税目归类发生了改变。

②从价百分比标准是指在某一国家（地区）对非该国（地区）原产材料进行制造、加工后的增值部分超过了所得货物的30%。

③制造或者加工工序标准是指在某一个国家（地区）进行的赋予制造、加工后所得货物基本特征的主要工序。

2．原产地证书

我国海关对非优惠贸易协定下进口货物执行最惠国待遇条款，即按照最惠国税率征税，不需要进口单位提供原产地证书。但遇到执行反倾销、反补贴等特殊情况时，因涉及不同国家及厂商的差别待遇，必须提供原产地证书。

原产地证书并不是确定货物原产地的唯一标准。若海关通过查验货物或审核单证认为所提供的原产地证书可能不真实，海关可以请求出口国（地区）的有关机构对该货物的原产地进行核查。

三、关税税率设置的基本规定

（一）我国关税税率设置的主要种类

1．进口关税税率设置

（1）常规关税税率设置。

①最惠国税率。原产于共同适用最惠国待遇条款的 WTO 成员方的进口货物，原产于与中华人民共和国签订含有相互给予最惠国待遇条款的双边贸易协定的国家或者地区的进口货物，以及原产于中华人民共和国境内的进口货物，适用最惠国税率。

②协定税率。原产于与中华人民共和国签订含有关税优惠条款的贸易协定的国家或者地区的进口货物，适用协定税率。进口货物适用协定税率必须能够提交符合规定的原产地证书、符合“直接运输”规定的条件并在进口时按照报关单填制的规定准确申报。

③特惠税率。原产于与中华人民共和国签订含有特殊关税优惠条款的贸易协定的国家或者地区的进口货物，或者原产于中华人民共和国自主给予特别优惠关税待遇的国家或者地区的进口货物，适用特惠税率。进口货物适用特惠税率必须能够提交符合规定的原产地证书、符合“直接运输”规定的条件并在进口时按照报关单填制的规定准确申报。

④普通税率。上述之外的国家或者地区的进口货物及原产地不明的进口货物，适用普通税率。

⑤关税配额税率。按照国家规定实行关税配额管理的进口货物，关税配额内的，适用关税配额税率。目前，我国对小麦、玉米、大米等农产品执行关税配额税率，进口时需提交符合规定的关税配额证明并按照报关单填制的规定准确申报。

⑥暂定税率。对适用最惠国税率、协定税率、特惠税率的进口货物在一定期限内可以实行暂定税率。暂定税率一般按照年度制定，但也可以根据需要恢复税则税率征税。

其中，对适用最惠国税率的进口货物有暂定税率的，应当适用暂定税率；适用协定税率、特惠税率的进口货物有暂定税率的，应当从低适用税率；适用普通税率的进口货物，不适用暂定税率。

⑦减征税率。在最惠国税率及减征税率比较时，优先选择减征税率。需要注意的是，执行国家有关进出口关税减征政策时，是在最惠国税率基础上计算有关税目的减征税率，而不是在暂定税率基础上进行减免。按照最惠国税率减免后的税率与同一税目的特惠税率、协定税率、暂定税率进行比较，按照从低适用原则执行较低税率。

（2）特殊情形下附加关税税率设置。除上述常规税率设置外，国家还针对某些特殊情况下进口货物的税款征收规定了反倾销税率、反补贴税率、保障措施税率、报复性关税税率等附加税率，该类税率一般具有临时性特点。反倾销税率、反补贴税率、保障措施税率、报复性关税税率，只能作为附加税率另行征收。例如，在对某进口货物按照最惠国税率计征基础上，另行按照反倾销税率加征反倾销税。

2. 出口关税税率设置

国家对征收出口关税的货物设置出口税率，部分征收出口关税的货物还设有暂定税率。征收关税的出口货物有暂定税率的，应当适用暂定税率。

（二）关税税率适用的时间原则

《关税条例》对进出口货物适用税率时间的原则性规定是：进出口货物应当适用海关接受该货物申报进口或者出口之日实施的税率。具体执行环节，大致分以下几种情况。

1. 按照申报进出口之日实施的税率

（1）进口货物到达前，经海关核准先行申报的，应当适用装载该货物的运输工具申报进境之日实施的税率。

（2）经海关批准，实行集中申报的进出口货物，应当适用每次货物进出口时海关接受该货物申报之日实施的税率。

（3）因超过规定期限未申报而由海关依法变卖的进口货物，其税款计征应当适用装载该货物的运输工具申报进境之日实施的税率。

2. 适用于违反规定行为发生之日实施的税率

因纳税义务人违反规定需要追征税款的进出口货物，应当适用违反规定的行为发生之日实施的税率；行为发生之日不能确定的，适用海关发现该行为之日实施的税率。

3. 适用于再次填写报关单申报办理纳税及有关手续之日实施的税率

已申报进境并放行的保税货物、减免税货物、租赁货物，或者已申报进出境并放行的暂准进出境货物，有下列情形之一需缴纳税款的，应当适用海关接受纳税义务人再次填写报关单申报办理纳税及有关手续之日实施的税率。

（1）保税货物经批准不复运出境的。

（2）保税仓储货物转入国内市场销售的。

（3）减免税货物经批准转让或者移作他用的。

（4）可暂不缴纳税款的暂准进出境货物，经批准不复运出境或者进境的。

（5）租赁进口货物，分期缴纳税款的。

进出口货物关税的补征和退还，按照上述规定确定适用的税率。

四、汇率的适用

海关按照货物适用税率之日所适用的计征汇率折合为人民币计算完税价格。进出口关税、进口环节海关代征税的完税价格均以人民币计征，采用四舍五入法计算至分。海关每月使用的计征汇率为上一个月第三个星期三（第三个星期三为法定节假日的，顺延采用第四个星期三）中国人民银行公布的外币对人民币的基准汇率。

第四节　进出口税的核算

进出口税的核算主要涉及正税及附加税。按照《进出口税则》公布的税率计算得出税额，称为正税计算，有从价、从量、复合计税等不同计算方法。正税计算中，从价计征是最主要的方法，也是目前我国绝大多数进出口货物征纳进出口税所使用的方法。针对某种特殊情况临时加征计算得出税额，称为附加税计算，适用包括反倾销税、反补贴税、保障措施关税、报复性关税的计算。正税是进出口税核算的主要方面，附加税的计算仅在某些特殊情况下进行。

正税计算中按组成的计税价格划分，分为价内税和价外税。如果组成的计税价格不包含其本身，称为价外税，如关税和增值税；如果组成的计税价格包含其本身，称为价内税，如消费税。把握价内税和价外税的区别，有利于我们准确计算税款。进出口税核算，确定完税价格（或货物数量）和税率（或单位税额）是基础，正确使用公式进行计算是关键。

进出口货物完税价格、进出口关税、进口环节代征税、滞纳金、船舶吨税一律以人民币计征，采用四舍五入方法计算至分。起征点均为人民币 50 元，不足人民币 50 元的免予征收。

海关每月使用的计征汇率为上一个月第三个星期三（第三个星期三为法定节假日的，顺延采用第四个星期三）中国人民银行公布的外币对人民币的基准汇率；以基准汇率币种以外的外币计价的，采用同一时间中国银行公布的现汇买入价和现汇卖出价的中间值（人民币元后采用四舍五入方法保留 4 位小数）。如果上述汇率发生重大波动，海关总署认为必要时，可另行规定计征汇率，并对外公布。

一、进口关税的核算

（一）从价税

1．计算公式

进口关税计算公式如下：

进口关税税额=进口货物完税价格×进口从价关税税率

其中，各种贸易术语项下关税的计算公式具体如下。

（1）进口货物完税价格使用 CIF 贸易术语成交并经海关审定的，计算公式为：

进口关税税额=CIF×进口从价关税税率

（2）进口货物完税价格使用 FOB 贸易术语成交并经海关审定的，计算公式为：

进口关税税额=（FOB+运输及相关费用+保险费）×进口从价关税税率

（3）进口货物完税价格使用 CFR 贸易术语成交并经海关审定的，计算公式为：

$$\text{进口关税税额}=(\text{CFR}+\text{保险费})\times\text{进口从价关税税率}=\frac{\text{CFR}}{1-\text{保险费率}}\times\text{进口从价关税税率}$$

2．作业程序

（1）根据审定完税价格办法的有关规定，确定应税货物的 CIF 价格。

（2）按照归类原则将应税货物归入适当的税号。

（3）根据原产地规则和税率适用规定，确定应税货物所适用的税率。

（4）根据汇率适用规定，将以外币计价的 CIF 价格折算成人民币（完税价格）。

（5）按照计算公式正确计算应征进口关税税额。

3．计算实例

国内某公司购进德国产船用导航设备 1 批，成交价格为 FOB 汉堡 1 000 000 欧元。已知运费为 5 000 欧元，保险费率为 0.25%，适用的外汇折算价为 1 欧元=7.375 9 元人民币，计算应征进口关税税额。

计算过程具体如下。

（1）运用进口货物完税价格审定的方法，结合合同及发票内容按照成交价格的定义及条件所述要求全面对申报价格进行审查认定，经审查未发现不符合成交价格规定的情形，按照成交价格估价方法确定完税价格，根据折算公式，审定 CIF 价格为“（1 000 000+5 000）÷（1–0.25%）= 1 007 518.80（欧元）”。

（2）按照归类原则相关规定，确定导航设备税则归类，归入税号 85269190。

（3）根据案例所示，货物原产国为德国。经查询相关优惠贸易协定及相应反制措施文件，德国与我国尚未签署优惠贸易协定，且该产品无反倾销、反补贴等特殊措施，也无暂定税率设置，应适用 1%的最惠国税率。

（4）根据汇率适用规定，应按照税率适用日期确定汇率适用日期，最终确定完税价格为“1 007 518.80×7.375 9=7 431 357.92（元）”。

（5）按照公式计算应征进口关税税额：

应征进口关税税额=进口货物完税价格×进口从价关税税率

=7 431 357.92×1%

≈74 313.58（元）

4．要点总结

（1）价格认定必须符合相关规定，对在成交价格定义及条件方面影响申报价格成立的，必须进行适当调整，或按照其他估价方法另行确定完税价格，以保证税费核算有准确的计算基础。

（2）税则归类确定工作非常关键。归类不准确，会导致适用税率错误，无法准确核算税款。同时，错误归类也可能导致监管证件发生变化，以致无法按计划通关。

（3）报关员应在日常工作中密切关注国家外贸政策变化及海关发布的政策调整公告，熟悉相关优惠贸易协定及相关反制措施。

（二）从量税

1．计算公式

从量税计算公式如下：

进口关税税额=进口货物数量×单位税额

2．作业程序

（1）按照归类原则将应税货物归入适当的税号。

（2）根据原产地规则和税率适用规定，确定应税货物所适用的税率。

（3）确定其实际进口量。

（4）如需计征进口环节代征税，根据审定完税价格的有关规定，确定应税货物的 CIF 价格。

（5）根据汇率适用规定，将外币计价的 CIF 价格折算成人民币（完税价格）。

（6）按照计算公式正确计算应征进口关税税额。

3．计算实例

国内某公司从中国香港购进美国产冻整鸡 100 吨，成交价格为每吨 CIF 天津 5 000 港元。已知适用的外汇折算价为 1 港元=0.862 3 元人民币，计算应征进口关税税额。

计算过程具体如下。

（1）按照归类总规则相关规定，确定冻整鸡归入税号 02071200。

（2）冻整鸡适用从量关税，根据税率设置规定，美国产冻整鸡适用最惠国税率 1.3 元/千克。

（3）确定其实际进口量 100 吨=100 000 千克。

（4）按照公式计算应征进口关税税额：

应征进口关税税额=进口货物数量×单位税额

=100 000×1.3

=130 000（元）

4．要点总结

（1）税则归类确定工作非常关键。归类不准确，可能会导致应适用从量税的货物错误适用了从价税，无法准确核算税款。同时，错误归类也可能导致监管证件发生变化，以致无法按计划通关。

（2）从量税完税数量的确定非常关键，部分合同或发票项下货物不是以从量税征收计算单位成交的，需注意按照规定的折算公式准确换算。

（3）征收从量税货物，仅是关税按照从量计征，代征税仍然按照从价计征。所以，其价格仍需进行认定，对在成交价格定义及条件方面影响申报价格成立的，必须进行适当调整，或者按照其他估价方法另行确定完税价格，以保证税费核算有准确的计算基础。

（三）复合税

1．计算公式

复合税计算公式如下：

进口关税税额=进口货物数量×单位税额+进口货物完税价格×进口从价关税税率

2．作业程序

（1）根据审定完税价格的有关规定，确定应税货物的 CIF 价格。

（2）按照归类原则将应税货物归入适当的税号。

（3）根据原产地规则和税率适用规定，确定应税货物所适用的税率及单位税额。

（4）确定其实际进口量。

（5）根据汇率适用规定，将外币折算成人民币（完税价格）。

（6）按照计算公式正确计算应征进口关税税额。

3．计算实例

上海某公司从日本进口广播级电视摄像机 30 台，其中 20 台成交价格为每台 CIF 上海 3 900 美元，其余 10 台成交价格为每台 CIF 上海 5 500 美元。已知适用的外汇折算价 1 美元=6.690 2 元人民币，计算应征进口关税税额。

计算过程具体如下。

（1）运用进口货物完税价格审定的方法，结合合同及发票内容，按照成交价格的定义及条件所述要求全面对申报价格进行审查认定，经审查未发现不符合成交价格规定的情形，按照成交价格估价方法确定完税价格，审定CIF价格合计分别为78 000美元（20×3 900）和55 000美元（10×5 500）。

（2）按照归类原则相关规定，确定该批广播级电视摄像机归入税号85258012。

（3）按照税率设置规定，该货物适用复合税率。原产国为日本，适用最惠国税率，经查询关税税率为：完税价格不高于5 000美元/台的，关税税率为单一从价税率35%；完税价格高于5 000美元/台的，关税税率为3%，每台加征12 960元人民币从量税。

（4）根据汇率适用规定，确定完税价格分别为“78 000×6.690 2=521 835.6（元）”和“55 000×6.690 2=367 961（元）”。

（5）按照计算公式分别计算进口关税税额：

20台单一进口从价关税税额=进口货物完税价格×进口从价关税税率

=521 835.6×35%

=182 642.46（元）

10 台进口复合关税税额=进口货物数量×单位税额+进口货物完税价格×进口从价关税税率

=10×12 960+367 961×3%

=140 638.83（元）

30台合计进口关税税额=进口从价关税税额+进口复合关税税额

=182 642.46+140 638.83

=323 281.29（元）

4．要点总结

（1）税则归类确定工作非常关键。归类错误，可能导致应适用复合税率的货物错误适用了单一从价税率或从量税率，无法准确核算税款。同时，错误归类也可能导致监管证件发生变化，以致无法按计划通关。

（2）复合税中从量税完税数量的确定非常关键，部分合同或发票项下货物不是以从量税征收计算单位成交的，需注意按照规定的折算公式准确换算。

（3）征收复合税货物，从价税部分及代征税仍然按照从价计征。所以，其价格仍需进行认定，对在成交价格定义及条件方面影响申报价格成立的，必须进行适当调整，或按照其他估价方法另行确定完税价格，以保证税费核算有准确的计算基础。

二、出口关税的核算

1．计算公式

出口关税相关计算公式如下：

$$出口关税税额=出口货物完税价格\times出口关税税率$$

$$出口货物完税价格=\frac{\text{FOB（出口境内口岸）}}{1+出口关税税率}$$

即出口货物是以 FOB 价成交的，应以该价格扣除出口关税后作为完税价格。如果以其他价格成交的，应先换算成FOB价后再按上述公式计算。

（1）以 CIF 方式成交，出口货物完税价格换算公式为：

$$出口货物完税价格 = \frac{CIF - 运费 - 保险费}{1 + 出口关税税率}$$

（2）以 CFR 方式成交，出口货物完税价格换算公式为：

$$出口货物完税价格 = \frac{CFR - 运费}{1 + 出口关税税率}$$

2．作业程序

（1）根据审定完税价格的有关规定，确定应税货物 FOB 价格。

（2）按照归类原则确定税则归类，将应税货物归入适当的税号。

（3）根据税率适用规定确定出口税率。

（4）根据汇率适用规定，将外币计价的 FOB 价格折算为人民币。

（5）按照计算公式正确计算应征出口关税税额。

3．计算实例

国内某企业于 2016 年末向印度出口未锻轧非合金镍一批，合同采用 CIF 贸易术语成交。已知成交总价为 367 000 美元，运费为 11 000 美元，保险费用为 500 美元，已知适用的外汇折算价为 1 美元=6.676 0 元人民币，计算出口关税税额。

计算过程具体如下。

（1）运用出口货物完税价格审定的方法，结合合同及发票内容，按照成交价格的定义及条件所述要求全面对申报价格进行审查认定，经审查未发现不符合成交价格规定的情形，按照成交价格估价方法确定完税价格，审定 FOB 美元价格为“（367 000−11 000−500）=355 500（美元）”。

（2）按照归类原则相关规定，确定该货物归入税号 75021090。

（3）该商品出口税率为 40%，出口暂定税率为 15%，根据暂定税率优先于正常税率执行的规定，应适用 15%的出口暂定税率。

（4）根据汇率适用规定，将外币价格折算为“355 500×6.676 0=2 373 318（元）”。

（5）按照公式计算应征出口关税税额：

$$\begin{aligned}出口关税税额 &= \frac{FOB（出口境内口岸）}{1 + 出口关税税率} \times 出口关税税率 \\ &= \frac{2\,373\,318}{1 + 15\%} \times 15\% \\ &=2\,063\,754.78 \times 15\% \\ &\approx 309\,563.22（元）\end{aligned}$$

4．要点总结

（1）价格认定必须符合相关规定，对在成交价格定义及条件方面影响申报价格成立的，必须进行适当调整，或按照其他估价方法另行确定完税价格，以保证税费核算有准确的计算基础。

（2）税则归类确定工作非常关键。归类不准确，可能会导致错误适用税率甚至按照无税货物核算成本。同时，错误归类也可能导致监管证件发生变化，以致无法按预计时限通关。

（3）国家对多数出口商品不征收关税，需关注出口税收政策变化，防止漏算出口关税成本。

（4）出口完税价格需要扣除出口关税，注意不要直接使用 FOB 价格计算税款。

三、进口环节海关代征税的核算

（一）进口环节消费税

1．计算公式

（1）实行从价定率办法计算纳税额，采用价内税的计税方法，即计税价格的组成中包括了消费税税额。其计算公式为：

$$消费税应纳税额=消费税组成计税价格\times消费税税率$$

其中：

$$消费税组成计税价格=\frac{关税完税价格+关税税额}{1-消费税税率}$$

（2）从量征收的消费税的计算公式为：

$$消费税应纳税额=应征消费税进口数量\times消费税定额税率$$

（3）实行从价定率和从量定额复合计税办法计算纳税的组成计税价格，其计算公式为：

$$消费税应纳税额=消费税组成计税价格\times消费税税率+应征消费税进口数量\times消费税定额税率$$

其中：

$$消费税组成计税价格=\frac{关税完税价格+关税税额+应征消费税进口数量\times消费税定额税率}{1-消费税税率}$$

2．作业程序

（1）根据审定完税价格的有关规定，确定应税货物的 CIF 价格。

（2）按照归类原则确定税则归类，将应税货物归入适当的税号。

（3）根据原产地规则和税率适用规定，确定应税货物所适用的关税税率、消费税税率。

（4）根据汇率适用规定，将外币折算成人民币（完税价格）。

（5）按照计算公式正确计算关税税额。

（6）按照计算公式正确计算消费税税额。

3．计算实例

国内某公司进口俄罗斯产伏特加酒 1 000 瓶（单瓶酒容量为 1 000 毫升），成交价格为 CIF 国内某口岸 15 美元/瓶。已知适用的外汇折算价为 1 美元=6.676 0 元人民币，计算应征的进口环节消费税税款。

计算过程具体如下。

（1）运用进口货物完税价格审定的方法，结合合同及发票内容，按照成交价格的定义及条件所述要求全面对申报价格进行审查认定，经审查未发现不符合成交价格规定的情形，按照成交价格估价方法确定完税价格，审定 CIF 价格为“15×1 000=15 000（美元）”。

（2）按照归类原则相关规定，确定该货物归入税号 22086000。

（3）根据案例所示，货物原产国为俄罗斯。经查询相关优惠贸易协定及相应反制措施文件，俄罗斯与我国尚未签署优惠贸易协定，且该产品无反倾销、反补贴等特殊措施，也无暂定税率设置，应适用 10%最惠国税率，并征收复合消费税（20%从价消费税率、0.912 元/升从量消费税）。

（4）根据汇率适用规定，计算完税价格为"15 000×6.676 0=100 140（元）"。

（5）计算关税税额为：

应征关税税额=关税完税价格×关税税率

=100 140×10%

=10 014（元）

（6）计算消费税税额为：

从量消费税额=（1 000×1 000）÷1 000×0.912=912（元）

$$\text{消费税组成计税价格}=\frac{\text{关税完税价格}+\text{关税税额}+\text{应征消费税进口数量}\times\text{消费税定额税率}}{1-\text{消费税税率}}$$

=（100 140+10 014+912）÷（1–20%）

=138 832.5（元）

消费税应纳税额=消费税组成计税价格×消费税税率+应征消费税进口数量×消费税定额税率

=138 832.5×20%+1 000×0.912

=28 678.5（元）

4．要点总结

（1）税则归类确定工作非常关键。归类不准确，可能会导致应征收消费税发生漏征，无法准确核算税款。同时，错误归类也可能导致监管证件发生变化，以致无法按预计时限通关。

（2）从量消费税完税数量的确定非常关键，部分合同或发票项下货物不是以从量消费税征收计算单位成交的，需注意按照规定的折算公式准确计算。

（3）征收从量消费税货物，关税及其他代征税仍然按照从价计征。所以，其价格仍需进行认定，对在成交价格定义及条件方面影响申报价格成立的，必须进行适当调整或按照其他估价方法另行确定完税价格。

（4）消费税的计算公式比较复杂，核算时注意正确应用公式。

（二）进口环节增值税

1．计算公式

（1）进口关税计算公式为：

进口关税税额=进口货物完税价格×进口从价关税税率

（2）消费税相关计算公式为：

消费税应纳税额=消费税组成计税价格×消费税税率

$$\text{消费税组成计税价格}=\frac{\text{关税完税价格}+\text{关税税额}}{1-\text{消费税税率}}$$

（3）增值税相关计算公式为：

增值税应纳税额=增值税组成计税价格×增值税税率

其中：

增值税组成计税价格=关税完税价格+关税税额+消费税税额

2．作业程序

（1）根据审定完税价格的有关规定，确定应税货物的 CIF 价格。

（2）按照归类原则确定税则归类，将应税货物归入适当的税号。

（3）根据原产地规则和税率适用规定，确定应税货物所适用的关税税率、消费税税率及增值税税率。

（4）根据汇率适用规定，将外币折算成人民币（完税价格）。

（5）按照计算公式正确计算关税税额。

（6）按照计算公式正确计算消费税税额。

（7）按照计算公式正确计算增值税税额。

3．计算实例

天津某公司进口巴西产冻长鳍金枪鱼一批，经海关审核其成交价格为 CIF 新港 350 000 美元。其适用的外汇折算价为 1 美元=6.676 0 元人民币，计算应征增值税税额。

计算过程具体如下。

增值税的计算需要首先计算关税税额，然后计算消费税税额，最后计算增值税税额。

（1）运用进口货物完税价格审定的方法，结合合同及发票内容，按照成交价格的定义及条件所述要求全面对申报价格进行审查认定，经审查未发现不符合成交价格规定的情形，按照成交价格估价方法确定完税价格，审定 CIF 价格为 350 000 美元。

（2）按照归类原则相关规定，确定该货物归入税号 03034100。

（3）根据案例所示，货物原产国为巴西。经查询相关优惠贸易协定及相应反制措施文件，巴西与我国尚未签署优惠贸易协定且该产品无反倾销、反补贴等特殊措施，也无暂定税率设置，应适用 12%最惠国税率，消费税税率为 40%，增值税税率为 17%。

（4）根据汇率适用规定，应按照税率适用日期确定汇率适用日期，最终计算完税价格为“350 000×6.676 0=2 336 600（元）”。

（5）计算进口关税税额为：

$$
\begin{aligned}
\text{应征进口关税税额} &= \text{进口货物完税价格} \times \text{进口从价关税税率} \\
&= 2\,336\,600 \times 12\% \\
&= 280\,392\ (\text{元})
\end{aligned}
$$

（6）计算消费税税额为：

$$
\begin{aligned}
\text{应征消费税税额} &= \frac{\text{关税完税价格} + \text{关税税额}}{1 - \text{消费税税率}} \times \text{消费税税率} \\
&\approx \frac{2\,336\,600 + 280\,392}{1 - 40\%} \times 40\% \\
&= 4\,361\,653.33 \times 40\% \\
&\approx 1\,744\,661.33\ (\text{元})
\end{aligned}
$$

（7）计算增值税税额为：

$$
\begin{aligned}
\text{应征增值税税额} &= (\text{关税完税价格}+\text{关税税额}+\text{消费税税额})\times\text{增值税税率} \\
&= (2\,336\,600+280\,392+1\,744\,661.33)\times 17\% \\
&= 4\,361\,653.33\times 17\% \\
&\approx 741\,481.07\text{（元）}
\end{aligned}
$$

4．要点总结

（1）价格认定必须符合相关规定，对在成交价格定义及条件方面影响申报价格成立的必须进行适当调整，或按照其他估价方法另行确定完税价格，以保证税费核算有准确的计算基础。

（2）税则归类确定工作非常关键。归类不准确会导致适用税率错误，无法准确核算税款。同时，错误归类也可能导致监管证件发生变化，以致无法按预计时限通关。

（3）国家仅对少数商品征收消费税，注意不要遗漏核算消费税。

（4）应注意税款核算应按关税、消费税、增值税的顺序进行。

知识链接 5-2　跨境电子商务进出口商品海关管理简介

近年来，我国海淘数量及规模越来越大，催生大量跨境电子商务交易。为营造公平竞争的市场环境，促进跨境电子商务零售进口健康发展，财政部下发《关于跨境电子商务零售进口税收政策的通知》，对跨境电子商务零售进口商品管理予以明确。

一、对跨境电子商务零售进口商品按照货物征收关税和进口环节增值税、消费税。购买跨境电子商务零售进口商品的个人作为纳税义务人，实际交易价格（包括货物零售价格、运费和保险费）作为完税价格，电子商务企业、电子商务交易平台企业或物流企业可作为代收代缴义务人。

二、对跨境电子商务零售进口税收政策适用于从其他国家或地区进口的、《跨境电子商务零售进口商品清单》范围内的以下商品：所有通过与海关联网的电子商务交易平台交易，能够实现交易、支付、物流电子信息“三单”比对的跨境电子商务零售进口商品；未通过与海关联网的电子商务交易平台交易，但快递、邮政企业能够统一提供交易、支付、物流电子信息，并承诺承担相应法律责任进境的跨境电子商务零售进口商品。

三、对不属于跨境电子商务零售进口的个人物品，以及无法提供交易、支付、物流电子信息的跨境电子商务零售进口商品，按现行行邮税规定执行。

四、对纳入跨境电子商务管理的商品金额进行了限定。

跨境电子商务零售进口商品的单次交易限值为人民币 2 000 元，个人年度交易限值为人民币 20 000 元。在限值以内进口的跨境电子商务零售进口商品，关税税率暂设为 0%；进口环节增值税、消费税取消免征税额，暂按法定应纳税额的 70%征收。

超过单次限值、累加后超过个人年度限值的单次交易，以及完税价格超过 2 000 元限值的单个不可分割商品，均按照一般贸易方式全额征税。

可以预计，随着跨境电子商务的进一步发展及国家管制政策的调整及变化，报关员将越来越多地接触小额跨境商品进出口报关，应对其税款核算引起足够重视。

第五节　滞报金和滞纳金的核算

一、滞报金

（一）滞报金征收基本规定

进口货物应自装载货物的运输工具申报进境之日起 14 日内向海关申报，未按规定期限向海关申报的，由海关征收滞报金。

滞报金的日征收金额为进口货物完税价格的万分之五，以人民币“元”为计征单位。因完税价格调整等原因需补征滞报金的，滞报金金额应当按照调整后的完税价格重新计算，补征金额不足人民币 50 元的，免予征收。因不可抗力等特殊情况产生的滞报可以向海关申请减免滞报金。

（二）滞报金的核算

1．滞报金天数的核算

（1）在实际操作中，滞报金的征收以自运输工具申报进境之日起第 15 日为起征日，以海关接受申报之日为截止日。

（2）规定的申报期限内含有星期六、星期天或法定节假日[①]不予扣除。

（3）规定的起征日如遇有休息日或者法定节假日，则顺延至其后第一个工作日。

（4）国务院临时调整休息日与工作日的，海关应当按照调整后的情况确定滞报金的起征日。

（5）进口货物滞报金按日计征，起征日和截止日均计入滞报期间。

2．滞报金实例核算

（1）计算公式。滞报金计算公式如下：

$$\text{滞报金额}=\text{进口货物完税价格}\times 5‱\times\text{滞报天数}$$

（2）作业程序。

①根据审定货物完税价格有关规定，确定 CIF 价格。

②根据滞报金管理规定，确定滞报天数。

③根据汇率适用规定，将外币折算成人民币（完税价格）。

④按照公式正确计算滞报金额。

（3）计算实例。

大连某公司从西班牙购进瓶装橄榄油一批，货物于 2016 年 8 月 5 日（星期五）进境，该公司于 2016 年 8 月 25 日向海关传输数据，同日海关接受申报。已知该批货物的成交价格为 CIF 大窑湾口岸 100 000 欧元，其适用的外汇折算价为 1 欧元=7.360 8 元人民币。计算应征滞报金。

计算过程具体如下。

①运用货物完税价格审定的方法，结合合同及发票内容，按照成交价格的定义及条件

---

① 此处所称“法定节假日”，是指国务院《全国年节及纪念日放假办法》第二条规定的，具体包括：新年（1 月 1 日），春节（农历正月初一、初二、初三），清明节（农历清明当日），劳动节（5 月 1 日），端午节（农历端午当日），中秋节（农历中秋当日），国庆节（10 月 1 日、2 日、3 日），不含调休日。

所述要求全面对申报价格进行审查认定，经审查未发现不符合成交价格规定的情形，按照成交价格估价方法确定完税价格，审定 CIF 价格为 100 000 欧元。

②根据滞报金管理规定确定滞报天数。货物进境日期是 2016 年 8 月 5 日（星期五），法定申报时间为 14 天，即 8 月 19 日前申报均不构成滞报。自 8 月 20 日开始算滞报，但是 8 月 20 日（星期六）是休息日，则顺延至其后的第一个工作日，即 8 月 22 日（星期一）才是滞报金的计征起始日，而 8 月 25 日海关接受申报，这样起、止日均计算为滞报期间，从 22 日到 25 日共计滞报 4 天。

③根据汇率适用规定，计算完税价格为“100 000×7.360 8=736 080（元）”。

④计算应征滞报金：

应征滞报金额=进口货物完税价格×5‱×滞报天数

=736 080×5‱×4

=1 472.16（元）

二、滞纳金

（一）滞纳金征收基本规定

《关税条例》规定：“纳税义务人应当自海关填发税款缴款书之日起 15 日内向指定银行缴纳税款。纳税义务人未按期缴纳税款的，从滞纳税款之日起，按日加收滞纳税款万分之五的滞纳金。”

纳税义务人因不可抗力或者国家税收政策调整不能按期缴纳税款的，应当在货物进出口前向办理进出口申报纳税手续所在地直属海关或者其授权的隶属海关提出延期缴纳税款的书面申请并随附相关材料，同时还应当提供纳税计划，由直属海关或者其授权的隶属海关在规定期限内审核批准。货物实际进出口时，纳税义务人要求海关先放行货物的，应当向海关提供税款担保。

延期缴纳税款的期限，自货物放行之日起最长不超过 6 个月。纳税义务人经批准延期缴纳税款的，不征收滞纳金；逾期缴纳税款的，自延期缴纳税款期限届满之日起至缴清税款之日止按日加收滞纳税款万分之五的滞纳金。

（二）滞纳金的核算

1. 滞纳金天数的核算

（1）在实际操作中，海关自滞纳金缴款期限届满之日次日起，至纳税义务人缴纳税款之日止计算滞纳期间。

（2）税款缴纳期限内含有星期六、星期天或法定节假日不予扣除。

（3）缴纳期限届满日遇星期六、星期日等休息日或者法定节假日的，应当顺延至休息日或法定节假日之后的第一个工作日。

（4）国务院临时调整休息日与工作日的，则按照调整后的情况计算缴款期限。例如，缴款期限的最后一天是 9 月 29 日，该日恰好是星期日，国务院决定将 9 月 29 日、30 日与 10 月 4 日、5 日互相调换，即 9 月 29 日、30 日成为工作日，如果纳税义务人在 9 月 30 日仍未缴纳税款，则从 10 月 1 日开始即构成滞纳。

滞纳金按每票货物的关税、进口环节增值税和消费税单独计算，起征点为人民币 50 元，不足人民币 50 元的免予征收。海关对未履行税款给付义务的纳税义务人征收税款滞纳金。

2．滞纳金实例核算

（1）计算公式。

关税滞纳金=滞纳关税税额×5‱×滞纳天数

进口环节消费税滞纳金=滞纳消费税税额×5‱×滞纳天数

进口环节增值税滞纳金=滞纳增值税税额×5‱×滞纳天数

（2）作业程序。

①确定滞纳关税及代征税税额。

②根据滞纳金管理规定确定滞纳天数。

③按照公式正确计算关税、进口环节消费税、进口环节增值税的滞纳金。

（3）计算实例。

杭州公司从日本购进轿车一批，已知该批货物应征关税为132 058.32元，应征进口环节消费税为503 778.04元，进口环节增值税为856 422.66元。海关于2014年3月7日（星期五）填发海关专用缴款书，该公司于2014年3月28日缴纳税款，计算应征滞纳金。

计算过程具体如下。

①确定滞纳关税税额和代征税税额。关税为 132 058.32 元，进口环节消费税为503 778.04元，进口环节增值税为856 422.66元。

②确定滞纳期间。2014 年 3 月 7 日填发海关专用缴款书，税款缴款期限截止日为 3月22日，因该日为星期六，按照相关规定，顺延至其后第一个工作日，即3月24日为最后缴款期限，自3月25日起计算滞纳，该公司3月28日缴纳税款，共滞纳4天。

③按照公式分别计算应缴纳的关税、进口环节消费税和进口环节增值税的滞纳金。

关税滞纳金=滞纳关税税额×5‱×滞纳天数

=132 058.32×5‱×4

≈264.12（元）

进口环节消费税滞纳金=滞纳消费税税额×5‱×滞纳天数

=503 778.04×5‱×4

≈1 007.56（元）

进口环节增值税滞纳金=滞纳增值税税额×5‱×滞纳天数

=856 422.66×5‱×4

≈1 712.85（元）

注：各税种滞纳金应分别进行计算，不得合并计算。

本章重要概念

关税　从价税　从量税　复合税　滑准税　增值税　消费税　滞报金　滞纳金　完税价格　成交价格　协助价值　特许权使用费　价格磋商　相同货物　类似货物　倒扣价格估价方法　计算价格估价方法　合理方法　优惠原产地规则　完全获得标准　税则归类改变　区域价值成分　直接运输　非优惠原产地规则　最惠国税率　协定税率　特惠税率　普通税率　暂定税率

课后复习题

一、单项选择题

1．下列不是进出口税费核算依据的是（　　）。

A.《海关法》　　B.《关税条例》

C．地方性法规　　D．海关总署发布并实施的规范性文件

2．我国海关核算进出口货物完税价格的第一个层次的法律依据是（　　）。

A.《海关法》　　B.《关税条例》

C.《审价办法》　　D．海关公告

3．我国关税的客体即征税对象是（　　）。

A．进出口货物的货主

B．办理通关手续的海关

C．准许进出境的货物和物品

D．各类进出境人员、运输工具、货物和物品

4．在我国不属于海关征收的税种是（　　）。

A．营业税　　B．关税

C．进口环节增值税、消费税　　D．船舶吨税

5．某企业从德国进口放映设备一台，发票分别列明：交易价格为 CIF 100 000 美元，境外技术培训费为 2 500 美元，设备安装费为 2 500 美元，销售佣金为 1 500 美元，合同另规定，该设备投入使用后买方应从票房收益中支付卖方 10 000 美元，该批货物应向海关申报的成交价格是（　　）。

A．104 000 美元　　B．111 500 美元

C．112 500 美元　　D．116 500 美元

6．当进口货物的完税价格不能按照成交价格确定时，海关应当依次使用相应的方法估定完税价格，依次使用的正确顺序是（　　）。

A．相同货物成交价格估价方法、类似货物成交价格估价方法、倒扣价格估价方法、计算价格估价方法、合理方法

B．类似货物成交价格估价方法、相同货物成交价格估价方法、倒扣价格估价方法、计算价格估价方法、合理方法

C．相同货物成交价格估价方法、类似货物成交价格估价方法、合理方法、倒扣价格估价方法、计算价格估价方法

D．倒扣价格估价方法、计算价格估价方法、相同货物成交价格估价方法、类似货物成交价格估价方法、合理方法

7．下列不应计入进口货物的完税价格中的是（　　）。

A．买方负担的除购货佣金以外的佣金和经纪费用

B．作为销售条件，由买方直接或间接支付的特许权使用费

C．为在境内复制进口货物而支付的费用

D．包装费

8．苏州某企业从日本进口织布机一台，发票列明交易单价为 CIF 上海 80 000 美元/台，商标使用费为 10 000 美元，经纪费为 5 000 美元，包装劳务费为 1 000 美元，该批货物经海关审定的成交价格应为（　　）。

A．85 000 美元　　B．90 000 美元

C．95 000 美元　　D．96 000 美元

9．下列应计入出口货物完税价格的项目是（　　）。

A．出口关税

B．在货物价款中单独列明由卖方承担的佣金

C．境内生产货物的成本、利润

D．货物运至境内输出地点装载后的运输及相关费用

10．某公司从英国进口一套机械设备，发票分别列明：发票价格为 CIF 上海 200 000 美元，设备进口后的安装及调试费为 8 000 美元，设备进口后从上海运至武汉的运费为 1 000 美元，进口关税为 1 000 美元，上述安装及调试费、上海运至武汉的运费、进口关税未包括在价款中且分列，则经海关审定的该设备的成交价格为（　　）。

A．200 000 美元　　B．208 000 美元

C．191 000 美元　　D．190 000 美元

11．出口货物的完税价格由海关以该货物的成交价格为基础审查确定，如果成交价格包含出口关税，则出口货物的完税价格为（　　）。

A．FOB　　B．CIF

C．FOB−出口关税　　D．CIF−出口关税

12．某企业从法国进口一台模具加工机床，发票分别列明：设备价款为 CIF 上海 600 000 美元，机器进口后的安装及调试费为 20 000 美元，卖方佣金为 2 000 美元，与设备配套使用的操作系统使用费为 80 000 美元。该批货物经海关审定的成交价格应为（　　）。

A．702 000 美元　　B．682 000 美元

C．680 000 美元　　D．662 000 美元

13．某公司于 2013 年 3 月 1 日向海关申报进口德国产机床 100 台，价值 CIF300 万欧元，经磋商决定按照相同货物成交价格估价方法确定完税价格。根据下表信息，最适合的“相同货物”应为（　　）。

备选货物	数量（台）	贸易术语及总价	接受申报时间	产　地
（1）	100	FOB355 万欧元	2013 年 2 月 25 日	法国
（2）	98	CIF360 万欧元	2013 年 2 月 15 日	美国
（3）	100	CIF350 万欧元	2013 年 1 月 5 日	德国
（4）	102	CIF370 万欧元	2013 年 1 月 28 日	德国

A．（1）　　B．（2）　　C．（3）　　D．（4）

14．关于暂定税率适用的原则，下列表述错误的是（　　）。

A．适用最惠国税率的进口货物同时有暂定税率的，应当适用暂定税率

B．适用协定税率、特惠税率的进口货物有暂定税率的，应当从低适用税率

C．适用普通税率的进口货物，不适用暂定税率

D．适用出口税率的出口货物有暂定税率的，不适用暂定税率

15．根据《关税条例》的规定，货物进出口时，海关按照（　　）的税率计征关税。
A．办理海关手续之日
B．装载货物的运输工具进境之日
C．海关接受货物申报进口或者出口之日
D．向海关指定银行缴纳税款之日
16．境内某公司从中国香港购进孟加拉国产的某商品一批，假设该商品的最惠国税率为10%，普通税率为30%，亚太协定税率为9.5%，香港CEPA项下税率为0%，该商品进口时适用的税率是（　　）。
A．10%　　B．30%　　C．9.5%　　D．0%
17．延期缴纳税款的期限，自货物放行之日起最长不超过（　　）。
A．3个月　　B．6个月　　C．9个月　　D．7个月
18．境内某公司从日本进口电焊机一批，已知该批货物应征关税税额为15 000元人民币，进口环节增值税额为30 000元人民币，海关于2015年4月16日（星期一）填发海关专用缴款书，该公司于2015年5月10日缴纳税款，应缴的税款滞纳金是（　　）（注：5月1日至5月7日为法定节假日）。
A．0元　　B．45元　　C．67.50元　　D．225元
19．海关于2018年4月17日（星期一）填发海关专用缴款书，5月1日至5月7日放假。为避免产生滞纳金，纳税义务人最迟应缴纳税款的日期是（　　）。
A．4月30日　　B．5月2日　　C．5月8日　　D．5月9日
20．下列关于税款滞纳金的表述，错误的是（　　）。
A．海关依法变卖应税货物抵缴税款，对纳税义务人未缴纳的滞纳金应同时强制执行
B．滞纳金按每票货物的关税、进口环节增值税和消费税单独计算
C．税款缴纳期限内含有休息日及法定节假日的不予扣除
D．经批准的延期纳税，延期期间照章征收滞纳金

二、多项选择题

1．我国进口关税按计征标准可分为（　　）。
A．从价税　　B．从量税
C．复合税　　D．滑准税
2．（　　）起征点为人民币50元。
A．关税　　B．滞纳金
C．船舶吨税　　D．加工贸易缓税利息
3．属于我国进口附加税的有（　　）。
A．反倾销税　　B．反补贴税
C．保障措施关税　　D．报复性关税
4．我国关税的纳税义务人是（　　）。
A．出口货物的发货人　　B．运输工具负责人
C．进口货物的收货人　　D．进出境物品的所有人
5．目前，我国海关审价的法律依据的几个层次是（　　）。
A．法律层次：《海关法》　　B．行政法规层次：《关税条例》

C．部门规章：《审价办法》　　D．税负部门的审价规章

6．海关确定进口货物完税价格共有六个估价方法，这些估价方法应当依次采用，但如果进口货物纳税义务人提出要求并提供相关资料，经海关同意，可以颠倒（　　）的次序。

A．相同及类似货物成交价格估价方法

B．倒扣价格估价方法

C．计算价格估价方法

D．合理方法

7．下列项目（　　）若由买方支付，必须计入完税价格。

A．买方佣金　　B．协助的价值

C．特许权价值　　D．返回给卖方的转售收益

8．特许权使用费是指进口货物的买方为取得知识产权权利人关于（　　）的许可或者转让而支付的费用。

A．专利权　　B．商标权

C．著作权　　D．分销权或者销售权

9．进口货物产生的费用或价值计入成交价格中，必须同时满足的条件是（　　）。

A．由买方负担

B．未包括在进口货物的实付或应付价格中

C．有客观量化的数据资料

D．有关费用是分列的

10．倒扣价格法的核心要素包括（　　）。

A．按进口时的状态销售

B．在被估货物进口时或大约同时以该货物相同或类似进口货物在境内销售的价格为基础

C．按照该价格销售的货物合计销售总量最大

D．向境内无特殊关系方销售的价格

11．不计入出口货物完税价格的税收、费用包括（　　）。

A．出口关税

B．单独列明的货物运至中华人民共和国境内输出地点装载后的运费及其相关费用、保险费

C．单独列明的货物运至中华人民共和国境内输出地点装载前的运费及其相关费用、保险费

D．在货物价格中单独列明由卖方承担的佣金

12．出口货物其他估价方法有（　　）。

A．相同货物的成交价格

B．类似货物的成交价格

C．按照倒扣价格方法估定的价格

D．按照合理方法估定的价格

13．属于优惠原产地认定要求的有（　　）。

A．实质性改变标准　　B．完全获得标准

C．从价百分比标准　　　　　　　　　　D．直接运输标准

14．体现非优惠原产地中实质性改变标准的有（　　）。

A．从价百分比标准　　　　　　　　　　B．区域价值成分标准

C．制造或者加工工序标准　　　　　　　D．税则归类改变标准

15．下列适用最惠国税率的有（　　）。

A．原产于共同适用最惠国待遇条款的 WTO 组织成员的进口货物

B．原产于与中华人民共和国签订含有关税优惠条款的贸易协定的国家或者地区的进口货物

C．原产于与中华人民共和国签订含有相互给予最惠国待遇条款的双边贸易协定的国家或者地区的进口货物

D．原产于中华人民共和国境内的进口货物

16．下列说法正确的有（　　）。

A．对适用最惠国税率、协定税率、特惠税率的进口货物在一定期限内可以实行暂定税率

B．对适用最惠国税率的进口货物有暂定税率的，应当适用暂定税率

C．适用协定税率、特惠税率的进口货物有暂定税率的，应当从低适用税率

D．适用普通税率的进口货物，不适用暂定税率

17．关于税率适用表述正确的有（　　）。

A．《关税条例》对适用税率时间的原则性规定是：进出口货物应当适用海关接受该货物申报进口或者出口之日实施的税率

B．进口货物到达前，经海关核准先行申报的，应当适用装载该货物的运输工具申报进境之日实施的税率

C．因超过规定期限未申报而由海关依法变卖的进口货物，其税款计征应当适用海关接受该货物申报进口或者出口之日实施的税率

D．保税货物经批准不复运出境的货物，应当适用海关接受纳税义务人再次填写报关单申报办理纳税及有关手续之日实施的税率

18．下列（　　）情形需缴纳税款的，应当适用海关接受纳税义务人再次填写报关单申请办理纳税及有关手续之日实施的税率。

A．保税货物经批准不复运出境的

B．保税仓储货物转入国内市场销售的

C．减免税货物经批准转让或者移作他用的

D．租赁进口货物，分期缴纳税款的

三、判断题

1．进口附加税一般具有临时性，包括反倾销税、反补贴税、保障性关税、报复性关税。（　　）

2．征收出口关税的主要目的是限制、调控某些商品的过度、无序出口，特别是防止本国一些重要自然资源和原材料的无序出口。（　　）

3．如果买方在货物进口之后，把进口货物的转售、处置或使用的收益一部分返还给卖方，这部分收益的价格可以不计入进口货物的完税价格。（　　）

4．销售佣金是指买方向其采购代理人支付的佣金，按照规定其不应该计入进口货物的完税价格。（　　）

5．相同货物是指与进口货物在同一国家或同一地区生产的，在物理性质、质量和信誉等所有方面都相同的货物，但是表面的微小差异允许存在。（　　）

6．如果有多个相同或类似货物的成交价格，应当以最高的成交价格为基础估定货物的完税价格。（　　）

7．价格磋商指海关在使用成交价格估价方法时，在保守商业秘密的基础上，与纳税义务人交换彼此掌握的用于确定完税价格的数据资料的行为。（　　）

8．对于出口货物，在计算出口关税时，出口暂定税率优先于出口税率执行。（　　）

9．买卖双方在经营上相互有联系，一方是另一方的独家代理、经销或受让人，应当视为有特殊关系。（　　）

10．原产地证书是确定货物原产地的唯一标准。（　　）

11．消费税组成计税价格的计算公式为:（进口关税完税价格+进口关税税额）÷（1+消费税税率）。（　　）

12．滑准税是当商品价格上涨时采用较高税率，当商品价格下跌时则采用较低税率的一种关税，其目的是使该商品的国内市场价格保持稳定。（　　）

13．若经海关调查认定买卖双方有特殊经济关系并影响成交价格，则海关有权不按成交价格估价方法审查确定完税价格。（　　）

14．两个及两个以上国家参与生产或制造的货物，以最后完成实质性改变的国家为原产地。（　　）

15．优惠原产地规则的实施必须遵守最惠国待遇原则，即必须普遍地、无差别地适用于所有原产地为最惠国的进口货物。（　　）

四、案例分析题（不定项选择题）

（一）大连某公司与外商签订 100 吨废电气设备进口合同，商定价格条款为 FOB NAGOYA600USD/MT。该公司支付海运费 1 700 美元，未购买保险。货物于 2016 年 9 月 2 日（星期五）自大连进境，该公司于 2016 年 9 月 19 日向海关申报。海关审核后认为报价偏低，经磋商该公司按照 CIF 大连 1 000 USD/MT 缴纳税款。根据案例所述，回答下列问题。

1．该批货物滞报（　　）。

A．未滞报　　B．1 天

C．2 天　　D．3 天

2．本案例中，最终确定的该批货物完税价格所含保险费用为（　　）。

A．按货价的 3‰计算

B．按货价加运费的 3‰计算

C．按货价加运费的 5‰计算

D．因采用 CIF 价格缴纳税费，故无须另行计算

3．海关对该批进口货物可能使用的估价方法有（　　）。

A．成交价格估价方法　　B．相同货物成交价格估价方法

C．类似货物成交价格估价方法　　D．合理方法

4. 该批废电气设备进口时需提交（　　）。

A. 进口许可证　　B. 自动进口许可证

C. 入境货物通关单　　D. 两用物项进口许可证

5. 关于价格磋商表述正确的是（　　）。

A. 价格磋商是海关在使用成交价格估价方法时，与纳税义务人交换彼此掌握的数据资料，用于确定完税价格的行为

B. 纳税义务人未在规定的时限内与海关进行磋商的，视为其放弃价格磋商的权利

C. 进行价格磋商是为了达成一个海关与纳税义务人都可以接受的价格

D. 价格磋商是为了交换彼此掌握的价格信息

（二）国内某公司进口产自韩国的大型设备 3 套。合同约定设备价款为 FOB 仁川 300 万美元。除该价款外，合同还约定国内公司另行支付设备保修费用 2 万美元，境外人员在国内安装设备费用 1 万美元。该公司为将货物运至青岛支付运费及保险费合计 5 000 美元。同时，合同明确要求外商必须提供韩国官方出具原产地证明文件。注：该设备进口最惠国税率为 10%、暂定税率为 4%、协定税率为 5%、普通税率为 35%。根据案例所述，解答下列各题。

1. 应计入该大型设备进口货物完税价格的费用有（　　）。

A. 设备价款 300 万美元　　B. 保修费用 2 万美元

C. 安装设备费用 1 万美元　　D. 运费及保险费 5 000 美元

2. 按照亚太贸易协定要求，原产地证书所列税则号列（　　）应与海关实际认定税则号列相同。

A. 前 2 位　　B. 前 4 位

C. 前 6 位　　D. 前 8 位

3. 该单位应按（　　）税率计算应缴税款。

A. 4%　　B. 5%

C. 10%　　D. 35%

4. 该批大型设备进口报关时要求（　　）。

A. 满足优惠贸易协定项下直接运输的规定，从韩国直接运输到中国

B. 进口货物收货人应向海关提交原产地是韩国的原产地证书

C. 报关单所列货物数量不得超过原产地证书上该商品的数量

D. 原产地证书应当符合优惠贸易协定关于证书格式、填制内容、签章、提交期限等规定，并与商业发票、报关单等单证的内容相符

5. 下列（　　）不适用于协定或者特惠税率情形。

A. 进口货物收货人或其代理人未提供商业发票、运输单证等其他商业单证，也未提交其他证明文件的

B. 经查验或原产地核查，确认货物原产地与申报内容相符的

C. 未按补充申报相关规定，在货物申报进口之日起 2 年内补交有效的原产地证书的

D. 进口货物收货人或其代理人在货物申报进口时没有提交有效原产地证书，也未就进口货物是否具备原产地资格向海关补充申报的

五、简答题

1．简述发生哪些情形相关责任人应承担缴纳税款责任。

2．按照《审价办法》，成交价格需满足哪些条件？

3．哪些情况会导致成交价格估价方法无法实施？

4．简述相同及类似货物成交价格估价方法的运用。

5．简述关税税率适用的时间原则，包括原则性适用和特殊适用的情形。

第六章

进出口货物报关单填制

学习目标

通过本章的学习，熟悉进出口货物报关单的含义、类别、各联的用途、法律效力及填制的一般要求，掌握关检融合后进出口货物报关单的填制规范、各栏目的基本要求及重要的注意事项，熟记各栏目需要填制的代码，能够独立完成进出口货物报关单的填制工作，在应对报关单填制的相关案例时，能正确运用所学报关单填制规范，完成报关单填制或案例的分析判断与实际处理。

案例导入

青岛光明电子有限公司（3702942833）从韩国购进一批塑料卷轴（HS 编码：3923400000，法定单位：千克），并在货物进口前办理了加工贸易手册（手册号：E42204003351），该货物列手册第一项。装载货物的运输工具于 2018 年 7 月 21 日向青岛大港（4227）海关申报进境，该公司委托青岛某报关行办理相关报关手续。

根据上述资料，请思考：

（1）作为一名报关员应如何填写报关单草单？

（2）填制过程中有哪些栏目是容易出错的？

（3）填制完草单，登录中国电子口岸客户端应该如何进行电子录入？

第一节　进出口货物报关单概述

一、进出口货物报关单的含义

进出口货物报关单是指进出口货物的收发货人或其代理人，按照海关规定的格式对进出口货物的实际情况做出书面申明，以此要求海关对其货物按适用的海关制度办理通关手续的法律文书。

二、进出口货物报关单的类别

（一）按进出口流向分类

（1）进口货物报关单。

（2）出口货物报关单。

（二）按表现形式分类

（1）纸质报关单。

（2）电子数据报关单。

（三）按海关监管方式分类

（1）进料加工进（出）口货物报关单。

（2）来料加工及补偿贸易进（出）口货物报关单。

（3）一般贸易及其他贸易进（出）口货物报关单。

三、进出口货物报关单各联的用途

纸质进口货物报关单一式五联，分别是海关作业联、海关留存联、企业留存联、海关核销联、进口付汇证明联；纸质出口货物报关单一式六联，分别是海关作业联、海关留存联、企业留存联、海关核销联、出口收汇证明联、出口退税证明联。

（一）进出口货物报关单海关作业联和留存联

进出口货物报关单海关作业联和留存联是报关员配合海关查验货物、缴纳税费、提货和装货的重要单据，也是海关查验货物、征收税费、编制海关统计，以及处理其他海关事务的重要凭证。

（二）进出口货物报关单企业留存联

报关企业留存进出口货物报关单，作为合法出境货物的依据，是在海关放行货物和结关以后，向海关申领进出口货物付汇、收汇证明联和出口退税证明联的文件。

（三）进出口货物报关单海关核销联

进出口货物报关单海关核销联是指接受申报的海关对已实际申报进口或出口的货物所签发的证明文件，是海关办理加工贸易合同核销、结案手续的重要凭证。加工贸易货物进出口后，申报人应向海关领取进出口货物报关单海关核销联，并凭此核销联向主管海关办理加工贸易合同核销手续。

（四）进出口货物报关单付、收汇证明联

进出口货物报关单进出口付、收汇证明联是海关对于实际申报进出口货物所签发的证明文件，是银行和国家外汇管理部门办理售汇、付汇、收汇及核销手续的重要凭证之一。对需要出口收汇核销的货物，发货人向海关申领收汇证明联。对需要进口付汇核销的货物，收货人申领付汇证明联。

（五）出口货物报关单出口退税证明联

出口货物报关单出口退税证明联是海关对已申报出口并装运出境的货物所签发的证明联，是国税部门办理出口货物退税手续的凭证之一。对可退税货物，出口货物发货人或其代理人在货物出运后，向海关申领出口退税证明联，海关核准后签发。不属于退税范围的，海关不予签发。

四、进出口货物报关单的法律效力

进出口货物报关单及其他进出境报关单证在对外经济贸易活动中具有十分重要的法律效力，它既是海关对进出口货物进行监管、征税、统计，以及开展稽查、调查的重要依

据，又是加工贸易核销、出口退税和外汇管理的重要凭证，也是海关处理进出口货物走私、违规案件及税务、外汇管理部门查处骗税、套汇等犯罪活动的重要书证。因此，申报人对所填报的进出口货物报关单的真实性和准确性应承担法律责任。电子数据报关单与纸质报关单具有同等法律效力。

五、海关对进出口货物报关单填制的一般要求

（一）两个相符

（1）单证相符。单证相符，即所填报关单各栏目的内容必须与合同、发票、装箱单、提单及批文等随附单据相符。

（2）单货相符。单货相符，即所填报关单各栏目的内容必须与实际进出口货物的情况相符，不得伪报、瞒报、虚报。

（二）分单填报

不同批文或合同的货物，同一货物中不同贸易方式的货物，不同备案号的货物，不同提运单的货物，不同征免性质的货物，不同运输工具、不同运输方式或相同运输方式但不同航次的货物等，均应分单填报。

一份原产地证书只能用于同一批次进口货物。同一份报关单上的商品不能同时享受协定税率和减免税。在一批货物中，对于实行原产地证书联网管理的，如涉及多份原产地证书或含非原产地证书商品，亦分单填报。

（三）分项填报

在反映进出口商品情况的项目中，需要分项填报的主要有下列几种情况：商品编号不同的；商品名称不同的；计量单位不同的；原产国（地区）/最终目的国（地区）不同的；币值不同的；征免性质不同的。

六、关检融合“整合申报项目”

按照海关总署统一部署，从2018年8月1日起，海关进出口货物实行整合申报，报关单、报检单合并为一张报关单。此次整合申报项目是关检业务融合标志性的改革举措，将改变企业原有报关流程和作业模式，实现报关报检“一张大表”货物申报。

整合申报项目主要是对海关原报关单申报项目和检验检疫原报检单申报项目进行梳理，报关报检面向企业端整合形成“四个一”，即“一张报关单、一套随附单证、一组参数代码、一个申报系统”。

（一）整合原报关、报检申报数据项

按照“依法依规、去繁就简”原则，对海关原报关单申报项目和检验检疫原报检单申报项目进行梳理整合，通过合并共有项、删除极少使用项，将原报关、报检单合计229个货物申报项目精简到105个申报项目，大幅减少企业申报项目。

（二）原报关报检单整合为一张报关单

整合后的新版报关单以原报关单48个项目为基础，增加部分原报检内容，形成了具有56个项目的新报关单。

（三）原报关报检单据单证整合为一套随附单证

整合简化申报随附单证，对企业原报关、报检所需随附单证进行梳理，整理随附单证类别代码及申报要求，整合原报关、报检重复提交的随附单据和相关单证，形成统一的随附单证申报规范。

（四）原报关报检参数整合为一组参数代码

对原报关、报检项目涉及的参数代码进行梳理，参照国际标准，实现现有参数代码的标准化。梳理整合后，统一了 8 个原报关、报检共有项的代码，包括国别（地区）代码、港口代码、币制代码、运输方式代码、监管方式代码、计量单位代码、包装种类代码、集装箱规格代码。

（五）原报关报检申报系统整合为一个申报系统

在申报项目整合的基础上，将原报关报检的申报系统进行整合，形成一个统一的申报系统。用户由“互联网+海关”、国际贸易“单一窗口”接入“线上海关”服务平台。

第二节　进出口货物报关单草单各栏目填制规范

一、新版进出口货物报关单的样本

新版进出口货物报关单对旧版进出口货物报关单和进境、出境货物备案清单布局结构进行了优化，版式由竖版改为横版，纸质单证全部采用普通打印方式，取消套打，不再印制空白格式单证。具体格式如表 6-1、表 6-2 所示。

二、进出口货物报关单草单表头各栏目的填报

（一）预录入编号

进出口货物报关单上方的预录入编号是指申报单位或预录入单位对该单位填制录入的报关单的编号，用于该单位与海关之间引用其申报后尚未接受申报的报关单。一份报关单对应一个预录入编号，由系统自动生成。报关单预录入编号为 18 位，其中第 1~4 位为接受申报海关的代码（海关规定的《关区代码表》中相应海关代码），第 5~8 位为录入时的公历年份，第 9 位为进出口标志（“1”为进口，“0”为出口；集中申报清单“I”为进口，“E”为出口），后 9 位为顺序编号。

（二）海关编号

海关编号是指海关接受申报时给予报关单的编号，一份报关单对应一个海关编号，由系统自动生成。报关单海关编号为 18 位，其中第 1~4 位为接受申报海关的代码（海关规定的《关区代码表》中相应海关代码），第 5~8 位为海关接受申报的公历年份，第 9 位为进出口标志（“1”为进口，“0”为出口；集中申报清单“I”为进口，“E”为出口），后 9 位为顺序编号。

（三）境内收发货人（调整与修改，原名：收发货人）

报关单中的“境内收发货人”是指在海关备案的对外签订并执行进出口贸易合同的中国境内法人、其他组织。本栏目应填报其名称及编码。编码填报 18 位法人和其他组织统一社会信用代码，没有统一社会信用代码的，填报其 10 位海关备案编码。

表 6-1　中华人民共和国海关进口货物报关单

预录入编号：　　　　　　海关编号：　　　　　　页码/页数：

境内收发货人	进境关别		进口日期		申报日期		备案号	
境外收发货人	运输方式		运输工具名称及航次号		提运单号		货物存放地点	
消费使用单位	监管方式		征免性质		许可证号		启运港	
合同协议号	贸易国（地区）		启运国（地区）		经停港		入境口岸	
包装种类	件数	毛重（千克）	净重（千克）	成交方式	运费	保费		杂费
随附单证及编号								
标记唛码及备注								

项号	商品编号	商品名称及规格型号	数量及单位	单价/总价/币制	原产国（地区）	最终目的国（地区）	境内目的地	征免

特殊关系确认：　　　价格影响确认：　　　支付特许权使用费确认：　　　自报自缴：

报关人员　　报关人员证号　　电话　　兹申明对以上内容承担如实申报、依法纳税之法律责任 申报单位　　　　申报单位（签章）	海关批注及签章

表 6-2　中华人民共和国海关出口货物报关单

预录入编号：　　　　海关编号：　　　　页码/页数：

境内收发货人	出境关别		出口日期		申报日期		备案号	
境外收发货人	运输方式		运输工具名称及航次号		提运单号			
生产销售单位	监管方式		征免性质		许可证号			
合同协议号	贸易国（地区）		运抵国（地区）		指运港		离境口岸	
包装种类	件数	毛重（千克）	净重（千克）	成交方式	运费	保费	杂费	
随附单证及编号								
标记唛码及备注								
项号	商品编号	商品名称及规格型号	数量及单位	单价/总价/币制	原产国（地区）	最终目的国（地区）	境内目的地	征免
特殊关系确认：		价格影响确认：		支付特许权使用费确认：		自报自缴：		
报关人员	报关人员证号	电话	兹申明对以上内容承担如实申报、依法纳税之法律责任			海关批注及签章		
申报单位		申报单位（签章）						

1．法人和其他组织统一社会信用代码编号规则

统一社会信用代码由登记管理部门代码（第 1 位）、机构类别代码（第 2 位）、登记管理机关行政区划代码（第 3~8 位）、主体标识码（组织机构代码，第 9~17 位）、校验码（第 18 位）组成。

2．海关备案编码规则

海关备案编码共 10 位，由数字和 24 个英文大写字母组成。其结构如下。

（1）第 1~4 位为企业注册地行政区划代码，其中第 1、2 位表示省、自治区或直辖市，如北京市为 11，江苏省为 32；第 3、4 位表示省所辖的市、地区、自治州、盟或其他省所辖的县级行政区划，如北京西城区 1102，广州市 4401。

（2）第 5 位为企业注册地经济区划代码，如表 6-3 所示。

表 6-3　企业注册地经济区划代码

代码	企业注册地经济区划	代码	企业注册地经济区划
“1”	经济特区	“6”	保税港区/综合保税区
“2”	经济技术开发区	“7”	保税物流园区
“3”	高新技术产业开发区	“9”	其他
“4”	保税区	“W”	保税物流中心
“5”	出口加工区/珠澳跨境工业园区		

例如，珠海市为 4404，包括珠海特区 44041，珠海保税区 44044，珠海国家高新技术产业开发区 44043，珠澳跨境工业园区 44045，珠海市其他地区 44049。

（3）第 6 位为企业经济类型代码，如表 6-4 所示。

表 6-4　企业经济类型代码

代码	企业经济类型	代码	企业经济类型
“1”	国有企业	“2”	中外合作企业
“3”	中外合资企业	“4”	外商独资企业
“5”	集体企业	“6”	民营企业
“7”	个体工商户	“8”	报关企业
“9”	其他，包括外国驻华企事业机构，外国驻华使领馆，临时进出口货物的企业、单位和个人等		
“A”	国营对外加工企业（无进出口经营权）	“B”	集体对外加工企业（无进出口经营权）
“C”	私营对外加工企业（无进出口经营权）		

（4）第 7 位为企业注册用海关经营类别代码，表示海关行政相对人的类别。

（5）第 8~10 位为企业注册流水账号。

3．填报要求

（1）进出口货物合同的签订者和执行者不是同一企业的，填报执行合同的企业的名称及代码。

（2）有代理报关资格的报关企业代理其他进出口企业办理进出口报关手续时，填报委托的进出口企业的名称及编码。

（3）存在代理进出口关系的，该栏目应填对外签订并执行进出口合同的企业，即代理方的中文名称及编码。

（4）进出口企业代理外商投资企业进口投资设备、物品的，填报外商投资企业的名称及代码，并在“标记唛码及备注”栏注明“委托××进出口企业进口”，同时注明该进出口企业的18位法人和其他组织统一社会信用代码。

（四）进出境关别（改名，原名：进口口岸/出口口岸）

根据货物实际进出境的口岸海关，填报海关规定的《关区代码表》中相应口岸海关的名称及代码。其他无实际进出境的货物，填报接受申报的海关名称及代码。

关区代码由四位数字组成，前两位采用海关统计的直属海关关别代码，后两位为隶属海关的代码。“关区代码表”中有隶属海关关别及代码时，则应填报隶属海关名称及代码。例如，货物由天津新港口岸进境，“进境关别”不能填报为“天津关区”+“0200”，也不能填报为“天津海关”+“0201”，而应填报为“新港海关”+“0202”。若“关区代码表”中只有直属海关关别及代码的，则可以直接填报直属海关名称及代码，如西宁海关，应填报为“9701”。

（五）进出口日期

进口日期是指运载进口货物的运输工具申报进境的日期。出口日期是指运载出口货物的运输工具办结出境手续的日期，在申报时免予填报。无实际进出境的货物，填报海关接受申报的日期。

进出口日期为8位数字，顺序为年（4位）、月（2位）、日（2位）。例如，2018年6月10日申报进口一批货物，运输工具申报进境日期为2018年6月9日，“进口日期”栏填报为“20180609”。

（六）申报日期

申报日期是指海关接受进出口货物收发货人、受委托的报关企业申报数据的日期。以电子数据报关单方式申报的，申报日期为海关计算机系统接受申报数据时记录的日期。以纸质报关单方式申报的，申报日期为海关接受纸质报关单并对报关单进行登记处理的日期。本栏目在申报时免予填报。

申报日期为8位数字，顺序为年（4位）、月（2位）、日（2位）。

（七）备案号

备案号是指进出口货物收发货人、消费使用单位、生产销售单位在海关办理加工贸易合同备案或征、减、免税审核确认等手续时，海关核发的《加工贸易手册》、海关特殊监管区域和保税监管场所保税账册、《征免税证明》或其他备案审批文件的编号。备案号的标记码必须与“贸易方式”“征免性质”“征免”“项号”等栏目相协调。

备案号的字头为备案或审批文件的标记，如表6-5所示。

表6-5 常用备案号字头代码

首位代码	备案或审批文件	首位代码	备案或审批文件
B	加工贸易手册（来料加工）	K	保税仓库备案式电子账册
C	加工贸易手册（进料加工）	Y	原产地证书
D	加工贸易不作价进口设备	Z	征免税证明
E	加工贸易电子账册	RB	减免税货物补税通知书

续表

首位代码	备案或审批文件	首位代码	备案或审批文件
H	出口加工区电子账册	RT	减免税进口货物同意退运证明
J	保税仓库记账式电子账册	RZ	减免税进口货物结转联系函

一份报关单只允许填报一个备案号。无备案审批文件的报关单，本栏目免予填报。具体填报要求如下。

（1）加工贸易项下，本栏应填写加工贸易手册编号，不得为空，如“C57205711700”。加工贸易成品凭征免税证明转为减免税进口货物的，进口货物报关单此栏填报征免税证明编号，出口货物报关单此栏填报加工贸易手册编号，并在进口货物报关单“标记唛码及备注”栏填报加工贸易手册编号。在出口货物报关单“标记唛码及备注”栏填报征免税证明编号（关联备案号），以及进口报关单号（关联报关单号）。

加工贸易设备之间结转，转入和转出企业分别填制进出口报关单，在本栏填加工贸易手册编号。

（2）进出口征免税审批货物填报征免税证明编号，不得为空，如“进出口货物征免税证明”填报“Z22010870142”。

（八）境外收发货人

境外收货人通常指签订并执行出口贸易合同中的买方或合同指定的收货人，境外发货人通常指签订并执行进口贸易合同中的卖方。

此栏应填报境外收发货人的名称及编码。名称一般填报英文名称，检验检疫要求填报其他外文名称的，在英文名称后填报，以半角括号分隔；境外收发货人为中国海关已互认国家（地区）海关 AEO 企业的，编码填报 AEO 编码，填报样式按照海关总署发布的相关公告要求填报（如新加坡 AEO 企业填报样式为 SG123456789012，韩国 AEO 企业填报样式为 KR1234567，具体见相关公告要求）；境外收发货人为非互认国家（地区）AEO 企业的，AEO 企业编码免于填报。

特殊情况下无境外收发货人的，名称及编码填报“NO”。

（九）运输方式

运输方式包括实际运输方式和海关规定的特殊运输方式。前者指货物实际进出境的运输方式，主要有水路运输、铁路运输、公路运输、航空运输、邮件运输、其他运输（人力、兽力、管道、输送带和输电网络等方式）；后者指货物无实际进出境的运输方式，按货物在境内的流向分类。

根据货物实际进出境的运输方式或货物在境内流向的类别，按照海关规定的《运输方式代码表》选择填报相应的运输方式名称或代码。

1．特殊情况下运输方式的填报要求

（1）非邮件方式进出境的快递货物，按实际运输方式填报。

（2）进口转关运输货物，按载运货物抵达进境地的运输工具填报；出口转关运输货物，按载运货物驶离出境地的运输工具填报。

（3）不复运出（入）境而留在境内（外）销售的进出境展览品、留赠转卖物品等，填报“其他运输”（代码 9）。

（4）进出境旅客随身携带的货物，填报“旅客携带”（代码 L）。

（5）以固定设施（包括输油、输水管道和输电网等）运输货物的，填报“固定设施运输”（代码 G）。

2．无实际进出境货物在境内流转时，运输方式的填报要求

（1）境内非保税区运入保税区货物和保税区退区货物，填报“非保税区”（代码 0）。

（2）保税区运往境内非保税区货物，填报“保税区”（代码 7）。

（3）境内存入出口监管仓库和出口监管仓库退仓货物，填报“监管仓库”（代码 1）。

（4）保税仓库转内销货物或转加工贸易货物，填报“保税仓库”（代码 8）。

（5）从境内保税物流中心外运入中心或从中心运往境内中心外的货物，填报“物流中心”（代码 W）。

（6）从境内保税物流园区外运入园区或从园区内运往境内园区外的货物，填报“物流园区”（代码 X）。

（7）海关特殊监管区域内的流转、调拨货物，海关特殊监管区域、保税监管场所之间的流转货物，海关特殊监管区域与境内区外之间进出的货物，海关特殊监管区域外的加工贸易余料结转、深加工结转、内销货物，以及其他境内流转货物，填报“其他运输”（代码 9）。

（8）出口加工区与区外之间进出的货物，区内企业填报“9”，区外企业填报“Z”。

运输方式代码为“0、1、7、8、Z、W、X、Y、H”的，其进口报关单的“起运国（地区）”栏、出口报关单的“运抵国（地区）”栏应填报中国（142）（见表 6-6）。

表 6-6　运输方式代码

	代码	名　　称	运输方式说明
实际进出境	2	水路运输	
	3	铁路运输	
	4	公路运输	
	5	航空运输	
	6	邮件运输	
	9	其他运输	人扛、驮畜、输水管道、输油管道、输电网等方式
无实际进出境	0	非保税区	境内非保税区运入保税区和保税区退区（退运境内）货物
	1	监管仓库	境内存入出口监管仓库和出口监管仓库退仓
	7	保税区	保税区运往境内非保税区
	8	保税仓库	保税仓库转内销
	9	其他运输	除特殊监管区域以外的其他无实际进出境运输方式，如深加工结转类
	H	边境特殊海关作业区	境内运入深港西部通道港方口岸区；境内进出中哈霍尔果斯边境合作中心中方区域
	T	综合实验区	
	W	物流中心	从境内保税物流中心外运入保税物流中心或从保税物流中心运往境内非保税物流中心
	X	物流园区	从境内特殊监管区域之外运入园区内或从保税物流园区运往境内

续表

	代码	名　称	运输方式说明
无实际进出境	Y	保税港区	保税港区（不包括直通港区）运往区外和区外运入保税港区
	Z	出口加工区	出口加工区运往加工区外和区外运入出口加工区（区外企业填报），区内企业备案清单填“9”

（十）运输工具名称及航次号

此栏应填报载运货物实际进出境的运输工具名称或编号及航次号，无实际进出境的，此栏免予填报。填报内容应与运输部门向海关申报的舱单（载货清单）所列相应内容一致。一份报关单只允许填报一个运输工具名称。

1．实际进出境运输工具名称的填报要求

（1）水路运输填报船舶编号（来往港澳小型船舶为监管簿编号）或者船舶英文名称。

（2）公路运输填报跨境运输车辆的国内行驶车牌号，深圳提前报关模式填报国内行驶车牌号+“/”+“提前报关”（4 个汉字）。

（3）铁路运输填报车厢编号或交接单号。

（4）航空运输填报航班号。

2．航次号的填报要求

航次号是指载运货物进出境的运输工具的航次编号。在填制纸质报关单时，本项内容与运输工具名称合并填报。具体填报要求如下。

（1）水路运输填报船舶的航次号。

（2）公路运输填报该跨境运输车辆的进出境日期［8 位数字，顺序为年（4 位）、月（2 位）、日（2 位），下同］。

（3）铁路运输填报进出境日期。

（4）航空运输免予填报。

3．本栏目报关单填报格式要求

（1）水路运输填报船舶英文名称（来往港澳小型船舶为监管簿编号），或者船舶编号+“/”+航次号，即运输工具名称+“/”+航次号。

例如，“hansa Stavanger”号轮 hv300w 航次，在“运输工具名称”栏填报为“hansa stavanger/hv300w”。

（2）公路运输填报该跨境运输车辆的国内行驶车牌号+“/”+进出境日期［8 位数字，顺序为年（4 位）、月（2 位）、日（2 位）］。

（3）铁路运输填报车厢编号或交接单号+“/”+进出境日期。

（4）航空运输填报航班号。

（5）邮件运输填报邮政包裹单号+“/”+进出境日期。

（6）其他运输填报具体运输方式名称，如管道等。

（7）本栏目填报的内容必须与舱单电子数据一致。

（十一）提运单号

此栏填报进出口货物提单或运单的编号，且内容必须与舱单电子数据一致。一份报关单只允许填报一个提单或运单号，一票货物对应多个提单或运单时，应分单填报。无实际进出境的，本栏目免予填报。实际进出境的不同运输方式的具体填报要求如下。

（1）水路运输：填报进出口提单号。如有分提单的，填报进出口提单号+“*”+分提单号。

（2）公路运输：免予填报。

（3）铁路运输：填报运单号。

（4）航空运输：填报总运单号+“_”（下画线）+分运单号，无分运单的填报总运单号。

（十二）货物存放地点

此栏填报货物进境后存放的场所或地点，包括海关监管作业场所、分拨仓库、定点加工厂、隔离检疫场、企业自有仓库等。

本栏目为原报检栏目“存放地点”，现改名为“货物存放地点”。

进口报关单中，本栏目为必填项；出口报关单中，本栏目为选填项。

（十三）消费使用单位/生产销售单位

消费使用单位填报已知的进口货物在境内的最终消费或使用单位的名称，包括自行从境外进口货物的单位、委托进出口企业进口货物的单位。

生产销售单位填报出口货物在境内的生产或销售单位的名称，包括自行出口货物的单位、委托进出口企业出口货物的单位。

此栏应填报中文名称、18位法人和其他组织统一社会信用代码（或10位海关注册编码、加工生产登记编码），没有代码的应填报“NO”。

进口货物在境内的最终消费或使用，以及出口货物在境内的生产或销售的对象为自然人的，填报身份证号、护照号、台胞证号等有效证件号码及姓名。

（十四）监管方式（贸易方式）

监管方式是以国际贸易中进出口货物的交易方式为基础，结合海关对进出口货物的征税、统计及监管条件综合设定的海关对进出口货物的管理方式。其代码由4位数字构成，前两位是按照海关监管要求和计算机管理需要划分的分类代码，后两位是参照国际标准编制的贸易方式代码。

根据实际对外贸易情况按海关规定的《监管方式代码表》选择填报相应的监管方式简称及代码。一份报关单只允许填报一种监管方式，同一批货物涉及多个监管方式的，应分单填报。

常见贸易方式的名称、代码、适用范围及主要填报要求如下。

1．一般贸易

一般贸易是指我国境内有进出口经营权的企业单边进口或单边出口的贸易。本监管方式代码为“0110”，简称“一般贸易”。

需要注意的是，外商投资企业为加工内销产品而进口的料件，属于非保税加工的，填报“一般贸易”。外商投资企业全部使用国产料件而加工的出口产品，也应该填报“一般贸易”。

2．加工贸易项下进口料件和出口成品

（1）来料加工。本监管方式代码为“0214”，简称“来料加工”，主要适用于来料加工项下进口的料件和加工出口的成品。

来料加工进出口货物报关单“备案号”栏目应填报加工贸易手册或电子账册编号。成品出口报关单“征免”栏方式应填报“全免”，应征出口税的，应填报“照章征税”。

（2）进料加工。本监管方式代码为“0615”，简称“进料对口”，主要适用于进料加工项下进口料件和出口成品，以及进料加工贸易中外商免费提供进口的主、辅料和零部件。

进料加工进出口货物报关单“备案号”栏目应填报加工贸易手册或电子账册编号。成品出口报关单“征免”栏应填报“全免”，应征出口税的，应填报“照章征税”。

3．外商投资企业进口自用设备、物品

（1）投资总额内进口设备、物品。外商投资企业作为投资进口的设备、物品，是指外商投资企业投资总额内的资金（包括中方投资）进口的机器设备、零部件和其他建厂物料，以及进口本企业自用合理数量的交通工具、生产用车辆、办公用品。

合资合作企业作为投资进口设备物品，监管方式代码为“2025”，简称“合资合作设备”；外商独资企业（简称外资企业）进口设备、物品，监管方式代码为“2225”，简称“外资设备物品”。

（2）投资总额外自有资金免税进口设备。鼓励类和限制类外商投资企业、外商投资研究开发中心、先进技术型和产品出口型外商投资企业，以及符合中西部利用外资优势产业和优势项目目录的项目，利用企业投资总额以外的自有资金，在原批准的生产经营范围内，对设备进行更新维修，进口国内不能生产或性能不能满足需要的自用设备及其配套的技术、配件、备件，进口报关单监管方式应为“一般贸易”（0110），对应征免性质为“自有资金”（799）。

（3）减免税设备结转。减免税设备结转是指海关监管年限内的减免税设备，从进口企业结转到另一享受减免税待遇的企业，监管方式代码为“0500”，简称“减免设备结转”。减免设备结转的转入、转出企业应分别填写进、出口报关单向海关申报。

需要注意的是，加工贸易项下免税进口的不作价设备结转给另一加工贸易企业，不适用本贸易方式，应适用“加工设备结转”（0456）。

4．暂准进出境货物

（1）进出境展览品。本监管方式代码为“2700”，简称“展览品”，对应征免性质为“其他法定”（299）。

不复运出入境而留在境内外销售的进出境展览品，应按实际监管方式填报，不适用本监管方式。ATA 单证册项下的暂准进出境展览品，持证人免填报关单，无须适用本监管方式。

（2）暂时进出境货物。本监管方式代码为“2600”，简称“暂时进出货物”，对应征免性质为“其他法定”（299）。

5．无代价抵偿进出口货物

本监管方式代码为“3100”，简称“无代价抵偿”。无代价抵偿进出口货物相关申报要求如下。

（1）如原进出口货物退运出、进境，其报关单的“贸易方式”栏应填报“其他”（9900）。补偿进口货物的报关单监管方式填报“无代价抵偿”（3100），“征免性质”填报“其他法定”（299）或“一般征税”（101）。补偿出口货物的报关单“征免性质”填报“其他法定”（299）。

（2）退运出、进境货物报关单，以及补偿进出口货物报关单，均应在“标记唛码及备注”栏内填报原进出口货物报关单号。

6. 退运货物

退运进出口货物是指原进、出口货物因残损、缺少、品质不良、规格不符、延误交货或其他原因退运出、进境的货物。本监管方式代码“4561”，简称“退运货物”。

（1）适用范围。本监管方式适用于以下货物的退运出、进境：一般贸易（0110）、易货贸易（0130）、旅游购物商品（0139）、租赁贸易（1523）、寄售代销（1616）、合资合作设备（2025）、外资设备物品（2225）、外汇商品（1831）、货样广告品（3010）/（3039）、其他进出口免费（3339）、承包工程进口（3410）、对外承包出口（3422）、援助物资（3511）、捐赠物资（3612）、边境小额（4019）、对台小额（4039）、其他贸易（9739）。

本监管方式不适用于以下货物。

①加工贸易项下料件、成品维修退换，监管方式为“来料料件退换”（0300）、“进料料件退换”（0700）、“来料成品退换”（4400）、“进料成品退换”（4600）。

②加工贸易项下料件、边角料退运，监管方式为“来料料件复出”（0265）、“来料边角料复出”（0865）、“进料料件复出”（0664）、“进料边角料复出”（0864）。

③加工贸易设备退运，监管方式为“加工设备退运”（0466）。

④货物进境后、放行结关前退运的货物，监管方式为“直接退运”（4500）。

⑤“租赁不满一年”货物退运，监管方式为“租赁不满一年”（1500）。

⑥进出口无代价抵偿货物，被更换的原进口货物退运出境，监管方式为“其他”（9900）。

（2）相关申报要求。退运货物进出口时，应随附原出（进）口货物报关单，并将原出（进）口货物报关单号填报在“标记唛码及备注”栏内。

监管方式（贸易方式）代码，如表 6-7 所示。

表 6-7 监管方式（贸易方式）代码

代码	简称	全称
0110	一般贸易	一般贸易
0130	易货贸易	易货贸易
0139	旅游购物商品	用于旅游者五万美元以下的出口小批量订货
0200	料件放弃	主动放弃交由海关处理的来料或进料加工料件
0214	来料加工	来料加工装配贸易进口料件及加工出口货物
0243	来料以产顶进	来料加工成品以产顶进
0245	来料料件内销	来料加工料件转内销
0255	来料深加工	来料深加工结转货物
0258	来料余料结转	来料加工余料结转
0265	来料料件复出	来料加工复运出境的原进口料件
0300	来料料件退换	来料加工料件退换
0320	不作价设备	加工贸易外商提供的不作价进口设备
0345	来料成品减免	来料加工成品凭征免税证明转减免税
0400	成品放弃	主动放弃交由海关处理的来料及进料加工成品

续表

代　码	简　称	全　称
0420	加工贸易设备	加工贸易项下外商提供的进口设备
0444	保区进料成品	按成品征税的保税区进料加工成品转内销货物
0445	保区来料成品	按成品征税的保税区来料加工成品转内销货物
0446	加工设备内销	加工贸易免税进口设备转内销
0456	加工设备结转	加工贸易免税进口设备结转
0466	加工设备退运	加工贸易免税进口设备退运出境
0500	减免设备结转	用于监管年限内减免税设备的结转
0513	补偿贸易	补偿贸易
0544	保区进料料件	按料件征税的保税区进料加工成品转内销货物
0545	保区来料料件	按料件征税的保税区来料加工成品转内销货物
0615	进料对口	进料加工（对口合同）
0642	进料以产顶进	进料加工成品以产顶进
0644	进料料件内销	进料加工料件转内销
0654	进料深加工	进料深加工结转货物
0657	进料余料结转	进料加工余料结转
0664	进料料件复出	进料加工复运出境的原进口料件
0700	进料料件退换	进料加工料件退换
0715	进料非对口	进料加工（非对口合同）
0744	进料成品减免	进料加工成品凭征免税证明转减免税
0815	低值辅料	低值辅料
0844	进料边角料内销	进料加工项下边角料转内销
0845	来料边角料内销	来料加工项下边角料转内销
0864	进料边角料复出	进料加工项下边角料复出口
0865	来料边角料复出	来料加工项下边角料复出口
1110	对台贸易	对台直接贸易
1139	国轮油物料	中国籍运输工具境内添加的保税油料、物料
1200	保税间货物	海关保税场所及保税区域之间往来的货物
1210	保税电商	保税跨境贸易电子商务
1215	保税工厂	保税工厂
1233	保税仓库货物	保税仓库进出境货物
1234	保税区仓储转口	保税区进出境仓储转口货物
1239	保税电商 A	保税电商 A
1300	修理物品	进出境修理物品
1371	保税维修	保税维修
1427	出料加工	出料加工
1500	租赁不满一年	租期不满一年的租赁贸易货物

续表

代　码	简　称	全　称
1523	租赁贸易	租期在一年及以上的租赁贸易货物
1616	寄售代销	寄售、代销贸易
1741	免税品	免税品
1831	外汇商品	免税外汇商品
2025	合资合作设备	合资合作企业作为投资进口设备物品
2215	三资进料加工	三资企业为履行出口合同进口料件和出口成品
2225	外资设备物品	外资企业作为投资进口的设备物品
2439	常驻机构公用	外国常驻机构进口办公用品
2600	暂时进出货物	暂时进出口货物
2700	展览品	进出境展览品
2939	陈列样品	驻华商业机构不复运出口的进口陈列样品
3010	货样广告品 A	有经营权单位进出口的货样广告品
3039	货样广告品 B	无经营权单位进出口的货样广告品
3100	无代价抵偿	无代价抵偿货物
3339	其他进出口免费	其他进出口免费提供货物
3410	承包工程进口	对外承包工程进口物资
3422	对外承包出口	对外承包工程出口物资
3511	援助物资	国家和国际组织无偿援助物资
3611	无偿军援	无偿军援
3612	捐赠物资	华侨、港澳台同胞、外籍华人捐赠物资
3910	有权军事装备	直接军事装备（有经营权）
3939	无权军事装备	直接军事装备（无经营权）
4019	边境小额	边境小额贸易（边民互市贸易除外）
4039	对台小额	对台小额贸易
4200	驻外机构运回	我国驻外机构运回旧公用物品
4239	驻外机构购进	我国驻外机构境外购买运回国的公务用品
4400	来料成品退换	来料加工成品退换
4500	直接退运	直接退运
4539	进口溢误卸	进口溢卸、误卸货物
4561	退运货物	因质量不符、延误交货等原因退运进出境货物
4600	进料成品退换	进料成品退换
5000	料件进出区	料件进出海关特殊监管区域
5010	特殊区域研发货物	海关特殊监管区域与境外之间进出的研发货物
5014	区内来料加工	海关特殊监管区域与境外之间进出的来料加工货物
5015	区内进料加工货物	海关特殊监管区域与境外之间进出的进料加工货物
5033	区内仓储货物	加工区内仓储企业从境外进口的货物

续表

代　码	简　称	全　称
5034	区内物流货物	海关特殊监管区域与境外之间进出的物流货物
5100	成品进出区	成品进出海关特殊监管区域
5200	区内边角调出	用于区内外非实际进出境货物
5300	设备进出区	设备及物资进出海关特殊监管区域
5335	境外设备进区	海关特殊监管区域从境外进口的设备及物资
5361	区内设备退运	海关特殊监管区域设备及物资退运境外
6033	物流中心进出境货物	保税物流中心与境外之间进出仓储货物
9600	内贸货物跨境运输	内贸货物跨境运输
9610	电子商务	跨境贸易电子商务
9639	海关处理货物	海关变卖处理的超期未报货物、走私违规货物
9700	后续补税	无原始报关单的后续补税
9739	其他贸易	其他贸易
9800	租赁征税	租赁期一年及以上的租赁贸易货物的租金
9839	留赠转卖物品	外交机构转售境内或国际活动留赠放弃特批货
9900	其他	其他

（十五）征免性质

征免性质是指海关根据《海关法》《关税条例》及国家有关政策对进出口货物实施的征、减、免税管理的性质类别。应根据实际情况按海关规定的《征免性质代码表》选择填报相应的征免性质简称及代码，一份报关单只允许填报一种征免性质，一批货物涉及多个征免性质的，应分单填报。

持有海关核发的《征免税证明》的，按照《征免税证明》中批注的征免性质填报。

加工贸易货物报关单按照海关核发的《加工贸易手册》中批注的征免性质简称及代码填报。特殊情况填报要求如下。

（1）外商投资企业为加工内销产品而进口料件，填报“一般征税”（101）。

（2）加工贸易转内销货物，按实际应享受的征免性质填报，如“一般征税”（101）、“科教用品”（401）、“其他法定”（299）等。

（3）加工贸易料件退运出口（料件复出）、成品退运进口的货物填报“其他法定”（299）。

（4）加工贸易料件退换、成品退换的货物，此栏免予填报。

（5）加工贸易结转货物，本栏目为空。

常见的征免性质及其适用范围如下。

（1）一般征税（101），适用于依照《海关法》《关税条例》《进出口税则》及其他法律、行政法规和规章所规定的税率征收进出口关税、进口环节增值税和其他税费的进出口货物，包括除其他征免性质另有规定外的一般照章（包括按照公开暂定税率、关税配额、反倾销、反补贴、保障措施等）征税或补税的进出口货物。

（2）其他法定（299），适用于依照《海关法》《关税条例》，对除无偿援助进出口物资外的其他实行法定减免税的进出口货物，以及根据有关规定不按全额货值征税的部分进出口货物。具体适用范围如下。

①无代价抵偿进出口货物（照章征税的除外）。

②无商业价值的广告品和货样。

③进出境运输工具装载的途中必需的燃料、物料和饮食用品。

④因故退还的境外进口货物。

⑤因故退还的我国出口货物。

⑥暂准进出境货物。

⑦展览会货物。

⑧进出境的修理物品。

⑨租赁期不满 1 年的进出口货物。

（3）科教用品（401），适用于为促进科学研究和教育事业的发展，科学研究机构和学校以科学研究、教学为目的按照有关征减免税政策，在合理数量范围内，进口国内不能生产的或性能不能满足需要的、直接用于科学研究或教学的货物。

（4）中外合资（601），目前一般适用于中外合资经营企业自产的出口货物。

（5）中外合作（602），目前一般适用于中外合作经营企业自产的出口货物。

（6）外资企业（603），目前一般适用于外商独资企业自产的出口货物。

（7）鼓励项目（789），适用于 1998 年 1 月 1 日后经主管部门审批并确认的国家鼓励发展的国内投资项目、外商投资项目、利用外国政府贷款和国际金融组织贷款项目，从 1999 年 9 月 1 日起按国家规定程序审批的外商投资研究开发中心及中西部省、自治区、直辖市利用外资优势产业和优势项目目录的项目，在投资总额内进口的自用设备，以及按合同随设备进口的技术及数量合理的配套件、备件。

（8）自有资金（799），适用于已设立的鼓励类和原限制乙类外商投资企业（外国投资者的投资比例不低于 25%）、外商投资研究开发中心、先进技术型和产品出口型外商投资企业，以及符合中西部利用外资优势产业和优势项目目录的项目，在投资总额以外利用自有资金（包括企业储备基金、发展基金、折旧和税后利润），在原批准的生产经营范围内进口国内不能生产或性能不能满足需要的（不属于《国内投资项目不予免税的进口商品目录》的）自用设备及其配套的技术、配件、备件，用于本企业原有设备更新（不包括成套设备和生产线）或维修。

“鼓励项目”和“自有资金”的使用，需要按照程序取得海关核发的征免税证明，并与之“征免性质”栏批注内容相符（见表 6-8）。

表 6-8　征免性质代码

代　码	简　称	全　称
101	一般征税	一般征税进出口货物
118	整车征税	构成整车特征的汽车零部件纳税
201	无偿援助	无偿援助进出口物质
299	其他法定	其他法定减免税进出口货物
301	特定区域	特定区域进口自用物质及出口货物
307	保税区	保税区进口自用物质
401	科教用品	大专院校及科研机构进口科教用品
403	技术改造	企业技术改造进口货物

续表

代　码	简　称	全　称
405	科技开发用品	科学研究、技术开发机构进口科技开发用品
406	重点项目	国家重大项目进口货物
407	动漫用品	动漫开发生产用品
408	重大技术装备	生产重大技术装备进口关键零部件及原材料
409	科技重大专项	科技重大专项进口关键设备、零部件和原材料
412	基础设施	通信、港口、铁路、公路、机场建设进口设备
413	残疾人	残疾人组织和企业进出口货物
417	远洋渔业	远洋渔业自捕水产品
418	国产化	国家定点生产小轿车和摄录机企业进口散件
419	整车特征	构成整车特征的汽车零部件进口
420	远洋船舶	远洋船舶及设备部件
421	内销设备	内销远洋船用设备及关键部件
422	集成电路	集成电路生产企业进口货物
423	新型显示器件	新型显示器件生产企业进口物资
499	ITA 产品	非全税号信息技术产品
501	加工设备	加工贸易外商提供的不作价进口设备
502	来料加工	来料加工装配和补偿贸易进口料件及出口成品
503	进料加工	进料加工贸易进口料件及出口成品
506	边境小额	边境小额进口货物
510	港澳 OPA	港澳在内地加工的纺织品获证出口
601	中外合资	中外合资经营企业自产的出口货物
602	中外合作	中外合作经营企业自产的出口货物
603	外资企业	外商独资企业自产的出口货物
605	勘探开发煤气层	勘探开发煤气层
606	海上石油	勘探、开发海上石油进口货物
608	陆上石油	勘探、开发陆上石油进口货物
609	贷款项目	利用贷款进口货物
611	贷款中标	国际金融组织贷款、外国政府贷款中标机电设备零部件
698	公益收藏	国有公益性收藏单位进口藏品
704	花卉种子	花卉种子
705	科普影视	科普影视
789	鼓励项目	国家鼓励发展的内外资项目进口设备
799	自有资金	外商投资额度外利用自有资金进口设备、备件、配件
801	救灾捐赠	救灾捐赠进口物资
802	扶贫慈善	境外向我国境内无偿捐赠用于扶贫慈善的免税进口物资
803	抗艾滋病药物	进口抗艾滋病病毒药物

续表

代　码	简　称	全　称
818	中央储备粮油	中央储备粮油免征进口环节增值税政策
819	科教图书	进口科研教学用图书资料
898	国批减免	国务院特准减免税的进出口货物
899	选择征税	选择征税
997	自贸协定	
998	内部暂定	享受内部暂定税率的进出口货物
999	例外减免	例外减免税进出口货物

（十六）许可证号

本栏目应填报进（出）口许可证（代码 1、4、x、y）、两用物项和技术进（出）口许可证（代码 2、3、G）的编号。一份报关单只允许填报一个许可证号。

（十七）启运港

本栏目应填报进口货物在运抵我国关境前的第一个境外装运港。

根据实际情况，按海关规定的《港口代码表》填报相应的港口名称及代码，未在《港口代码表》列明的，填报相应的国家名称及代码。货物从海关特殊监管区域或保税监管场所运至境内区外的，填报《港口代码表》中相应海关特殊监管区域或保税监管场所的名称及代码，未在《港口代码表》中列明的，填报“未列出的特殊监管区”及代码。

其他无实际进境的货物，填报“中国境内”及代码。

（十八）合同协议号

本栏目应填报进（出）口货物合同（协议）的全部字头和号码。在原始单据上合同号一般表示为“Contract No.：××××××”“S/C No.：××××××”“P/O No.：××××××”，此处的“××××××”即“合同协议号”，如“P/O No.：NHV07B34217”，此栏应填“NHV07B34217”。

未发生商业性交易的免予填报。

（十九）贸易国（地区）

发生商业性交易的进口填报购自国（地区），出口填报售予国（地区）。未发生商业性交易的填报货物所有权拥有者所属的国家（地区）。无实际进出境的，填报“中国”（代码142）。

按海关规定的《国别（地区）代码表》选择填报相应的贸易国（地区）中文名称及代码。

本栏目为原报关栏目“贸易国（地区）”和原报检栏目“贸易国别”，现合并为“贸易国（地区）”。

（二十）启运国（地区）/运抵国（地区）

启运国（地区）填报进口货物启始发出直接运抵我国，或者在运输中转国（地区）未发生任何商业性交易的情况下运抵我国的国家（地区）。

运抵国（地区）填报出口货物离开我国关境直接运抵，或者在运输中转国（地区）未发生任何商业性交易的情况下最后运抵的国家（地区）。

不经过第三国（地区）转运的直接运输进出口货物，以进口货物的装货港所在国（地区）为启运国（地区），以出口货物的指运港所在国（地区）为运抵国（地区）。

经过第三国（地区）转运的进出口货物，如在中转国（地区）发生商业性交易，则以中转国（地区）作为启运国（地区）/运抵国（地区）。如在中转地未发生商业性交易，则启运国（地区）/运抵国（地区）不变。

货物是否中转，可以根据运输单据中的有关信息来判断，例如，“from London to Paris via Dover”意为从伦敦经多佛中转运往巴黎；又如，“Hamburg in transit to Zurich Switzerland”意为经汉堡中转运至瑞士苏黎世。

按海关规定的《国别（地区）代码表》[主要国别（地区）代码见表6-9] 选择填报相应的启运国（地区）/运抵国（地区）中文名称及代码。无实际进出境的货物，填报“中国”及代码。

表6-9　主要国别（地区）代码

代码	中文名称	英文名称	代码	中文名称	英文名称
110	中国香港	Hong Kong	307	意大利	Italy
116	日本	Japan	331	瑞士	Switzerland
121	中国澳门	Macao	344	俄罗斯联邦	Russia
132	新加坡	Singapore	501	加拿大	Canada
133	韩国	Korea	502	美国	United States
142	中国	China	601	澳大利亚	Australia
303	英国	United Kingdom	609	新西兰	New Zealand
304	德国	Germany	701	国别（地区）不详的	
305	法国	France			

（二十一）经停港/指运港

经停港（原名：装货港）填报进口货物在运抵我国关境前的最后一个境外装运港。

指运港填报出口货物运往境外的最终目的港，最终目的港不可预知的，按尽可能预知的目的港填报。

根据实际情况，按海关规定的《港口代码表》选择填报相应的港口名称及代码。经停港/指运港在《港口代码表》中无港口名称及代码的，可选择填报相应的国家名称及代码。

无实际进出境的货物，填报“中国境内”及代码。

本栏目为原报关栏目“装货/指运港”和原报检栏目“经停/到达口岸”，现合并为“经停港/指运港”。

（二十二）入境口岸/离境口岸

入境口岸填报进境货物从跨境运输工具卸离的第一个境内口岸的中文名称及代码；采取多式联运跨境运输的，填报多式联运货物最终卸离的境内口岸中文名称及代码；过境货物填报货物进入境内的第一个口岸的中文名称及代码；从海关特殊监管区域或保税监管场所进境的，填报海关特殊监管区域或保税监管场所的中文名称及代码；其他无实际进境的货物，填报货物所在地的城市名称及代码。

离境口岸填报装运出境货物的跨境运输工具离境的第一个境内口岸的中文名称及代

码；采取多式联运跨境运输的，填报多式联运货物最初离境的境内口岸中文名称及代码；过境货物填报货物离境的第一个境内口岸的中文名称及代码；从海关特殊监管区域或保税监管场所出境的，填报海关特殊监管区域或保税监管场所的中文名称及代码；其他无实际出境的货物，填报货物所在地的城市名称及代码。

入境口岸/离境口岸类型包括港口、码头、机场、机场货运通道、边境口岸、火车站、车辆装卸点、车检场、陆路港、坐落在口岸的海关特殊监管区域等。按海关规定的《国内口岸编码表》选择填报相应的境内口岸名称及代码。

入境口岸/离境口岸代码由 6 位数字组成，例如，北京口岸代码为“110001 北京”，本栏目为原报检栏目“入境/离境口岸”。

（二十三）包装种类

本栏目填报进出口货物的所有包装材料，包括运输包装和其他包装，按海关规定的《包装种类代码表》选择填报相应的包装种类名称及代码。运输包装指提运单所列货物件数单位对应的包装，其他包装包括货物的各类包装，以及植物性铺垫材料等。部分包装的中英文对照，如表 6-10 所示。

表 6-10　部分包装的中英文对照

中文名称	英文名称
木箱	Wooden Case
纸箱	Carton，CTNS
桶装	Drum/Barrel
散装	Bulk
裸装	Nude
托盘	Pallet
包	Bale，BLS（Bales）
捆	Bundle
袋	Bag

既有小包装又有大包装时，应填报大包装，即最外面的包装/运输包装。托盘是非常典型的运输包装，一些货物出运时之所以使用托盘，主要是为了便于运输过程中的装卸搬运，以提高效率和减少货损，所以称为运输包装。

在原始单据（装箱单或提单）上件数和包装种类一般表示为“No. of　PKGS”，其后数字即表示应填报的“Packages”（包装）的件数。

例 1：“TOTAL PACKED IN 20 CARTONS”，表明共有 20 个纸箱，件数填报为“20”，包装种类为“纸箱”。

例 2：“PACKED IN：28 BAG IN 1 PALLET”，表明有 28 个袋子的货物放在一个托盘上，件数应该填外包装的件数，所以件数是“1”，包装种类填“托盘”。

例 3：“3 Units & 4 Cartons”，表明共有 3 个计件单位（辆、台、件等）和 4 个纸箱，件数合计填报为“7”，包装种类填“其他”。

（二十四）件数

本栏目填报进出口货物运输包装的件数（按运输包装计），即有外包装的进（出）口货物的实际件数，不得填报为“0”，件数应大于或等于“1”。散装（Bulk）、裸装（Nude）货物填报“1”。舱单件数为集装箱的，填报集装箱个数。舱单件数为托盘的，填报托盘数。

（二十五）毛重

毛重（Gross Weight，G.W.），填报进出口货物及其包装材料的重量之和，计量单位为千克，不足 1 千克的填报为“1”。

（二十六）净重

净重（Net Weight，N.W.），填报进出口货物的毛重减去外包装材料后的重量，即货物本身的实际重量，计量单位为千克，不足 1 千克的填报为“1”。

（二十七）成交方式

本栏目应根据实际成交价格条款按海关规定的《成交方式代码表》（见表 6-11）选择填报相应的成交方式的代码。无实际进出境的，进口填报 CIF 价或其代码，出口填报 FOB 价或其代码。《2000 通则》13 种贸易术语与报关单“成交方式”栏的对应关系、《2010 通则》11 种贸易术语与报关单“成交方式”栏的对应关系，分别如表 6-12、表 6-13 所示。

表 6-11　成交方式代码

成交方式代码	成交方式名称	成交方式代码	成交方式名称
1	CIF	4	C&I
2	C&F	5	市场价
3	FOB	6	垫仓

表 6-12　《2000 通则》13 种贸易术语与报关单“成交方式”栏的对应关系

组　别	E 组	F 组			C 组				D 组				
术　语	EXW	FCA	FAS	FOB	CFR	CPT	CIF	CIP	DAF	DES	DEQ	DDU	DDP
成交方式	FOB				CFR		CIF						

表 6-13　《2010 通则》11 种贸易术语与报关单“成交方式”栏的对应关系

组别	E 组	F 组			C 组				D 组		
术语	EXW	FCA	FAS	FOB	CFR	CPT	CIF	CIP	DAT	DAP	DDP
成交方式	FOB				CFR		CIF				

（二十八）运费

本栏目填报进口货物运抵我国境内输入地点起卸前的运费，出口货物运至我国境内输出地点装载后的运费。运保费合并计算的，运保费填报在本栏目，保费栏免填。

本栏目用于成交价格中不包含运费的进口货物或成交价格中含有运费的出口货物，即进口成交方式为 FOB 或出口成交方式为 CIF、CFR 的，应在本栏填报运费，填报该份报关单所含全部货物的国际运费。

运费可按运费率、运费单价及运费总价三种方式之一填报，注明运费标记（运费标记“1”表示运费率，“2”表示每吨货物的运费单价，“3”表示运费总价），并按海关规定的《货币代码表》选择填报相应的币种代码。

例如，5%的运费率填报为 5/1；24 美元的运费单价填报为 502/24/2；7 000 港元的运费总价填报为 110/7 000/3。

（二十九）保费

本栏目填报进口货物运抵我国境内输入地点起卸前的保费，出口货物运至我国境内输出地点装载后的保费。

本栏目用于成交价格中不包含保费的进口货物或成交价格中含有保费的出口货物，即进口成交方式为 FOB、CFR 或出口成交方式为 CIF 的，应在本栏填报保费，应填报该份报关单所含全部货物国际运输的保费。

保费可按保费率或保费总价两种方式之一填报，注明保费标记（保费标记“1”表示保费率，“3”表示保费总价），并按海关规定的《货币代码表》选择填报相应的币种代码。

例如，3‰的保费率填报为 0.3/1；10 000 欧元的保费总价填报为 300/10 000/3。

（三十）杂费

本栏目填报成交价格以外的、按照《中华人民共和国进出口关税条例》相关规定应计入完税价格或应从完税价格中扣除的费用，如手续费、佣金、回扣等。可按杂费率或杂费总价两种方式之一填报，注明杂费标记（杂费标记“1”表示杂费率，“3”表示杂费总价），并按海关规定的《货币代码表》选择填报相应的币种代码。

应计入完税价格的杂费填报为正值或正率，应从完税价格中扣除的杂费填报为负值或负率。

例如，应计入完税价格的 1.5%的杂费率填报为 1.5/1；应从完税价格中扣除的 1%的杂费率填报为–1/1；应计入完税价格的 500 英镑杂费总价填报为 303/500/3。

综上所述，运费、保费、杂费填写示例，如表 6-14 所示。

表 6-14　运费、保费、杂费填写示例

项　目	率“1”	单价“2”	总价“3”
运　费	5% → 5/1	USD50 → 502/50/2	HKD5 000 → 110/5 000/3
保　费	2.7‰ → 0.27/1		EUR5 000 →300/5 000/3
杂费（计入）	1% → 1/1		GBR5 000 → 303/5 000/3
杂费（扣除）	1% → –1/1		JPY5 000 → 116/–5 000/3

（三十一）随附单证及编号

本栏目分为“随附单证代码”和“随附单证编号”两栏，其中随附单证代码栏按海关规定的《监管证件代码表》（见表 6-15）和《随附单证代码表》选择填报相应证件代码；随附单证编号栏填报证件编号。

表 6-15　监管证件代码表

监管证件代码	监管证件名称	监管证件代码	监管证件名称
1	进口许可证	2	两用物项和技术进口许可证
3	两用物项和技术出口许可证	4	出口许可证
6	旧机电产品禁止进口	7	自动进口许可证
8	禁止出口商品	9	禁止进口商品
A	入境货物通关单	B	出境货物通关单
D	出/入境货物通关单（毛坯钻石用）	E	濒危物种允许出口证明书
F	濒危物种允许进口证明书	G	两用物项和技术出口许可证（定向）

续表

监管证件代码	监管证件名称	监管证件代码	监管证件名称
H	港澳 OPA 纺织品证明	I	精神药物进出口准许证
J	黄金及其制品进出口准许证或批件	L	药品进出口准许证
M	密码产品和设备进口许可证	O	自动进口许可证（新旧机电产品）
P	固体废物进口许可证	Q	进口药品通关单
R	进口兽药通关单	S	农药进出口登记管理放行通知单
T	银行调运现钞进出境许可证	U	合法捕捞产品通关证明
W	麻醉药品进出口准许证	X	有毒化学品环境管理发行通知单
Y	原产地证	Z	音像制品进口批准单或节目提取单
e	关税配额外优惠税率进口棉花配额证	q	国别关税配额证明
s	适用 ITA 税率的商品用途认证证明	t	关税配额证明
v	自动进口许可证（加工贸易）	x	出口许可证（加工贸易）
y	出口许可证（边境小额贸易）	z	古生物化石出境批件

加工贸易内销征税报关单，随附单证代码栏填报“c”，随附单证编号栏填报海关审核通过的内销征税联系单号。加工贸易深加工结转申请表，随附单证代码栏填报“K”。预归类报关单，随附单证代码栏填报“r”等。

一般贸易进出口货物，只能使用原产地证书申请享受协定税率或者特惠税率（以下统称优惠税率）的（无原产地声明模式），在随附单证代码栏填报原产地证书代码“Y”，在随附单证编号栏填报“<优惠贸易协定代码>”和“原产地证书编号”。例如，香港 CEPA 项下的进口商品，应填“<03>××××××××××”。可以使用原产地证书或者原产地声明申请享受优惠税率的（有原产地声明模式），随附单证代码栏填报“Y”，随附单证编号栏填报“<优惠贸易协定代码>”、“C”（凭原产地证书申报）或“D”（凭原产地声明申报），以及“原产地证书编号（或原产地声明序列号）”。一份报关单对应一份原产地证书或原产地声明。进口货物优惠贸易协定代码，如表 6-16 所示。

表 6-16　进口货物优惠贸易协定代码

代　码	优惠贸易协定
01	《亚太贸易协定》
02	《中国—东盟自由贸易协定》
03	《内地与香港紧密经贸关系安排》（香港 CEPA）
04	《内地与澳门紧密经贸关系安排》（澳门 CEPA）
05	《对非洲特别优惠关税待遇》
06	《中国台湾地区农产品零关税措施》
07	《中国—巴基斯坦自由贸易协定》
08	《中国—智利自由贸易协定》
09	《对也门等国特别优惠关税待遇》
10	《中国—新西兰自由贸易协定》
11	《中国—新加坡自由贸易协定》

续表

代　码	优惠贸易协定
12	《中国—秘鲁自由贸易协定》
13	对最不发达国家的特别优惠关税待遇
14	《海峡两岸经济合作框架协议（ECFA）》
15	《中国—哥斯达黎加自由贸易协定》
16	《中国—冰岛自贸协定》
17	《中国—瑞士自贸协定》
18	《中国—澳大利亚自贸协定》
19	《中国—韩国自贸协定》
20	《中国—格鲁吉亚自贸协定》

（三十二）标记唛码及备注

1．标记唛码

标记唛码是运输标志的俗称，除图形以外的所有文字和数字都应填报在本栏中，无标记唛码的填报 N/M。

2．备注

备注是指除按照报关单固定栏目申报进出口货物有关情况外，需要补充或特别说明的事项，包括关联备案号、关联报关单号，以及其他需要补充或特别说明的事项。

常见的备注内容如下。

（1）接受外商投资企业委托，代理其进口投资设备、物品的进出口企业名称，如“委托×××公司进口”。

（2）关联备案号，即与本报关单有关联关系的，同时在业务管理规范方面又要求填报的备案号，填报在电子数据报关单中“关联备案”栏。

保税间流转货物、加工贸易结转货物及凭《征免税证明》转内销货物，其对应的备案号填报在“关联备案”栏。

减免税货物结转进口（转入），“关联备案”栏填报本次减免税货物结转所申请的《中华人民共和国海关进口减免税货物结转联系函》的编号。

减免税货物结转出口（转出），“关联备案”栏填报与其相对应的进口（转入）报关单“备案号”栏中《征免税证明》的编号。

（3）关联报关单号，即与本报关单有关联关系的，同时在业务管理规范方面又要求填报的报关单号，填报在电子数据报关单中“关联报关单”栏。

保税间流转、加工贸易结转类的报关单，应先办理进口报关，并将进口报关单号填入出口报关单的“关联报关单”栏。

办理进口货物直接退运手续的，除另有规定外，应先填制出口报关单，再填制进口报关单，并将出口报关单号填报在进口报关单的“关联报关单”栏。

减免税货物结转出口（转出），应先办理进口报关，并将进口（转入）报关单号填入出口（转出）报关单的“关联报关单”栏。

（4）办理进口货物直接退运手续的，填报“<ZT”+“海关审核联系单号或者《海关责令进口货物直接退运通知书》编号”+“>”。

（5）跨境电子商务进出口货物，在本栏目内填报“跨境电子商务”。

（6）集装箱箱体信息填报集装箱号（在集装箱箱体上标示的全球唯一编号）、集装箱规格、集装箱商品项号关系（单个集装箱对应的商品项号，用半角逗号分隔）、集装箱货重（集装箱箱体自重+装载货物重量，法定计量单位为千克）。

（7）企业提供 ATA 单证册的货物，填报“ATA 单证册”字样。

（8）申报时其他必须说明的事项填报在本栏目中。

三、进出口货物报关单草单表体各栏目的填报

（一）项号

本栏目分两行填报。第一行填报报关单中的商品顺序编号；第二行填报“备案序号”，专用于加工贸易及保税、减免税等已备案、审批的货物，填报该项货物在《加工贸易手册》或《征免税证明》等备案、审批单证中的顺序编号。

例如，大连某日资加工企业一加工贸易手册 C04715309328 项下的两个成品：男衬衫（列手册第 2 项）和女衬衫（列手册第 7 项）出口，纸质报关单填报示例如表 6-17 所示。

表 6-17　纸质报关单填报示例

项　　号	商品编号	商品名称及规格型号
01 02	6205200000	纯棉机制格子男士衬衫 100%棉
02 07	6206300000	机制印花女士衬衫 95%棉，5%氨纶

（二）商品编号

本栏目填报由 13 位数字组成的商品编号。前 8 位为《中华人民共和国进出口税则》和《中华人民共和国海关统计商品目录》确定的编码；第 9、10 位为监管附加编号；第 11~13 位为检验检疫附加编号。

（三）商品名称及规格型号

本栏目分两行填报。第一行填报进出口货物规范的中文商品名称，第二行填报规格型号。商品名称及规格型号应据实填报，并与进出口货物收发货人或受委托的报关企业所提交的合同、发票等相关单证相符。

商品名称及规格型号通常体现在发票的“Description of Goods”“Product and Description”“Goods Description”“Quantities and Description”等栏目。

本栏目为原报关栏目“商品名称、规格型号”和原报检栏目“货物名称”，现合并为“商品名称及规格型号”。

（四）数量及单位

报关单上的“数量及单位”是指进出口商品的成交数量及单位和海关法定计量单位及数量。海关法定计量单位分为第一法定计量单位和第二法定计量单位。例如，天然水为千升/吨，牛皮是千克/张等。

本栏目分三行填报：第一行应按进出口货物的第一法定计量单位填报数量及单位；凡列明有第二法定计量单位的，应在第二行按照第二法定计量单位填报数量及单位。无第二

法定计量单位的，本栏目第二行为空；成交计量单位及数量应填报在第三行。

（五）单价

本栏目填报同一项号下进出口货物实际成交的商品单位价格。无实际成交价格的，填报单位货值。

（六）总价

本栏目填报同一项号下进出口货物实际成交的商品总价格。无实际成交价格的，填报货值。

（七）币制

按海关规定的《货币代码表》（常用货币代码见表 6-18）选择相应的货币名称及代码填报，如《货币代码表》中无实际成交币种，需将实际成交货币按申报日外汇折算率折算成《货币代码表》列明的货币填报。

表 6-18　常用货币代码

货币代码	货币符号	货币名称	货币代码	货币符号	货币名称	货币代码	货币符号	货币名称
110	HKD	港元	300	EUR	欧元	344	RUB	俄罗斯卢布
116	JPY	日元	302	DKK	丹麦克朗	501	CAD	加拿大元
132	SGD	新加坡元	303	GBP	英镑	502	USD	美元
142	CNY	人民币	330	SEK	瑞典克朗	601	AUD	澳大利亚元
133	KRW	韩国元	331	CHF	瑞士法郎	609	NZD	新西兰元

（八）原产国（地区）

原产国（地区）依据《中华人民共和国进出口货物原产地条例》、《关于非优惠原产地规则中实质性改变标准的规定》（海关总署令 2004 年第 122 号），以及海关总署关于各项优惠贸易协定原产地管理规章规定的原产地确定标准填报。同一批进出口货物的原产地不同的，分别填报原产国（地区）。原产国（地区）无法确定的，填报“国别不详”。

按海关规定的《国别（地区）代码表》选择填报相应的国家（地区）名称及代码。

在进口报关单证（发票或原产地证书）上，原产国一般表示为“Made in”（在……制造）、“Origin/Country of Origin”（原产于）或“Manufacture”（制造商）等。

加工贸易报关单中料件结转货物，出口报关单填报“中国”（代码“142”），进口报关单填报原料件生产国。深加工结转货物，进出口报关单均填报“中国”（代码“142”）。

（九）最终目的国（地区）

最终目的国（地区）填报已知的进出口货物的最终实际消费、使用或进一步加工制造国家（地区）。不经过第三国（地区）转运的直接运输货物，以运抵国（地区）为最终目的国（地区）；经过第三国（地区）转运的货物，以最后运往国（地区）为最终目的国（地区）。同一批进出口货物的最终目的国（地区）不同的，分别填报最终目的国（地区）。进出口货物不能确定最终目的国（地区）时，以尽可能预知的最后运往国（地区）为最终目的国（地区）。

按海关规定的《国别（地区）代码表》选择填报相应的国家（地区）名称及代码。

（十）境内目的地/境内货源地

境内目的地填报已知的进口货物在国内的消费、使用地或最终运抵地，其中最终运抵地为最终使用单位所在的地区。最终使用单位难以确定的，填报货物进口时预知的最终收货单位所在地。

境内货源地填报出口货物在国内的产地或原始发货地。出口货物产地难以确定的，填报最早发运该出口货物的单位所在地。

按海关规定的《国内地区代码表》选择填报相应的国内地区名称及代码（参照企业海关注册编码前 5 位），并根据《中华人民共和国行政区划代码表》选择填报境内目的地对应的县级行政区名称及代码。无下属区县级行政区的，可选择填报地市级行政区。

（十一）征免

按照海关核发的《征免税证明》或有关政策规定，对报关单所列每项商品选择海关规定的《征减免税方式代码表》中相应的征减免税方式填报。

加工贸易货物报关单根据《加工贸易手册》中备案的征免规定填报；《加工贸易手册》中备案的征免规定为“保金”或“保函”的，填报“全免”。

常见的征减免方式如下。

（1）照章征税。照章征税是指对进出口货物依照法定税率计征各类税费。

（2）全免。全免是指依照主管海关签发的征免税证明或海关总署的通知，对进出口货物免征关税和增值税，但消费税是否征收应按有关批文的规定办理。

（3）特案。特案是指依照主管海关签发的征免税证明或海关总署通知规定的税率或完税价格计征各类税费。

征减免税方式代码，如表 6-19 所示。

表 6-19 征减免税方式代码

代 码	名 称	代 码	名 称
1	照章征税	5	随征免性质
2	折半征税	6	保证金
3	全免	7	保函
4	特案	8	折半补税

（十二）特殊关系确认

本栏目根据《审价办法》第十六条，填报确认进出口行为中买卖双方是否存在特殊关系，有特殊关系时在本栏目应填报“是”，反之则填报“否”。出口货物免予填报，加工贸易及保税监管货物（内销保税货物除外）免予填报。

（十三）价格影响确认

本栏目根据《审价办法》第十七条，填报确认进出口行为中买卖双方存在的特殊关系是否影响成交价格，特殊关系对进出口货物的成交价格产生影响的，在本栏目应填报“是”，反之则填报“否”。出口货物免予填报，加工贸易及保税监管货物（内销保税货物除外）免予填报。

（十四）支付特许权使用费确认

如果进出口行为中买方存在向卖方或者有关方直接或者间接支付特许权使用费的，在本栏目应填报“是”，反之则填报“否”。出口货物免予填报，加工贸易及保税监管货物（内销保税货物除外）免予填报。

（十五）自报自缴

进出口企业、单位采用“自主申报、自行缴税”（“自报自缴”）模式向海关申报时，填报“是”，反之则填报“否”。

（十六）申报单位

自理报关的，填报进出口企业的名称及编码；委托代理报关的，填报报关企业名称及编码。编码填报 18 位法人和其他组织统一社会信用代码。

报关人员填报在海关备案的姓名、编码、电话，并加盖申报单位印章。

（十七）海关批注及签章

本栏目供海关作业时签注。

第三节　进出口货物报关单草单填制作业

一、报关单各栏目内容与主要商业、货运单证的对应关系

（一）发票

发票由出口企业自行拟制，没有统一格式，但基本栏目大体相同。一般注明“发票”（Invoice）或“商业发票”（Commercial Invoice）字样，用粗体字印刷在单据的明显位置。发票的主要栏目内容如下。

1．出票人的名称与地址

发票的出票人一般为出口人，其名称和地址相对固定，故出口人通常将此项内容先印刷在发票的正上方或右上方，这个栏目是判断进口货物中转时是否发生买卖关系的指标之一。如果出票人的地址与进口货物启运地一致，则说明进口货物中转时没有发生买卖关系；如果出票人的地址与进口货物启运地不一致，与进口货物的中转地一致，则说明进口货物中转时发生了买卖关系。

2．启运地及目的地

该栏目标明货物运输的实际起止地点。如货物需要转运，则注明转运地。有的还注明运输方式。例如，From ShangHai to Tokyo via Hong Kong（从上海经香港抵达东京）。

3．抬头

抬头即收货人。此栏目前常印有“To”“Sold to Messers”“For Account and Risk of Messers”等字样，在这些字样后面注明的是买方的名称和地址。

此栏目是判断出口货物中转时是否发生买卖关系的指标之一。如果收货人地址与出口货物运输的“运抵国”一致，则说明出口货物中转时未发生商业性交易，即没有发生买卖关系，“运抵国”一栏不变，就是填报最后的目的国；如果收货人的地址与出口货物运输的中转地一致，则说明出口货物中转时发生了买卖关系，这一变化影响“运抵国”一栏的填报，“运抵国”栏应填报中转国（地区）的国别或代码。

4．数量、单价和总价

数量为实际装运的数量。单价包括计价货币、具体价格数、计价单位、贸易术语 4 个部分。总价一般由大小写组成。如果合同单价含有佣金（Commission）或折扣（Rebate/Discount/Allowance），发票上一般也会注明，有时发票还会列明运费（Freight/F）、保费（Insurance/I）及杂费（Extra）。

（二）装箱单和提运单

根据装箱单和提运单查找的栏目内容一般有运输方式、运输工具名称、航次、提运单号、启运国（地区）/运抵国（地区）、装货港/指运港、件数、包装种类、毛重、净重、标记唛码及备注。发票/装箱单、提运单主要内容中英文对照表，分别如表 6-20、表 6-21 所示。

表 6-20 发票/装箱单主要内容中英文对照

中英文	英文缩写	中英文	英文缩写
合同（Contract）	CONT	单价（Unit Price）	
货物描述（Description of good）		总价（Total Amount）	
规格、型号（Model）		总额（Amount）	AMT
尺寸（Size）		件数（Packages）	PKGS
数量（Quantity）	QTY	毛重（Gross Weight）	G. W.
原产国（地区）（Made in / Origin）		净重（Net Weight）	N. W.
装货港（Port of Loading）	P. O. L	运费（Fright）	
目的国（Destination Country）		保费（Insurance）	
指运港（Port of Destination）	P. O. D	杂费（Extra）	
集装箱（Container）	CTNR	折扣（Rebate/Discount/Allowance）	
包装种类（Packing）		佣金（Commission）	
唛头及编号（Marks and Numbers）	Marks&Nos.	所附单证（Document Attached）	DOC.ATT

表 6-21 提运单主要内容中英文对照

中英文	英文缩写	中英文	英文缩写
提单（Bill of Lading）	B/L	到达港（Port of Arrival）	P. A
提单号（Bill of Lading No.）	B/L No.	指运港（Port of Destination）	P. O. D
承运人（Carrier）		托运人（Shipper）	
收货人（Consignee）		被通知人（Notify Party）	
空运运单（Air Way Bill）	A. W. B	卸货港（Port of Discharge）	P. O. D
空运总运单（Master Air Way Bill）	M. A. W. B	装货港（Port of Loading）	P. O. L
空运分运单（House Air Way Bill）	H. A. W. B	转运港（Port of Transshipment）	
原产国（Made In/Country of Origin）		转运到（In transit to）	
船名（Ocean Vessel）		航次（Voyage Number）	Voy. No.

二、加工贸易货物报关单常见填报内容及对应关系

加工贸易进出口货物的报关单填制比较复杂，料件、成品、剩余料件、残次品、副产品、边角料等各类货物的流转处理须根据各自不同的去向，按照海关监管的相应要求，分

别填制报关单向海关办理手续。下面主要选择料件、成品常见的处理方式，列表汇总其报关单填制要求及其对应关系（见表 6-22、表 6-23）。

表 6-22　加工贸易料件常见处理方式报关单填报要求及对应关系

<table>
<tr><th rowspan="2">项目
栏目</th><th colspan="2">料件进口</th><th>料件退换</th><th colspan="2">余料结转</th><th colspan="2">深加工结转</th><th>料件内销</th><th>料件复出</th></tr>
<tr><th colspan="2">进境</th><th>先出境后进境</th><th>形式进口</th><th>形式出口</th><th>形式进口</th><th>形式出口</th><th>形式进口</th><th>出境</th></tr>
<tr><td>监管方式</td><td>来料加工</td><td>进料对口</td><td>来/进料料件退换</td><td colspan="2">来/进料余料结转</td><td colspan="2">来/进料深加工</td><td>来/进料料件内销</td><td>来/进料料件复出</td></tr>
<tr><td>进/出境关别</td><td colspan="3">指定范围实际进出口岸海关</td><td colspan="5">接受申报的海关</td><td>指定范围实际进出口岸海关</td></tr>
<tr><td>征免性质</td><td>来料加工</td><td>进料加工</td><td>免予填报</td><td colspan="4">免予填报</td><td>一般征税</td><td>其他法定</td></tr>
<tr><td>备案号</td><td colspan="3">加工贸易手册编号</td><td>转入手册编号</td><td>转出手册编号</td><td>转入手册编号</td><td>转出手册编号</td><td colspan="2">加工贸易手册编号</td></tr>
<tr><td>运输方式</td><td colspan="2">实际进境运输方式</td><td>实际出/进境运输方式</td><td colspan="5">其他运输</td><td>实际出境运输方式</td></tr>
<tr><td>运输工具名称</td><td colspan="2">实际进境运输工具名称</td><td>实际出/进境运输工具名称</td><td colspan="5">免予填报</td><td>实际出境运输工具名称</td></tr>
<tr><td>启运国/运抵国（地区）</td><td colspan="2">实际启运国（地区）</td><td>实际运抵国/启运国（地区）</td><td colspan="5">中国</td><td>实际运抵国（地区）</td></tr>
<tr><td>随附单证</td><td colspan="2"></td><td></td><td colspan="2"></td><td colspan="2">深加工结转申请表</td><td>内销征税联系单</td><td></td></tr>
<tr><td>备注</td><td colspan="2"></td><td>退运出境报关单填原进口报关单号</td><td>转出手册编号</td><td>转入进口报关单号；转入手册编号</td><td>转出手册编号</td><td>转入进口报关单号；转入手册编号</td><td>“活期”</td><td>原进口报关单号</td></tr>
<tr><td>项号（第 2 行）</td><td colspan="3">手册对应进口料件项号</td><td>转入手册对应进口料件项号</td><td>转出手册对应进口料件项号</td><td>转入手册对应进口料件项号</td><td>转出手册对应出口成品项号</td><td colspan="2">手册对应进口料件项号</td></tr>
<tr><td>原产国/最终目的国（地区）</td><td colspan="2">料件进口原产国（地区）/成品出口最终目的国（地区）</td><td>原进口料件原产国（地区）</td><td>原进口料件原产国（地区）</td><td colspan="3">中国</td><td>原进口料件原产国（地区）</td><td>实际最终目的国（地区）</td></tr>
<tr><td>征免</td><td colspan="7">全免</td><td>照章征税</td><td>全免</td></tr>
</table>

表 6-23　加工贸易成品常见处理方式报关单填报要求及对应关系

项目 / 栏目	成品出口		成品内销			成品退换	
			按料件征税	转减免税			
	出境		形式进口	形式进口	形式出口	进境	出境
监管方式	来料加工	进料对口	来/进料料件内销	根据货物实际情况填报	来/进料成品减免	来/进料成品退换	
进/出境关别	指定范围内进出口口岸		接受申报的海关			指定范围内进出口口岸	
征免性质	来料加工	进料加工	一般征税	征免税证明所批征免性质	免予填报		
备案号	加工贸易手册编号			征免税证明编号	加工贸易手册编号		
运输方式	实际出境运输方式		其他运输			实际进/出境运输方式	
运输工具名称	实际出境运输工具名称		免予填报			实际进/出境运输工具名称	
启运国/运抵国（地区）	实际运抵国（地区）		中国			实际启运国/运抵国（地区）	
随附单证			内销征税联系单				
备注	料件费、工缴费		“活期”	转出手册编号	转入征免税证明编号；进口报关单号		
项号（第 2 行）	手册出口成品项号		手册进口料件项号	征免税证明对应项号	手册原出口成品对应项号		
原产国/最终目的国（地区）	实际最终目的国（地区）		中国				实际最终目的国（地区）
征免	一般是“全免”；应征出口税的填报“照章征税”		照章征税	全免			

三、减免税进口设备报关单常见填报内容及对应关系

减免税进口设备报关单常见填报内容及对应关系，如表 6-24 所示。

表 6-24　减免税进口设备报关单常见填报内容及对应关系

项目 / 栏目	投资总额内进口			投资总额外进口	减免税设备结转	
	合资合作企业	外商独资企业	国内投资项目			
	进境	进境	进境	进境	形式进口	形式出口
监管方式	合资合作设备	外资设备物品	一般贸易	一般贸易	减免设备结转	
征免性质	鼓励项目等			自有资金	根据货物实际情况选择填报	免予填报
备案号	征免税证明编号					结转联系函编号
消费使用单位	该合资合作企业	该外商独资企业	设备进口企业		转入企业	转出企业
申报单位						

续表

项目 栏目	投资总额内进口			投资总额外进口	减免税设备结转	
	合资合作企业	外商独资企业	国内投资项目			
	进境	进境	进境	进境	形式进口	形式出口
运输方式	实际进境运输方式				其他运输	
启运国/运抵国（地区）	实际启运国（地区）				中国	
备注	如为委托进口，需要注明代理进口的外贸企业名称				结转联系函编号	转入进口报关单号；转入方征免税证明编号
原产国/最终目的国（地区）	设备实际原产国（地区）					中国
征免	特案				全免	

四、暂准进出境货物报关单常见填报内容及对应关系

暂准进出境货物报关单涉及的贸易方式包括“展览品”“暂准进出境货物”两类。暂准进境及复出境货物报关单常见填报内容及对应关系，如表 6-25 所示，暂准出境及复进境报关单栏目参照填报。

表 6-25　暂准进境及复出境货物报关单常见填报内容及对应关系

项目 栏目	进境展览品		暂准进出境货物	
	进境	复出境	进境	复出境
监管方式	展览品		暂时进出货物	
征免性质	其他法定			
备注		原进口报关单号	暂时进境申请批准决定书	原进口报关单号
征免	保证金/保函	全免	保证金/保函	全免

五、无代价抵偿、一般退运、直接退运货物报关单常见填报内容及对应关系

无代价抵偿、一般退运、直接退运货物报关单常见填报内容及对应关系，如表 6-26 所示。

表 6-26　无代价抵偿、一般退运、直接退运货物报关单常见填报内容及对应关系

	无代价抵偿进口货物		一般退运货物		直接退运货物	
	退运出境	补偿进境	进境	出境	先出口报关	后进口报关
监管方式	其他	无代价抵偿	退运货物		直接退运	
征免性质	其他法定				免予填报	
备注	原进口报关单号		原出口报关单号	原进口报关单号	决定书/通知书编号	出口报关单号；决定书/通知书编号
征免	全免					

六、案例讲解

资料 1：秦皇岛造船厂（海关编码 1303911012，18 位法人和其他组织统一社会信用代码 811201100552037112）从韩国 JKG 公司（AEO 认证代码 1057043）进口一批水溶性油漆，主要成分是环氧树脂，占 75%（属法检商品，证件编号为 400115100106127309；法定计量单位为千克）用于加工出口成品。转载油漆的运输工具于 2018 年 11 月 26 日向天津新港海关（0202）申报进境。2018 年 11 月 30 日，该企业所属报关人员持编号为C04026100941的加工贸易手册自行向秦皇岛海关（0402）报关，该批油漆列手册第 2 项，进口后存入自有仓库。

资料 2：提单（见表 6-27）。

表 6-27　BILL OF LADING

For Combined Transport Shipment or Port to Port Shipment

<table>
<tr><td>Shipper:
KOREA CHEMICAL CO., LTD
1301-4, SEOCHO-DONG, SEOCHO-KU, SEOUL, KOREA</td><td>B/L No:
MISC200000537
Reference No:</td></tr>
<tr><td>Consignee:
TO THE ORDER OF QINHUANGDAO BOATYARD CO., LTD
154 WUSI ROAD, QINHUANGDAO,CHINA</td><td>Carrier:
MALAYSIA INTERNATIONAL SHIPPING
CORPORATION BERHAD</td></tr>
<tr><td>Notify Party/Address: It is agreed that no responsibility shall attach to the carrier or his Agents for failure to notify (See Clause 20 on reverse of this Bill of Lading):
SAME AS CONSIGNEE</td><td>Place of Receipt (Applicable only when this document is used as Transport Bill of Lading):
SINGAPORE　CY</td></tr>
<tr><td>Vessel and VOY No.:
ESSEN EXPRESS 28ED09</td><td rowspan="2">Place of Receipt (Applicable only when this document is used as Transport Bill of Lading):
Tianjin　CY</td></tr>
<tr><td>Port of loading:
SINGAPORE</td></tr>
<tr><td>Port　of　Transshipment:</td><td>Port of Discharge:
TIANJIN</td></tr>
</table>

Marks & Nos	No .& Kinds of Packages	Description of Goods	Gross Weight	Measurement
			161 492.00kg	281m^3

QHD BOATYARD　　SHIPPER'S　LOAD COUNT AND SEALED

TIANJIN　　2×20' CONTAINERS

C/NO:　　SAID TO CONTAIN:

234 IRON DRUMS

PAINT

FREIGHT　PREPAID

TOTAL:　THREE　TWENTY FOOT CONTAINERS ONLY

SIZE/TYPE/CONTAINER#/TARE WGNT/GROSS WGHT/SEAL NUMBER/QUANTITY/ STAT/STATU

20/DRY/TPHU8290658/2300　　/.00　　/0464　　0/FCL/FCL

20/DRY/TEXU2391475/2300　　/.00　　/0384　　0/FCL/FCL

ABOVE PARTICULARS AS DECLARED BY SHIPPER

资料 3：商业发票（见表 6-28）。

表 6-28 COMMERCIAL INVOICE

Seller: JKG CHEMICAL CO.,LTD 1301-4,SEOCHO-DONG, SEOCHO-KU SEOUL,KOREA	Invoice No. and Date: EX80320 15th NOV 2018 L/C No. and Date:
Consignee: TO THE ORDER OF QINHUANGDAO BOATYARD CO., LTD 154 WUSI ROAD, QINHUANGDAO,CHINA	Buyer (If any than consignee): AS PER CONSIGNEE
Departure Date: ETD: 20th NOV 2018	Terms of Delivery and Payment: CIF TIANJIN T/T SHANGHAI T/T 60 DAYS FROM B/L DATE
Vessel: ESSEN EXPRESS 28ED09 From: SINGAPORE To: TIANJIN，CHINA	Other Reference: CONTRACT No.: SFEC/KCC803-01 Freight:USD8000.00 Insurance:2.5‰

Shipping Marks	No.& Kinds of Packing	Description of Goods	Quantity	Unit price	Amount
QHD BOATYARD TIANJIN C/NO.:		PAINT	114 056 LTR	2.00/LTR	USD228 112.00

Country of Origin: SINGAPORE

KOREA CHEMICAL CO., LTD

Signed By:________________

资料 4：装箱单（见表 6-29）。

表 6-29 PACKING LIST

Seller: KOREA CHEMICAL CO.,LTD 1301-4,SEOCHO-DONG, SEOCHO-KU SEOUL,KOREA	Invoice No. and Date: EX80320 15th NOV 2018 L/C No. and Date:
Consignee: TO THE ORDER OF QINHUANGDAO BOATYARD CO., LTD. 154 WUSI ROAD, QINHUANGDAO,CHINA	Buyer (If any than consignee): AS PER CONSIGNEE
Departure Date: ETD: 20th NOV 2018	
Vessel: ESSEN EXPRESS 28ED09	other Reference: CONTRACT No.: SFEC/KCC803-01

续表

From: SINGAPORE	To: TIANJIN,CHINA					
Shipping Marks	No.& Kinds of Packing	Description of Goods	Quantity	Net Weight	Gross Weight	Measurement
TOTAL:	234 IRON DRUMS	PAINT	114 056LTR	KG 136 256.00	KG 161 492.00	
				KOREA CHEMICAL CO.,LTD.		
				Signed By:________________		

请根据上述资料填制进口报关单草单。

报关单填制分步解析如下。

（一）境内收发货人

（1）填制结果：秦皇岛造船厂 811201100552037112。

（2）填制说明：根据资料 1 信息显示，本栏目应填收发货人名称及 18 位法人和其他组织统一社会信用代码。

（二）进境关别

（1）填制结果：新港海关 0202。

（2）填制说明：根据资料 1 信息。转关货物应填进境地海关名称及代码，故应填新港海关 0202，此处注意不要填为“秦皇岛海关 0402”。

（三）进口日期

（1）填制结果：20181126。

（2）填制说明：根据资料 1 提供的信息。

（四）申报日期

进口货物报关单，此栏无须人工填制，海关接受申报后系统自动填制。

（五）备案号

（1）填制结果：C04026100941。

（2）填制说明：根据资料 1 提供的信息。

（六）境外收发货人

（1）填制结果：AEO<KR1057043>。

（2）填制说明：根据资料 1 可知从韩国 JKG 公司（AEO 认证代码 1057043）进口一批水溶性油漆。

（七）运输方式

（1）填制结果：水路运输（2）。

（2）填制说明：根据资料 2 信息显示。

（八）运输工具名称及航次号

（1）填制结果：ESSEN　EXPRESS /28ED09

（2）填制说明：根据资料 2 信息显示，载运货物进境的运输工具名称及航次号在提货单上有明确列明。按照填制规定，在纸质报关单上，“运输工具名称”与“航次号”应合并填制在“运输工具名称”栏目中。填制时需要注意，填制内容应与运输部门向海关申报的舱单（载货清单）内容一致。

（九）提运单号

（1）填制结果：MISC200000537。

（2）填制说明：根据资料 2 信息显示，进境货物的提单号在提货单中有明确列明。

（十）货物存放地点

（1）填制结果：自有仓库。

（2）填制说明：根据资料 1 提供的信息。

（十一）消费使用单位

（1）填制结果：秦皇岛造船厂 811201100552037112。

（2）填制说明：根据资料 1 提供的信息。

（十二）监管方式

（1）填制结果：进料对口（0615）。

（2）填制说明：根据资料 1 信息显示，该单位持 C 字头的手册申报，意味着进口货物为保税加工贸易货物，申报监管方式应填写“进料对口”，其代码为“0615”。

（十三）征免性质

（1）填制结果：进料加工（503）。

（2）填制说明：根据资料 1 信息显示及“监管方式”栏填制内容，对应的征免性质应为“进料加工”，其代码为“503”。

（十四）许可证号

（1）填制结果：许可证号为空。

（2）填制说明：根据进口商品的属性和归类后的商品编码查询，申报商品不涉及进口许可证管理。

（十五）启运港

（1）填制结果：新加坡（SGP012）。

（2）填制说明：根据资料 2 和资料 3 的信息显示，“SINGAPORE”，即新加坡港为进口货物在运抵我国关境前的第一个境外装运港，本栏目应填中文名称“新加坡”。

（十六）合同协议号

（1）填制结果：SFEC/KCC803-01。

（2）填制说明：根据资料 3 提供的信息显示“CONTRACT No.: SFEC/KCC803-01”，故将“SFEC/KCC803-01”填入本栏目。

（十七）贸易国（地区）

（1）填制结果：韩国（133）。

（2）填制说明：根据资料 3 提供的信息，与秦皇岛造船厂签订贸易合同的外方所属国家为韩国，故本栏应填“韩国”，其代码为“133”。

（十八）启运国（地区）

（1）填制结果：新加坡（132）。

（2）填制说明：根据资料 2 和资料 3 的信息显示，进口货物从“SINGAPORE”，即新加坡港起始发出直接运抵我国的天津新港，启运国应填 “新加坡”，其代码为“132”。

（十九）经停港

（1）填制结果：新加坡（SGP012）。

（2）填制说明：根据资料 2 的信息显示。

（二十）入境口岸

（1）填制结果：天津码头 120001。

（2）填制说明：根据资料 1 和资料 2 的信息显示。

（二十一）包装种类

（1）填制结果：铁桶。

（2）填制说明：根据资料 2 的信息“234 IRON DRUMS”可知，进出口货物的实际外包装种类为“铁桶”。

（二十二）件数

（1）填制结果：234。

（2）填制说明：根据资料 2 的信息显示，数量应填 “234”。

（二十三）毛重

（1）填制结果：161 492。

（2）填制说明：根据资料 2 和资料 4 的信息显示。

（二十四）净重

（1）填制结果：136 256。

（2）填制说明：根据资料 4 的信息显示。

（二十五）成交方式

（1）填制结果：CIF。

（2）填制说明：根据资料 3 的信息显示，进口货物实际成交价格条款为 CIF，或填其代码“1”。

（二十六）运费

（1）填制结果：运费栏为空。

（2）填制说明：该货物实际成交价格条款为 CIF，价格中已包含货物的运费，无须重复填制。

（二十七）保费

（1）填制结果：保费栏为空。

（2）填制说明：该货物实际成交价格条款为 CIF，价格中已包含货物的保费，无须重复填制。

（二十八）杂费

（1）填制结果：杂费栏为空。

（2）填制说明：根据资料3提供的信息，没有发生成交价格以外的、按照《中华人民共和国海关审定进出口货物完税价格办法》的相关规定应计入完税价格或应从完税价格中扣除的费用，本栏目应为空。

（二十九）随附单证

（1）填制结果：A400115100106127309。

（2）简要说明：根据资料1可知进口货物属法检商品，意味着申报时需要提交“入境货物通关单”，代码为“A”。按照“随附单证代码”+“随附单证编号”的填制格式，填为“A400115100106127309”。

（三十）标记唛码及备注

（1）填制结果：TPHU8290658/20/2300 TEXU2391475/20/2300。

（2）填制说明：根据资料2提供的信息可知共有两个20英尺的集装箱。

（三十一）项号

（1）填制结果：01（第一行），02（第二行）。

（2）简要说明：此栏应该分两行填报，根据资料3提供的信息显示，商品只有1项，所以第一行商品序号应填“01”，而该批货物是保税加工贸易货物，根据资料1提供的信息，第二行应该填商品在手册中的排列序号，所以第二行应该填“02”。

（三十二）商品编号

（1）填制结果：3209901090999

（2）简要说明：通过商品名称，结合《进出口税则》确定该货物的8位税则号列及附加编码，关检融合后还要填报检验检疫附加编码。

（三十三）商品名称、规格型号

（1）填制结果：商品名称栏应填“水溶性油漆”（第一行）。规格型号栏应填“75%环氧树脂”（第二行）。

（2）填制说明：本栏目分两行填制，根据资料1提供的信息，按照《规范申报目录》进行填制，第一行填报货物规范的中文商品名称，第二行填报规格型号。

（三十四）数量及单位

（1）填制结果：136 256千克（第一行），114 056升（第三行）。

（2）填制说明：本栏目分3行填报，第一行填法定第一计量单位，第二行填法定第二计量单位，第三行填成交计量单位。该货物的法定第一计量单位是千克，故第一行的数量及单位填“136 256千克”，而且当法定单位是千克时一定要填净重；由于没有法定第二计量单位，所以第二行为空；同时，根据资料3的信息显示，成交单位为“LTR”，即升，故第三行的数量及单位应填“114 056升”。

（三十五）单价

（1）填制结果：200。

（2）填制说明：根据资料3的信息显示，单价为“2.00”，即每升2.00美元。在实际填制过程中一般不需要填制，只需要填制数量和总价，系统将会自动生成单价。

（三十六）总价

（1）填制结果：228 112.00。

（2）填制说明：根据资料 3 的信息显示，总价栏内数值为“228 112.00”，即货物商品总价格。

（三十七）币制

（1）填制结果：美元（502）。

（2）填制说明：根据资料 3 的信息显示，实际成交币种为美元，按照规定应填“美元”，其代码为“502”。

（三十八）原产国（地区）

（1）填制结果：新加坡（132）。

（2）填制说明：根据资料 3 的信息显示，货物的原产国为新加坡，在发票上有“Country of Origin: SINGAPORE”的字样，此处应填“新加坡”，其代码为“132”。

（三十九）最终目的国

（1）填制结果：中国。

（2）填制说明：填报已知的进出口货物的最终实际消费、使用或进一步加工制造国家（地区）。

（四十）境内目的地

（1）填制结果：秦皇岛其他（13039）。

（2）填制说明：本栏目应根据进口货物的消费使用单位所属国内地区，按“国内地区代码表”选择国内地区名称或代码填制。在报关单录入时，录入系统将境内收发货人的代码前 5 位默认为境内目的地，但需要注意的是，申报前应向企业了解货物的最终去向，并根据最终去向确定本栏目填制内容，不能以默认信息为准。

（四十一）征免

（1）填制结果：全免（3）。

（2）填制说明：根据申报商品“监管方式”栏和“征免性质”栏填制内容，以及报关单栏目填制逻辑对应关系，此栏应填“全免”，其代码为“3”。

（四十二）特殊关系确认/价格影响确认/支付特许权使用费确认

（1）填制结果：特殊关系确认应填：“否”；价格影响确认应填：“否”；支付特许权使用费确认应填：“否”。

（2）填制说明：根据资料 1 提供的信息，进口单位与外方既没有特殊关系，也无须向外方支付特许权使用费，因此本栏目三项均应填“否”。

（四十三）自报自缴

（1）填报结果：是。

（2）填报说明：根据资料 1 提供的信息。

（四十四）申报单位

（1）填制结果：秦皇岛造船厂 811201100552037112。

（2）填制说明：根据资料 1 提供的信息，此票货物由秦皇岛造船厂自行申报，因此本栏目应填报该企业名称及编码。

填制完成的报关单草单，如表 6-30 所示。

表 6-30　中华人民共和国海关进口货物报关单

预录入编号：　　　　海关编号：　　　　页码/页数：

境内收发货人	进境关别	进口日期	申报日期	备案号
秦皇岛造船厂 811201100552037112	新港海关 0202	20181126		C04026100941
境外收发货人	运输方式	运输工具名称及航次号	提运单号	货物存放地点
AEO<KR1057043>	水路运输（2）	ESSEN EXPRESS28ED09	MISC200000537	自有仓库
消费使用单位	监管方式	征免性质	许可证号	启运港
秦皇岛造船厂 811201100552037112	进料对口（0615）	进料加工（503）		新加坡（SGP012）
合同协议号	贸易国（地区）	启运国（地区）	经停港	入境口岸
SFEC/KCC803-01	韩国（133）	新加坡（132）	新加坡（SGP012）	天津码头（120001）

包装种类	件数	毛重（千克）	净重（千克）	成交方式	运费	保费	杂费
铁桶	234	161 492	136 256	CIF			

随附单证及编号

A400115100106127309

标记唛码及备注

TPHU8290658/20/2300　　TEXU2391475/20/2300

项号	商品编号	商品名称及规格型号	数量及单位	单价/总价/币制	原产国（地区）	最终目的国（地区）	境内目的地	征免
01	3209901090999	水溶性油漆	136 256 千克	2.00/228 112.00/美元（502）	新加坡（132）	中国	秦皇岛其他（13039）	全免（3）
02		75%环氧树脂	114 056 升					

特殊关系确认：否　　价格影响确认：否　　支付特许权使用费确认：否　　自报自缴：是

报关人员　报关人员证号　电话　兹申明对以上内容承担如实申报、依法纳税之法律责任	海关批注及签章
申报单位：秦皇岛造船厂 811201100552037112　　申报单位（签章）	

本章重要概念

进出口货物报关单　境内收发货人　进出境关别　进口日期　出口日期　申报日期　消费使用单位　运输方式　运输工具名称　提运单号　监管方式　征免性质　备案号　贸易国　启运国　运抵国　经停港　指运港　许可证号　成交方式　运费　保费　杂费　随附单证　项号　数量及单位　境内目的地

课后复习题

报关单填制训练

请根据所提供的资料，按照《中华人民共和国海关进出口货物报关单填制规范》的要求，在报关单相对应的栏目选项中，选出最合适的答案。

资料 1：2018 年 5 月，杭州凌云文具有限公司（海关注册编码 3301944018，统一社会信用代码 611023314010032466）出口自产打孔机铁件一批，出口报关单号 310420070546636188。货到目的地后客商检验发现货物存在质量问题，双方协商同意将货物退回杭州凌云文具有限公司。2018 年 10 月，该批打孔机铁件与杭州凌云文具有限公司自同一客商购买的旧电焊机同批进境（运费共计 3 300 美元），在向口岸海关办理转关手续（转关申报单编号@ 073104999950517l）后，运抵指运地海关办理正式进口报关手续。

电焊机属自动进口许可证管理商品，为杭州凌云文具有限公司投资额内进口减免税货物。

资料 2：发票&集装箱（见表 6-31）：

表 6-31　INVOICE　&　PACKING LIST

ACCO BRANDS CORPORATION 300 Tower Parkway www.accobrands.com						
INVOICE NO.:NGBAO7011				DATE:1th OCT 2018		
CONSIGNED TO: HANGZHOU UNITOP STATIONERY CO.,LTD RIVER HILL ROAD HANGZHOU,ZHEJIANG,CHINA				SHIPPING MARK:		
SHIPPED PER OCEAN VESSEL	SAILING ON OR ABOUT 3th OCT 2018					
FORM LONG BEACH.USA	TO NINGBO,CHINA			FCA　NOGALES		
DESCRIPTION OF GOODs	QVANTITY	PACKAGE	GROSS WEIGHT	NET WEIGHT	UNIT PRICE	AMOUNT
1.Welding machines(used)	8 set	16 pallets	16 000kg	15 600kg	@ $17 100.00	$136 800.00

续表

2.Punch metal parts-returned cargo,Price for customs declaration only	40 400pcs	2case	1 600kg	1 500kg	@ $0.15	$6 060.00

country of origin: USA

ACCO BRANDS CORPORATION

Authorized Signature

资料 3：提单（见表 6-32）：

表 6-32 BILL OF LADING

Shipper **ACCO BRANDS US LLC.** 300 Tower Parkway Lincolnshire,IL		B/L NO.KKLUUS0681814 K"K"LINE	
Consignee HANGZHOU UNITOP STATIONERY CO.,LTD RIVER HILL ROAD HANGZHOU,ZHEJIANG,CHINA			
Notify Party Same as Consignee		**Forwarding agent references**	
Pre-carriage By	**Place of receipt** NOGALES		
Vessel/Voyage ROTTERDAM BRIDGE v.226w	**Port of loading** LONG BEACH		
Port of Discharge NINGBO	**Place of delivery** NINGBO	**Type of Movement** DOOR/CY	
Container & Seal No.	**Description of Goods**	**Gross Weight**	**Measurement**
KKFU7044043 6794	1×40'container(6794) 12 pallets of used machinery XTN#265705100-NINGO-40FT	12 000.00 kg	24.82m^3
PRSU2208522 6531	1×20'container(6531) 6 p'kg of used machinery and part of other machines XTN#265705100-NINGO-20FT	5 600.00 kg	9.75m^3

续表

Total No. of containers and pkgs(in words) : SIXTEEN PALLETS AND TWO WOODEN CASES	
Date laden on board 3th OCT 2018	**Place and Date of B(S)/L Issue** RICHMOND,VA 3th OCT 2018
Freight and Charges FERIGHT PREPAID AS ARRANGED	**No of Originals B/L Issued** THREE(3)
	STAMP AND SIGNATURE OF THE CARRIER OR ITS AGENT "K"LINE America,Inc.

按照《中华人民共和国海关进出口货物报关单填制规范》的要求，该批进口货物应分单填报。请分别对应打孔机铁件和电焊机的报关单，选择以下部分栏目应填报的内容。

（一）打孔机铁件的报关单

1. "运输方式"栏应填（　　）。
A. 2　　B. 3　　C. 4　　D. 5

2. "监管方式"栏应填（　　）。
A. 无代价抵偿　　B. 退运货物
C. 直接退运　　D. 修理物品

3. "征免性质"栏应填（　　）。
A. 外资企业　　B. 鼓励项目
C. 一般征税　　D. 其他法定

4. "成交方式"栏应填（　　）。
A. 1　　B. 2　　C. 3　　D. 此栏为空

5. "件数"栏应填（　　）。
A. 2　　B. 6　　C. 12　　D. 16

6. "备案号"栏应填（　　）。
A. 空　　B. @0731049999505171
C. 3301944018　　D. 310420070546636188

7. "标记唛码及备注"栏的"备注"项应填（　　）。
A. A: ××××××××××× PRSU2208522/20/×××× KKFU7044043/40/××××
B. O: ××××××××××× PRSU2208522/20/×××× KKFU7044043/40/××××
C. 310420070546636188 PRSU2208522/20/××××
D. 310420070546636188 PRSU2208522/20/×××× KKFU7044043/40/××××

8. "原产国（地区）"栏应填（　　）。
A. 美国　　B. 中国　　C. 荷兰　　D. 国别不详

（二）电焊机的报关单

9. "备案号"栏应填（　　）。
A. 310420070546636188　　B. Z××××××××××××
C. @0731049999505171　　D. 此栏为空

10. “运输工具名称”栏的“运输工具名称”项应填（　　）。

A. ROTTERDAM BRIDGE　　B. 鹿特丹桥

C. @0731049999505171　　D. @

11. “运输工具名称”栏的“航次号”项应填（　　）。

A. 226W　　B. @　　C. @226W　　D. 此项为空

12. “监管方式”栏应填（　　）。

A. 一般贸易　　B. 合资合作设备

C. 外资设备物品　　D. 无代价抵偿

13. “征免性质”栏应填（　　）。

A. 鼓励项目　　B. 自有资金

C. 一般征税　　D. 其他法定

14. “启运港”栏应填（　　）。

A. 诺加莱斯　　B. 鹿特丹　　C. 长滩　　D. 中国境内

15. “运费”栏应填（　　）。

A. 502/3 300/3　　B. 502/3 000/3

C. 502/−300/3　　D. 此栏为空

16. “件数”栏应填（　　）。

A. 2　　B. 6　　C. 12　　D. 16

17. “包装种类”栏应填（　　）。

A. 木箱　　B. 托盘　　C. 集装箱　　D. 件

18. “毛重”栏应填（　　）。

A. 17 600　　B. 16 000　　C. 15 600　　D. 12 000

19. “随附单证”栏应填（　　）。

A. A：××××××××××××××××××

B. Z××××××××××××

C. @0731049999505171

D. 此栏为空

20. “标记唛码及备注”栏的“备注”项应填（　　）。

A. 7：××××××××××
PRSU2208522/20/××××

B. O：××××××××××
PRSU2208522/20/××××

C. PRSU2208522/20/××××

D. 此项为空

第二部分　报检业务篇

第七章

报检基础知识

学习目标

通过本章的学习，熟悉报检的基本规定，掌握货物报检的一般要求及检验检疫业务流程。

案例导入

从海关总署获悉，自 2018 年 4 月 20 日开始，原出入境检验检疫系统统一以海关名义对外开展工作，口岸一线旅检、查验和窗口实现了统一上岗、统一着海关制服、统一佩戴关衔。口岸通关实现一口对外、一次办理。

在首都机场旅客查验现场发现，旅客进出境原有的 8 个环节整合优化为卫生检疫、申报、现场调研、查验、处置 5 个环节，旅客通关速度进一步加快。首都机场海关旅检处梁舒表示："实现一口对外、一次办理，从原来的两次开箱、分别查验到现在的一次开箱、统一查验，可以说为旅客带来的是实实在在的便利。"

同时，海关与检验检疫的原旅客通道进行了合并，监管检查设备统一使用，行李物品只接受一次查验。

首都机场海关物流监控处处长陈平表示："六个步骤整合为一次申报、一次查验、一次放行三个步骤，从而大大优化了原有的查验流程和模式。"

北京海关副关长、首都机场海关关长佘骥表示："这个转隶不是简单地合并，而是通过职责、人员的整合、人员的融合整合流程，简化手续，充分释放改革红利。"

（资料来源：http://www.customs.gov.cn/customs/xwfb34/302413/302415/1684635/1684638/1756329/index.html）

根据上述资料，请思考：

（1）什么是报检？

（2）进出口货物的报检范围、报检程序有哪些规定？

第一节　报检的基本规定

一、报检的含义

报检是指有关当事人根据法律、行政法规的规定，对外贸易合同的约定或证明履约的需要，向海关申请检验、检疫、鉴定，以获准出入境或取得销售使用的合法凭证及某种公证证明所必须履行的鉴定程序和手续。

我国自2000年1月1日起，一直实施“先报检、后报关”的检验检疫货物通关制度。但到了2018年4月，为了贯彻落实国务院机构改革的要求，进一步优化营商环境，促进贸易便利化，海关全面接管原国家质量监督检验检疫总局下的出入境检验检疫工作，新的检验检疫制度按照《海关总署关于修改部分规章的决定》（海关总署令2018年第238号）执行。报关报检全面实现“三个一”的融合，企业可以通过“单一窗口”（包括通过“互联网+海关”接入“单一窗口”）报关报检合一界面向海关一次申报、一次查验、一次放行。

海关总署主管全国报检企业的管理工作，主管海关负责所辖区域报检企业的日常监督管理工作。

二、报检的范围

根据国家法律、行政法规的规定和目前我国对外贸易的实际情况，出入境检验检疫的报检范围主要包括以下三个方面。

（一）法律、行政法规规定必须经检验检疫的

根据《商检法》及其实施条例、《动植物检疫法》及其实施条例、《卫生检疫法》及其实施细则、《食品安全法》及其实施条例等有关法律、行政法规的规定，以下对象在出入境时必须向海关报检，由海关实施检验检疫或鉴定工作。具体报检范围如下。

（1）列入《法检目录》内的货物。

（2）入境废物、进口旧机电产品。

（3）出口危险货物包装容器的性能检验和使用鉴定。

（4）进出境集装箱。

（5）进境、出境、过境的动植物，动植物产品及其他检疫物。

（6）装载动植物、动植物产品和其他检疫物的装载容器、包装物、铺垫材料，进境动植物性包装物、铺垫材料。

（7）来自动植物疫区的运输工具，装载进境、出境、过境的动植物、动植物产品及其他检疫物的运输工具。

（8）进境拆解的废旧船舶。

（9）出入境人员、交通工具、运输设备，以及可能传播检疫传染病的行李、货物和邮包等物品。

（10）旅客携带物（包括微生物、人体组织、生物制品、血液及其制品，骸骨、骨灰、废旧物品和可能传播传染病的物品，以及动植物、动植物产品和其他检疫物）和携带伴侣动物。

（11）国际邮寄物（包括动植物、动植物产品和其他检疫物、微生物、人体组织、生物制品、血液及其制品，以及其他需要实施检疫的国际邮寄物）。

（12）其他法律、行政法规规定需要经海关实施检验检疫的应检对象。

（二）输入国家或地区规定必须凭检验检疫证书方准入境的

有些国家发布法令或政府规定要求，对某些来自中国的入境货物须凭海关签发的证书方可入境。例如，一些国家和地区规定，对来自中国的动植物、动植物产品，凭我国海关签发的动植物检疫证书及有关证书方可入境。

又如，欧盟、美国、日本等一些国家或地区规定，从中国输入货物的木质包装，装运前要进行热处理或熏蒸等除害处理，并由我国海关或经海关认可的有资质单位加施 IPPC 标识或出具检验检疫证书，入境时凭 IPPC 标识或检验检疫证书验放货物。

因此，凡出口货物输入国家和地区有此类要求的，报检人须报经检验检疫机构实施检验检疫或进行除害处理，取得相关证书或标识。

（三）有关国际条约规定须经检验检疫的

随着加入 WTO 和其他一些区域性经济组织，我国已成为一些国际条约、公约和协定的成员。此外，我国还与世界几十个国家缔结了有关商品检验或动植物检疫的双边协定、协议。认真履行国际条约、公约、协定或协议中的检验检疫条款是我们的义务，例如，根据双边协定，输往塞拉利昂、埃塞俄比亚、埃及等国家的商品，都必须向海关报检，并取得装运前检验证书后才允许出口。因此，凡国际条约、公约或协定规定须经我国海关实施检验检疫的出入境货物，报检人必须向海关报检，由海关实施检验检疫。

三、法检目录

（一）《法检目录》的产生

1999 年，原国家出入境检验检疫局根据国家出入境检验检疫局、海关总署联合下发的《关于印发〈进出口商品检验种类表〉〈进出境动植物检疫商品与 HS 目录对照表〉〈进口卫生监督检验食品与 HS 目录对照表〉的通知》，对实施进出境检验检疫的货物以目录形式进行了明确，共涉及编码商品 5 249 个。

2000 年，海关总署、原国家出入境检验检疫局发布关于《法检目录》调整的公告，将《进出口商品检验种类表》《进出境动植物检疫商品与 HS 目录对照表》《进口卫生监督检验食品与 HS 目录对照表》合并，调整为《法检目录》。《法检目录》自 2000 年 2 月 1 日起施行，列入《法检目录》内的进出境商品，出入境时必须向检验检疫机构报检，由检验检疫机构实施检验检疫和监管。

2013 年《法检目录》中，涉及《商品名称及编码协调制度》中的商品共 20 类，编码 5 201 个。为贯彻落实国务院关于促进进出口稳增长、调结构的有关要求，原国家质量监督检验检疫总局、海关总署决定调整《出入境海关实施检验检疫的进出境商品目录》，对 1 507 个海关商品编码项下的一般工业制成品不再实行出口商品检验。

2018 年，海关总署进一步对《出入境海关实施检验检疫的进出境商品目录》做了相应调整。取消涉及食品添加剂的 90 个商品编码海关监管条件“B”，保留监管条件“A”，海关不再实施出境检验检疫，仅实施进境检验检疫。对机动车辆、牙刷、皮革的若干商品编码增设监管条件“A”。

（二）《法检目录》的基本结构

《法检目录》的基本结构由“商品编码”“商品名称及备注”“计量单位”“海关监管条件”“检验检疫类别”5 项组成。

其中，“商品编码”在原 8 位 HS 编码的基础上以末位补零的方式补足 10 位码，所有 HS 编码第九位前的小数点，一律取消。

“商品名标及备注”结合《海关进出口税则》的“货品名称”“子目注释”，与《商品名称及编码协调制度》对应。

"计量单位"为《HS 编码》第一标准计量单位。

"海关监管条件"为"A"，表示须实施进境检验检疫；"海关监管条件"为"B"，表示须实施出境检验检疫；海关监管条件为"D"，表示须实施海关与检验检疫联合监督。

"检验检疫类别"中，"M"表示进口商品检验；"P"表示进境动植物、动植物产品检疫；"R"表示进口食品卫生监督检验；"N"表示出口商品检验；"Q"表示出境动植物、动植物产品检疫；"S"表示出口食品卫生监督检验；"L"表示民用商品入境验证；"V"表示进境卫生检疫；"W"表示出境卫生检疫。

各进出口企业查阅《法检目录》的目的是通过《法检目录》设定的"检验检疫类别"了解其出入境商品需要向海关申请并配合完成的检验检疫工作，并进一步了解该检验检疫类别的出入境商品检验检疫机构是否实施质量许可管理或执行检疫审批制度，以便在报检前完成相关工作。

四、检验检疫法律体系

出入境检验检疫法律法规作为我国现行法律的一个分支，具有相对的独立性和完整性。我国对检验检疫采取了国家最高权力机关、国务院和国家质量监督检验检疫总局三级立法的体制，这种法律体系在结构上形成了以国家最高权力机关制定的法律为母法，以国务院制定的行政法规和海关总署制定的部门规章为补充的三级检验检疫法律体系。

《商检法》及其实施条例、《动植物检疫法》及其实施条例、《卫生检疫法》及其实施细则、《食品安全法》及其实施条例等相关法律法规分别规定了出入境检验检疫的宗旨、范围、主管海关职责/权限、出入境检验检疫规范/程序、司法与法律责任。

中国已加入 WTO、联合国食品法典委员会、亚太地区植物保护委员会，签署了《关于持久性有机污染物的斯德哥尔摩公约》等公约，并与世界许多国家签订了双边协定。这些国际公约、双边协定，以及对外贸易合同等，使中国出入境检验检疫法律体系逐步规范并与国际接轨。

（一）法律

（1）《中华人民共和国进出口商品检验法》。

（2）《中华人民共和国进出境动植物检疫法》。

（3）《中华人民共和国国境卫生检疫法》。

（4）《中华人民共和国食品安全法》。

（二）行政法规

（1）《中华人民共和国进出口商品检验法》实施条例。

（2）《中华人民共和国进出境动植物检疫法》实施条例。

（3）《中华人民共和国国境卫生检疫法》实施细则。

（4）《中华人民共和国食品安全法》实施条例。

（三）规章及规范性文件

2018 年 4 月 20 日前，检验检疫规章主要是由国家质量监督检验检疫总局单独或会同有关部门制定的，是检验检疫日常工作中引用数量最多、内容最广、操作性最强的法律依据，其效力等级低于法律和行政法规，检验检疫规章以国家质量监督检验检疫总局令的形式对外公布。2018 年 4 月 20 日后，新的检验检疫规章以海关总署令的形式对外公布。

2018 年 4 月 20 日前，规范性文件是由国家质量监督检验检疫总局及各直属检验检疫局按照规定程序制定的，涉及行政管理相对人权利、义务，具有普遍约束力的文件，对外以国家质量监督检验检疫局公告的形式发布。2018 年 4 月 20 日后，全部以海关公告的形式对外发布。

五、出入境检验检疫标志

为加强对出入境检验检疫标志的管理，做好出入境检验检疫监督管理工作，海关根据相关法律法规进行出入境检验检疫标志的制定、使用和管理。入境货物应当加施标志而未加施标志的，不准销售、使用；出境货物应当加施标志而未加施标志的，不准出境。

（一）适用范围

出入境检验检疫标志是指海关根据国家法律、法规及有关国际条约、双边协定的规定，加施在经检验检疫合格的检验检疫物上的证明性标记。强制性产品认证标志及其他认证标志按照国家有关规定执行，不适用本范围。

（二）主管部门

海关总署负责标志的制定、发放和监督管理工作，标志的样式、规格由海关总署规定，主管海关负责标志加施和标志使用的监督管理。

（三）标志的样式及规格

标志样式为圆形，正面文字为“中国海关”，背面加注 9 位数码流水号。标志规格分为直径 10 毫米、20 毫米、30 毫米、50 毫米四种。

（四）标志的使用

按照出入境检验检疫法律、行政法规、规章，以及有关国际条约、双边协定、检验检疫协议等规定需加施标志的检验检疫物，经检验检疫合格后，由海关监督加施标志。标志应由检验检疫地的海关监督加施。

入境货物需要在检验检疫地以外的销售地、使用地加施标志的，进口商应在报检时提出申请，海关将检验检疫证书副本送销售地、使用地海关，销售人、使用人持证书向销售地、使用地海关申请监督加施标志。

入境货物需要分销数地的，进口商应在报检时提出申请，海关按分销批数分证，证书副本送分销地海关。由销售人持证书向分销地海关申请监督加施标志。

出境货物标志加施情况由检验检疫地的海关在检验检疫证书、《检验检疫换证凭单》中注明，出境口岸海关查验换证时核查。

第二节　货物报检的一般要求

一、入境货物报检的一般要求

（一）入境货物报检分类

1．入境一般报检

入境一般报检是指法定检验检疫入境货物的货主或其代理人，持有关单证向报关地海关申请对入境货物进行检验检疫以获得入境通关放行凭证，并取得入境货物销售、使用合法凭证的报检。

2．入境流向报检

入境流向报检亦称口岸清关转异地进行检验检疫的报检，是指法定入境检验检疫货物的货主或其代理人持有关单据在卸货口岸向海关报检，由入境口岸海关进行必要的检疫处理后签发相关证明文件，货物通关并调往目的地后收货人或其代理人再向目的地海关申报，由目的地海关进行检验检疫监管的报检。申请入境流向报检货物的报关地与目的地属于不同辖区。

3．异地施检报检

异地施检报检是指已在口岸完成入境流向报检，货物到达目的地后，该批入境货物的货主或其代理人在规定的时间内（海关放行后20日内），向目的地海关申请对入境货物实施检验检疫的报检。

异地施检报检是入境流向报检货物到达目的地后，入境货物货主或其代理人对同一批货物向目的地海关的二次申报，主要目的是申请检验检疫，以获得合法的销售、使用凭证。因入境流向报检时，只在口岸对装后货物的运输工具和外包装进行了必要的检疫处理，并未对整批货物进行检验检疫，只有当海关对货物实施了具体的检验检疫，确认其符合有关检验检疫要求及合同的规定，货主才能获得相应的准许入境货物销售、使用的合法凭证、完成入境货物的检验检疫工作。

（二）入境货物报检时限和地点

对入境货物，货主或其代理人应在入境前或入境时向入境口岸、指定的或到达站的海关办理报检手续；入境的运输工具及人员应在入境前或入境时申报。

入境货物需对外索赔出证的，应在索赔有效期前不少于 20 天内向到货口岸或货物到达地的海关报检。

大宗散装货物，易腐烂变质货物，可用作原料的固体废物，在卸货时已发生残损、数/重量短缺的货物，以及其他法律法规要求在口岸施检的货物，必须在卸货口岸海关报检。

（三）入境货物报检时应提供的单据

入境货物报检时，应填制《进口货物报关单》，并提供外贸合同、发票、提（运）单、装箱单等必要的凭证及其他海关要求提供的特殊单证。

二、出境货物报检的一般要求

（一）出境货物报检分类

1．出境一般报检

出境一般报检是指法定检验检疫出境货物的货主或其代理人，持有关单证向产地海关申请检验检疫以取得出境放行证明及其他单证的报检。对于出境一般报检的货物，检验检疫合格后，在当地海关报关的，由产地海关签发相关证明文件；在异地海关报关的，由产地海关签发相关证明文件，货主或其代理人持相关证明文件向报关地的海关报关出境。对经检验检疫合格的、符合出境直通放行条件的货物，产地海关直接签发出境证明文件。

2．出境预检验检

出境预检验检是指货主或者其代理人持有关单证向产地海关申请对暂时还不能出境的货物预先实施检验检疫的报检。预检验检的货物经检验检疫合格的，海关签发标明“预验”字样的相关证明文件；正式出境时，货主或其代理人可在检验检疫有效期内持相关证明文件向海关申请办理放行手续。申请预检验检的货物须是经常出境的、非易腐烂变质、非易燃易爆的商品。

（二）出境货物报检时限和地点

法定检验检疫的出境货物在一般情况下，货主或其代理人最迟应在出境报关或装运前7天报检，对于个别检验检疫周期较长的货物，应留有相应的检验检疫时间。

须作熏蒸消毒处理的，应在出境前 15 天报检。法定检验检疫货物，原则上应向产地海关报检并由产地海关实施检验检疫。

（三）出境货物报检时应提供的单据

出境货物报检时，应填制《出口货物报关单》，并提供合同、信用证（以信用证方式结汇时提供）、发票、装箱单等必要的凭证及其他海关要求提供的特殊单证。

第三节　检验检疫业务流程

一、报检/申报

报检/申报是指申请人按照法律、行政法规或规章的规定向海关申报检验检疫工作的手续，海关工作人员审核报检人提交的报关单内容填写是否完整、规范，随附的单证资料是否齐全、有效、符合相关规定，索赔或出证是否超过有效期等。审核无误的，方可受理报检，对报检人提交的材料不齐全或不符合有关规定的，海关不予受理报检。因此，报检人应及时了解检验检疫有关政策，在报检时按海关有关规定和要求提供相关资料。

二、计/收费

对已受理报检的，海关工作人员按照《出入境检验检疫收费办法及标准》的规定计收检验检疫费。

三、抽样

对需要实施检验检疫并出具结果的出入境货物，检验检疫工作人员需要到现场抽取样品。抽取的样品不能直接进行检验的，需要对样品进行一定的加工，称为制样。根据样品管理的规定，样品及制备的小样经检验检疫后应重新封识，超过样品保存期后方可销毁。

四、检验检疫

海关对已报检的出入境货物，通过感官、物理、化学、微生物等方法进行检验检疫，以判定所检对象的各项指标是否符合有关强制性标准或合同及买方所在国官方机构的有关规定。目前，检验检疫的方式包括全数检验、抽样检验、型式试验、过程检验、登记备案、符合性验证、符合性评估、合格保证和免予检验等。

根据《出口工业产品企业分类管理办法》，对出口工业产品，海关按照不同的企业类别和产品风险等级分别采用特别监管、严密监管、一般监管、验证监管、信用监管五种不同的检验监管方式。

五、出入境检疫处理（卫生除害处理）

（一）相关概念

“出入境检疫处理”是指利用生物、物理、化学的方法，对出入境货物、交通工具、集装箱及其他检疫对象采取的消除疫情疫病风险或者潜在危害，防止人类传染病传播、动植物病虫害传入传出的措施。

“出入境检疫处理单位”（简称检疫处理单位）是指经直属海关核准从事出入境检疫处理工作的单位。

“出入境检疫处理人员”（简称检疫处理人员）是指经直属海关核准，在检疫处理单位从事出入境检疫处理工作的人员。

海关总署主管全国检疫处理单位和检疫处理人员的管理工作。主管海关负责所辖地区检疫处理单位和检疫处理人员的日常监督管理。

（二）检疫处理技术分类

出入境检疫处理按照实施方式和技术要求，分为A类、B类、C类、D类、E类、F类和G类。

（1）A类：熏蒸（出入境船舶熏蒸、疫麦及其他大宗货物熏蒸）；

（2）B类：熏蒸（A类熏蒸方式除外）；

（3）C类：消毒处理（熏蒸方式除外）；

（4）D类：药物及器械除虫灭鼠（熏蒸方式除外）；

（5）E类：热处理；

（6）F类：辐照处理；

（7）G类：除上述类别外，采用冷处理、微波处理、除污处理等方式实施的出入境检疫处理。

检疫处理单位和检疫处理人员可以申请从事一类或者多类出入境检疫处理工作。

六、签证与放行

出境货物经检验检疫合格的，海关办理货物通关手续。经检验检疫或口岸核查货证不合格的，签发《出境货物不合格通知单》。

入境货物海关受理报检并进行必要的卫生除害处理或检验检疫合格后通关放行，并将有关信息联网核查。入境货物经检验检疫不合格但已进行有效处理合格的，签发《入境货物检验检疫证明》，进口食品签发《卫生证书》；不合格需作退货或销毁处理的，签发《检验检疫处理通知书》；不合格需要办理对外索赔的，签发检验检疫证书，供有关方面办理对外索赔及相关手续。

七、更改、撤销和重新报检

（一）更改

（1）已报检的出入境货物，海关尚未实施检验检疫或虽已实施检验检疫但尚未出具证单的，由于某种原因报检人需要更改报检信息的，可以向受理报检的海关申请，经海关有关部门审核批准后按规定进行更改。

（2）检验检疫证单发出后，报检人提出更改或补充内容的，应填写更改申请单，经海关有关部门审核批准后，予以办理。

（3）品名、数（重）量、包装、发货人、收货人等重要项目更改后与合同、信用证不符的，或者更改后与输入国法律法规规定不符的，均不能更改。

超过检验检疫证单有效期的，不予更改、补充或重发。

（4）办理更改应提供以下单据。

①填写更改申请单，说明更改的事项和理由。

②提供有关函电等证明文件，交还原发检验检疫证单。

③变更合同或信用证的，须提供新的合同或信用证。

④更改的检验检疫证单，应交还原发证单（含正副本）。确有特殊情况不能交还的，申请人应书面说明理由，经法定代表人签字、加盖公章，在指定的报纸上声明作废，并经海关审批后，方可重新签发。

（二）撤销

报检人向海关报检后因故撤销报检的，可提出申请，并书面说明理由，经检验检疫机构批准后按规定办理撤销手续。

报检后30天内未联系检验检疫事宜的，作自动撤销报检处理。

办理撤销应填写《更改申请单》，说明撤销理由并提供有关证明材料。

（三）重新报检

1．重新报检范围

报检人在向海关办理报检手续并领取检验检疫证单后，有下列情况之一的，应重新报检。

（1）超过检验检疫有效期或证单报运出口期限的。

（2）变更输入国家或地区，并又有不同检验检疫要求的。

（3）改换包装或重新拼装的。

（4）已撤销报检的。

（5）其他不符合更改条件，需要重新报检的。

2．重新报检的要求

（1）按规定填制《出口货物报关单》或《进口货物报关单》，交附有关函电等证明单据。

（2）交还原发证单，不能交还的应按有关规定办理登报声明作废的手续。

本章重要概念

报检　出入境检验检疫标志　入境一般报检　入境流向报检　异地施检报检　出境一般报检　出境预检验检　出入境检疫处理

课后复习题

一、单项选择题

1．检验检疫类别字母“M”的含义是指（　　）。

A．进口商品检验　　B．进境动植物、动植物产品检疫
C．出口商品检验　　D．进口食品卫生监督检验
2．出口食品卫生监督检验的“检验检疫类别”是（　　）。
A．“P”　　B．“R”
C．“N”　　D．“S”
3．检疫处理技术分类中的热处理是指（　　）。
A．B 类　　B．C 类
C．D 类　　D．E 类
4．须作熏蒸消毒处理的出境货物，应在（　　）报检。
A．出境前 7 天　　B．报关前 7 天
C．出境前 10 天　　D．出境前 15 天
5．对（　　），海关按照企业类别和产品风险等级的不同分别采用特别监管、严密监管、一般监管、验证监管、信用监管五种不同的检验监管方式。
A．进口工业产品　　B．进口农业产品
C．出口工业产品　　D．出口农业产品
6．出境货物经检验检疫或口岸核查货证不合格的，签发（　　）。
A．《检验检疫处理通知书》　　B．《出境货物不合格通知单》
C．《卫生证书》　　D．检验检疫证书
7．入境货物通关后经检验检疫不合格需要办理对外索赔的，签发（　　），供有关方面办理对外索赔。
A．《入境货物检验检疫证明》　　B．《卫生证书》
C．《检验检疫处理通知书》　　D．检验检疫证书
8．变更输入国家或地区，并又有不同检验检疫要求的，报检人应（　　）。
A．更改报检　　B．撤销报检
C．重新报检　　D．补充报检
9．（　　）未联系检验检疫事宜的，作自动撤销报检处理。
A．报检后 10 天内　　B．报检后 15 天内
C．报检后 20 天内　　D．报检后 30 天内
10．办理撤销报检的应填写（　　），说明撤销理由并提供有关证明材料。
A．《撤销申请单》　　B．《更改申请单》
C．《修改申请单》　　D．《撤销申请书》

二、多项选择题

1．下列表示进出境动植物及其产品的检验检疫类别的是（　　）。
A．“M”　　B．“N”
C．“P”　　D．“Q”
2．（　　）应当加施检验检疫标志，如果未加施标志则不准进出境。
A．入境货物　　B．出境货物
C．强制性认证商品　　D．其他认证标志的商品
3．法定检验检疫的入境货物报检有（　　）。

A．入境一般报检　　B．入境流向报检
C．异地施检报检　　D．入境换证报检

4．可申请预检验检的货物须是（　　）的商品。
A．经常出境的　　B．非易腐烂变质的
C．非易燃易爆的　　D．不宜长久保存的

5．（　　）必须在卸货口岸海关报检。
A．大宗散装货物　　B．可用作原料的固体废物
C．易腐烂变质货物　　D．在卸货时已发生残损的货物

6．检验检疫的方式包括（　　）等。
A．全数检验　　B．过程检验
C．符合性验证　　D．型式试验

7．海关对来自传染病疫区或动植物疫区的有关（　　）实施卫生除害处理。
A．出入境货物　　B．交通工具
C．废旧物品　　D．集装箱

8．下列情况中，报检人可向海关申请更改报检信息的有（　　）。
A．已报检且已通关的货物
B．已报检尚未通关的货物
C．已报检但尚未实施检验检疫的出入境货物
D．虽已实施检验检疫但尚未出具证单的货物

9．下列情况中，报检信息不能更改的有（　　）。
A．超过检验检疫证单有效期的
B．品名、数量等项目更改后与信用证不符的
C．收发货人等项目更改后与合同不符的
D．更改后与输入国法律不符的

10．检验检疫证单发出后，报检人提出（　　）的，应填写更改申请单。
A．更改内容　　B．补充内容
C．撤销内容　　D．重发内容

三、判断题

1．检验检疫类别“L”表示民用商品入境验证。（　　）

2．对于出境换证报检的货物，报关地海关按照国家规定进行批批查验。（　　）

3．检验检疫的标志是圆形，规格分为直径10毫米、20毫米、30毫米、40毫米四种。（　　）

4．法检的入境货物应在入境前或入境时向报关地的出入境海关报检。（　　）

5．对需要实施检验检疫并出具结果的出入境货物，检验检疫工作人员需要到现场抽取样品。抽取的样品不能直接进行检验的，需要对样品进行一定的加工，称为制样。

6．检验检疫样品及制备的小样经检验检疫后，应重新封识后方可销毁。（　　）

7．进口食品经检验检疫合格的签发《入境货物检验检疫证明》，不合格的签发《检验检疫处理通知书》。（　　）

8．更改检验检疫证单的，应交还原发证单（不含副本）。（　　）

9．已撤销报检的不能再重新报检。（　　）

10．重新报检的应交还原发证单，不能交还的应办理登报声明作废的手续。（　　）

四、简答题

1．我国法律、行政法规规定的报检范围包括哪些？

2．如何使用出入境检验检疫标志？

3．简答入境报检流程。

4．简答出境报检流程。

5．简答海关对出口工业产品的分类检验监管方式。

6．简答重新报检的范围。

第八章

动植物及其产品的报检管理

学习目标

通过本章的学习，熟悉动物、植物及其产品的报检范围、报检时限、报检地点、报检随附单证等相关要求，掌握水生动植物的隔离检疫要求，掌握肉类产品及水产品的检疫审批和报检要求，熟悉并掌握水果、蔬菜、饲料等植物及其产品的检疫审批和报检要求。

案例导入

2015 年 7 月，某机场检验检疫局工作人员对来自中国香港的航班进行查验时，从一名马来西亚籍旅客的行李中截获大量燕窝，重约 10 千克，价值约 20 万元。检验检疫工作人员依法对截获的燕窝实施退回处理。

出国返境人员携带燕窝等相关产品入境的现象屡见不鲜，其潜在风险不容小觑。由于燕窝主产地如马来西亚、印度尼西亚、越南等地区为禽流感疫区，而携带入境的燕窝未经检疫、来源不明，其携带高致病性禽流感疫情的风险极高，且存在一定的食品安全（亚硝酸盐超标）问题。大部分旅客在携带燕窝制品入境时缺乏向检疫部门主动申报的责任意识，存在侥幸心理企图逃避检疫，或者未意识到携带燕窝制品入境是国家禁止的行为。

根据上述资料，请思考：

（1）动物产品入境是否需要办理检疫审批手续？

（2）动物产品入境在报检时限、地点、随附单证上有什么要求？

（资料来源：http://caijing.bandao.cn/news_html/201602/20160203/news_20160203_2606721.shtml）

第一节　动物及其产品的报检管理

动物检疫的目的和任务如下。

一是保护农、林、牧、渔业生产。采取一切有效的措施免受国内外重大疫情的灾害，是每个国家动物检疫部门的重要任务。

二是促进经济贸易的发展。优质的动物和动物产品是国际间动物及动物产品贸易成交的关键，动物检疫工作不可或缺。

三是保护人民身体健康。动物及动物产品与人的生活密切相关，许多疫病是人畜共患的。在人类历史上，一些人畜共患传染病曾造成巨大的灾难，以牛海绵状脑病（疯牛病）

为例，自从 1996 年以来，已造成 18 万头以上的牛死亡，同时也导致 200 多人死亡。

因此，动物检疫对保护人民身体健康具有非常重要的现实意义。

一、入境动物及动物产品

（一）报检范围

入境的动物、动物产品及其他检疫物。“动物”是指饲养、野生的活动物，如畜、禽、兽、蛇、龟、鱼、虾、蟹、贝、蚕、蜂等；“动物产品”是指来源于动物未经加工或虽经加工但仍有可能传播疫病的产品，如生皮张、毛类、肉类、脏器、油脂、动物水产品、奶制品、蛋类、血液、精液、胚胎、骨、蹄、角等；“其他检疫物”是指动物疫苗血清、诊断液、动物性废弃物等。

（二）入境动物及动物遗传物质

动物是指饲养、野生的活动物。动物遗传物质是指哺乳动物精液、胚胎和卵细胞。

1．检疫审批

《动植物检疫法》第十条规定：“输入动物、动物产品、植物种子、种苗及其他繁殖材料的，必须事先向直属海关提出申请，办理检疫审批手续。”由于在引进的同时，不可避免地伴随着传入动物疫情的风险，所以海关需要事先进行风险分析，根据不同的情况决定是否准许进口。为此，进口商应在签署合同前到海关办理检疫审批手续取得准许入境的《中华人民共和国进境动植物检疫许可证》（简称检疫许可证）后再输入。在实际工作中，个别输入单位或个人在未取得《检疫许可证》的情况下就签订贸易合同，将货物直接运抵口岸，违反了动植物检疫相关法律法规的规定。

《检疫许可证》的有效期分别为 3 个月或者一次有效。除对活动物签发的《检疫许可证》外，不得跨年度使用。《检疫许可证》由海关总署统一编号。

2．注册登记及备案

输入动物遗传物质的，输出国家或地区的国外生产单位须经海关检疫注册登记。输入动物遗传物质的使用单位应当到所在地直属海关备案。

3．报检时限及地点

输入种畜、禽及胚胎的，货主或其代理人应在入境前 30 日报检；输入其他动物的，则应在入境前 15 日报检。

输入动物及动物遗传物质，货主或其代理人应当按照指定的口岸入境并报检，由口岸海关实施检疫。

4．报检时应提供的证单

货主或其代理人在办理入境报检手续时，除按报检的一般要求填制《进口货物报关单》并提供贸易合同、发票、装箱单、海运提单（或铁路运单、航空运单等），还应提供原产地证书输出国家或地区官方出具的检疫证书正本、《检疫许可证》正本、《隔离场使用证》（输入观赏用和种用水生动物、禽、畜等活动物的应提供）、备案证明书（输入动物遗传物质的，应提供经所在地直属海关批准并出具的使用单位备案证明书）。

无输出国家或者地区官方机构出具的有效检疫证书，或者未依法办理检疫审批手续的，海关根据具体情况，作退回或销毁处理。

5．隔离检疫

输入观赏用和种用水生动物、禽、畜以及国家批准入境的其他动物，须在临时隔离场实施隔离检疫的，申请单位应在办理检疫审批初审前，向海关申请《隔离场使用证》。

入境种用大中动物应当在国家隔离场隔离检疫，当国家隔离场不能满足需求时，需要在指定隔离场隔离检疫时，应当报经海关总署批准。

入境种用大中动物之外的其他动物应当在国家隔离场或者指定隔离场隔离检疫。

入境种用大中动物隔离检疫期为45天，其他动物隔离检疫期为30天。

水生动物输往我国之前，必须在输出国家或者地区官方机构认可的场地进行不少于14天的隔离养殖。输往我国的水生动物在隔离检疫期间，不得与其他野生或者养殖的水生动物接触。

6．水生动物的其他管理

输入我国的水生动物，必须来自输出国家或者地区官方注册的养殖场。

观赏用和种用水生动物必须使用输出国家或者地区官方批准的有效药物进行药浴、消毒并驱除水生动物体外寄生虫。

输往中国的水生动物的包装必须是全新的或者经过消毒的，符合中国卫生防疫要求，并能够防止渗漏。外包装应当标明养殖场注册编号、水生动物品种和数（重）量；内包装应当透明，便于检查。

（三）入境肉类产品及水产品

肉类产品是指动物屠体的任何可供人类食用的部分，包括胴体、脏器、副产品及以上述产品为原料的制品，不包括罐头产品。

水产品是指供人类食用的水生动物产品及其制品，包括水母类、软体类、甲壳类、棘皮类、鱼类、两栖类、爬行类、水生哺乳类动物等其他水生动物产品，以及藻类等海洋植物产品及其制品，不包括活水生动物及水生动物繁殖材料。

1．检疫审批

海关总署对入境肉类产品，卫生风险较高的两栖类、爬行类、水生哺乳类动物，以及其他养殖水产品等实行检疫审批制度。货主或其代理人应当在贸易合同签订前办理检疫审批手续，取得《检疫许可证》。未取得《检疫许可证》的，不得入境。

2．报检时限和地点

货主或其代理人应在货物入境前或入境时向口岸海关报检，约定检疫时间。肉类产品及水产品只能从指定的口岸入境。

入境后需调离入境口岸办理转关手续的，货主或其代理人应向口岸海关报检，到达指运地时，应当向指运地海关申报并实施检疫。

3．报检时应提供的证单

肉类产品及水产品入境前或者入境时，货主或其代理人应当持《检疫许可证》正本原件、输出国家或者地区官方主管部门出具的检验检疫证书正本原件、原产地证书、贸易合同、提单、装箱单、发票等单证向入境口岸海关报检。

入境水产品随附的输出国家或者地区官方的检验检疫证书，应当符合国家主管部门对该证书的要求。证书中应注明入境水产品的养殖或野生属性。对列入《实施企业注册的进口食品目录》的水产品，报检时还应当提供注册编号。

4．预检

（1）境外产地预检

我国主管部门根据需要可以派工作人员到输出国家或者地区进行产地预检。

（2）中转进口预检

经港澳地区中转入境的肉类产品，货主或其代理人须向授权的中国检验（香港）有限公司和中国检验认证集团澳门有限公司申请中转预检，预检后施加新的封印并出具证书。未经预检或预检不合格的，不得转运内地。

5．注册登记及备案

对向我国输出肉类产品的国外加工企业实施注册登记制度，未经注册登记的国外加工企业生产的肉类产品不得向中国输出。入境肉类产品的进口单位须经海关资格认定，指定的注册存储冷库和加工使用单位须经海关注册备案。

国家认证认可监督管理部门对列入《实施企业注册的进口食品目录》的水产品，实施国外生产加工企业注册登记制度。列入《实施企业注册的进口食品目录》的水产品，未获得国外生产加工企业注册登记的，不得入境。

6．检疫放行和处理

入境肉类产品及水产品经现场口岸查验合格后运往指定的场所存放，肉类产品应存放于指定的注册存储冷库或加工使用单位的存储冷库，水产品则存放于经海关备案的水产品存储库。经口岸查验、感官检验和实验室检测合格的，出具《入境货物检验检疫证明》，允许加工、销售和使用；经检疫不合格的，签发《检验检疫处理通知书》，在检验检疫机构的监督下，作退回、销毁或者无害化处理。

（四）入境动物源性饲料及饲料添加剂

动物源性饲料及饲料添加剂是指源于动物或产自动物的产品经工业化加工、制作的供动物食用的产品及其原料。主要包括饵料用活动物、饲料用冰鲜冷库动物产品及水产品、加工动物蛋白及油脂、宠物食品及咬胶、配合饲料，以及含有动物源性成分的添加剂预混合饲料及饲料添加剂。

1．检疫审批

动物源性饲料产品应当按照相关规定向海关申领《检疫许可证》。货主或其代理人应当在贸易合同签订前办理检疫审批手续取得《检疫许可证》，未取得《检疫许可证》的，不得入境。

2．报检要求

货主或其代理人应当在饲料入境前或者入境时向海关报检，报检时应当提供原产地证书、贸易合同、提单、发票等，并根据对产品的不同要求提供《检疫许可证》、《输出国家或者地区检验检疫证书》、《进口饲料和饲料添加剂产品登记证》（复印件）。

3．注册登记及备案

国家应对允许进口饲料的国家或者地区的生产企业实施注册登记制度，入境饲料应当来自注册登记的境外生产加工企业。《注册登记证》自颁发之日起生效，有效期为5年。

海关对饲料进口企业实施备案管理。进口企业应当在首次报检前或者报检时提供营业执照复印件向所在地海关备案。

4．检疫放行和处理

动物源性饲料及饲料添加剂，入境前经检验检疫合格的，签发《入境货物检验检疫证明》，予以放行。经检验检疫不合格须做检疫处理的，海关签发《检验检疫处理通知书》，作除害、退回或者销毁处理，经除害处理合格的准予进境。

5．标签要求

入境饲料包装上应当有中文标签，标签应当符合中国饲料标签国家标准。散装的入境饲料，进口企业应当在海关指定的场所包装并加施饲料标签后方可入境，直接调运到海关指定的生产、加工企业用于饲料生产的，免于加施标签。国家对进口动物源性饲料的饲用范围有限制的，进入市场销售的动物源性饲料包装上应当注明饲用范围。

（五）进口乳品

1．报检范围

进口乳品包括初乳、生乳和乳制品。

（1）初乳是指奶畜产犊后7天内的乳。

（2）生乳是指从符合中国有关要求的健康奶畜乳房中挤出的无任何成分改变的常乳。奶畜初乳、应用抗生素期间和休药期间的乳汁，变质乳不得用作生乳。

（3）乳制品是指由乳为主要原料加工而成的食品，如巴氏杀菌乳、灭菌乳、调制乳、发酵乳、干酪及再制干酪、稀奶油、奶油、无水奶油、炼乳、乳粉、乳清粉、乳清蛋白粉和乳基婴幼儿配方食品等。其中，由生乳加工而成、加工工艺中无热处理杀菌过程的产品为生乳制品。

2．注册登记及备案管理

海关总署对向中国输出乳品的境外食品生产企业（简称境外生产企业）实施注册制度，注册工作按照国家相关规定执行，获得注册的境外生产企业应当在海关总署网站公布。海关对入境乳品的进口商实施备案管理。

3．报检要求

报检人应在入境前或入境时向海关报关地报检，按规定填制《进口货物报关单》并提供合同、发票、装箱单、提（运）单、产地证书，以及输出国家或者地区政府主管部门出具的卫生证书，证书应当有输出国家或者地区政府主管部门印章和其授权人签字，目的地应当标明“中华人民共和国”，证书样本应当经海关总署确认，并在海关总署网站公布。

需要办理检疫审批手续的入境乳品，还需要提供《检疫许可证》。输入尚无食品安全国家标准的乳品，应当提供国务院卫生行政部门出具的许可证明文件。

涉及有保健功能的，应当提供有关部门出具的许可证明文件。标注获得奖项、荣誉、认证标志等内容的，应当提供经外交途径确认的有关证明文件。

二、出境动物及动物产品

我国是一个农业大国，畜牧、水产等养殖业在我国农业生产中占有举足轻重的地位，动物及动物产品的对外贸易情况直接影响着我国养殖业及农业的发展。做好出境动物及动物产品的检验检疫工作，是保证我国动物及动物产品在国际市场竞争中处于优势地位，促进我国农业外向型发展的需要。

海关依照《动植物检疫法》的规定，对出境动物及动物产品实施检疫。

（一）出境动物

1．报检时限和地点

（1）需隔离检疫的出境动物，货主或其代理人应在出境前 60 天预报检，隔离前 7 天正式报检。

（2）出境观赏动物（观赏鱼除外，下同），应在出境前 30 天到出境口岸海关报检。

（3）出境野生捕捞水生动物的货主或其代理人应当在水生动物出境 3 天前向出境口岸海关报检。

（4）出境养殖水生动物（包括观赏鱼，下同）的货主或其代理人应当在水生动物出境 7 天前向注册登记养殖场、中转场所在地海关报检。

2．报检应提供的单证

除按规定填写《出口货物报关单》提供合同、信用证（以信用证方式结汇时提供）、发票、装箱单等有关外贸单证外，以下出境动物报检还应提供其他相应的单证。

（1）观赏动物：应提供贸易合同或展出合约、产地检疫证书。

（2）非供屠宰用的畜禽：应有农牧部门出具的品种审批单。

（3）实验动物：应有中华人民共和国濒危物种进出口管理办公室出具的《允许进出口证明书》。

（4）实行检疫监督的动物：应出示生产企业的输出动物检疫许可证。

（5）野生捕捞水生动物应提供下列单证：所在地县级以上渔业主管部门出具的捕捞船舶登记证和捕捞许可证；捕捞渔船与出口企业的供货协议（应有捕捞船只负责人签字）；海关规定的其他单证。

进境国家或者地区对捕捞海域有特定要求的，报检时应当申明捕捞海域。

（6）养殖水生动物：应提供《出境水生动物养殖场/中转场检验检疫注册登记证》（复印件），并交验原件。

3．注册制度

国家对出境动物实行生产企业注册制度，所有出境的动物都必须来自经海关注册的生产加工企业。

4．出境水生动物的其他规定

（1）除捕捞后直接出口的野生捕捞水生动物外，出境水生动物必须来自注册登记养殖场或者中转场。

（2）注册登记养殖场、中转场应当保证其出境水生动物符合进口国或者地区的标准或者合同要求，并向出口商出具《出境水生动物供货证明》。

（3）中转场应凭注册登记养殖场出具的《出境水生动物供货证明》接收水生动物。

（4）出境水生动物应凭产地海关出具的《动物卫生证书》或《出境货物换证凭单》及检验检疫封识进入中转场。在中转场内不得将不同来源的水生动物混合拼装。凡是在口岸中转场内改变包装的、出境前变更输入国家或地区的、超过规定有效期的，必须重新向口岸海关报检。

（二）出境肉类产品

1．报检范围

“肉类产品”是指动物屠体的任何可供人类食用的部分，包括胴体、脏器、副产品，以及以上述产品为原料的制品，不包括罐头产品。

2．报检时限和地点

（1）发货人或其代理人应当在出口肉类产品启运前，向出口肉类产品生产企业所在地海关报检。

（2）出口肉类产品运抵中转冷库时应当向其所在地海关申报，中转冷库所在地海关凭生产企业所在地海关签发的检验检疫单证监督出口肉类产品入库。

3．备案管理

海关按照出口食品生产企业备案管理规定，对出口肉类产品的生产企业实施备案管理。

4．其他检验检疫规定和要求

（1）出口肉类产品加工用动物应当来自经海关备案的饲养场。海关在风险分析的基础上对备案饲养场进行动物疫病、农兽药残留、环境污染物及其他有毒有害物质的检测。未经所在地农业行政部门出具检疫合格证明的，或者疫病、农兽药残留及其他有毒有害物质检测不合格的动物不得用于屠宰、加工出口肉类产品。

（2）出口肉类产品加工用动物备案饲养场或者屠宰场应当为其生产的每一批出口肉类产品原料出具供货证明。

（3）存放出口肉类产品的中转冷库应当经所在地海关备案并接受监督管理。

（三）出境水产品

1．报检范围

“水产品”包括供人类食用的水生动物产品及其制品，包括水母类、软体类、甲壳类、棘皮类、鱼类、两栖类、爬行类、水生哺乳类动物等其他水生动物产品，以及藻类等海洋植物产品及其制品，不包括活水生动物及水生动植物繁殖材料。

2．报检地点

出口水产品生产企业或其代理人应当向产地海关报检。

3．报检应提供的单证

除按规定填写《出口货物报关单》，提供合同、信用证（以信用证方式结汇时提供）、发票、装箱单等有关外贸单证外，报检水产品还应提供其他相应的单证。

（1）生产企业检验报告（出厂合格证明）。

（2）出货清单。

（3）所用原料中药物残留、重金属、微生物等有毒有害物质含量符合输入国家或者地区，以及我国要求的书面证明。

4．备案管理

（1）出口水产品养殖场。海关对出口水产品养殖场实施备案管理。出口水产品备案养殖场应当为其生产的每一批出口水产品原料出具供货证明。

出口水产品生产企业所用的原料应当来自备案的养殖场、经渔业行政主管部门批准的捕捞水域或者捕捞渔船，并符合拟输入国家或者地区的检验检疫要求。

（2）出口水产品生产企业。海关按照出口食品生产企业备案管理规定对出口水产品生产企业实施备案管理。

5. 出口水产品包装要求

出口水产品包装上应当按照输入国家或者地区的要求进行标注，在运输包装上注明目的地国家或者地区。

6. 出口水产品检验检疫有效期

冷却（保鲜）水产品：7 天；干冻、单冻水产品：4 个月；其他水产品：6 个月。

出口水产品超过检验检疫有效期的，应当重新报检。输入国家或者地区另有要求的，按照其要求办理。

第二节　植物及其产品的报检管理

植物检疫是人类同自然长期斗争的产物，是农林虫害综合防治体系中的主要环节，是植物保护和森林保护学科的重要分支，也是当今世界各国普遍实行的一项制度。它与动物检疫一起作为口岸检验检疫工作的重要环节，其目的就是通过法律、行政和技术的手段，防止危险性植物病、虫、杂草和其他有害生物的人为传播，保障农林业的安全，促进对外贸易的发展。

一、入境植物及植物产品

（一）报检范围

入境植物、植物产品及其他检疫物。

（1）“植物”是指栽培植物、野生植物及其种子、种苗及其他繁殖材料等。

（2）“植物产品”是指来源于植物未经加工或者虽经加工但仍有可能传播病虫害的产品，如粮食、豆、棉花、油、麻、烟草、籽仁、干果、鲜果、蔬菜、生药材、木材、饲料等。

（3）“其他检疫物”包括植物废弃物，垫舱木、芦苇、草帘、竹篓、麻袋、纸等废旧植物性包装物、有机肥料等。

（二）入境种子、苗木等植物繁殖材料

植物繁殖材料是植物种子、种苗及其他繁殖材料的统称，指栽培、野生的可供繁殖的植物全株或者部分，如植株、苗木、果实、种子、砧木、接穗、插条、叶片、芽体、块根、块茎、鳞茎、球茎、花粉、细胞培养材料（含转基因植物）等。

1. 检疫审批

输入植物繁殖材料的，必须事先向海关办理检疫审批手续，并在贸易合同中列明检疫审批提出的检疫要求。

因科学研究、教学等特殊原因，需要从国外引进《中华人民共和国进境植物检疫禁止进境物名录》中植物繁殖材料的，引种单位、个人或其代理人须按照有关规定向国家相关部门申请办理特许检疫审批手续。

引进《中华人民共和国进境植物检疫禁止进境物名录》以外的种子、种苗和其他植物繁殖材料，货主或其代理人应按照我国引进种子的审批规定，事先向农业部，国家林业局，各省植物保护站、林业局等有关部门申请办理《引进种子、苗木检疫审批单》或《引进林木种子、苗木和其他繁殖材料检疫审批单》。带有土壤或生长介质的还应办理土壤和生长

介质的特许审批。转基因产品应到农业部申领许可证。

2．报检时限和地点

输入植物、种子、种苗及其他繁殖材料的，货主或其代理人应在入境前7天持有关资料向主管海关报检，预约检疫时间。

3．报检应提供的单证

货主或其代理人报检时应填制《进口货物报关单》并随附合同、发票、提单、《检疫许可证》、《引进种子、苗木检疫审批单》（或《引进林木种子、苗木和其他繁殖材料检疫审批单》）输出国官方植物检疫证书、原产地证书等有关文件。

4．其他检验检疫规定和要求

在植物、种子、种苗入境前，经海关实施现场检疫或处理合格的，签发《入境货物通关单》。入境后需要进行隔离检疫的，货主或其代理人还要向海关申请隔离场或临时隔离场。从事进境种苗花卉生产经营企业要向所在地海关备案。

引进单位、个人或其代理人应在植物繁殖材料进境前10～15日，将《检疫许可证》《引进种子、苗木检疫审批单》（或《引进林木种子、苗木和其他繁殖材料检疫审批单》），送入境口岸直属海关办理备案手续。

（三）入境水果、烟叶和茄科蔬菜

1．检疫审批

输入水果、烟叶和茄科蔬菜（主要有番茄、辣椒、茄子等）须在签订贸易合同或协议前提出申请，办理检疫审批手续取得《检疫许可证》，转基因产品需要到农业部申领许可证。

我国对入境水果的原产国有明确的规定，详见《我国允许进境水果种类及输出国家/地区名录》。因科研、赠送、展览等特殊用途需要输入国家禁止进境水果的，货主或其代理人须事先办理特许检疫审批手续。

2．报检时限

货主或其代理人应在入境前持有关资料报检。

3．报检应提供的单证

货主或其代理人报检时应填写《进口货物报关单》并随附合同、发票、提单、检疫许可证》、输出国官方植物检疫证书、原产地证书等有关文件。

4．其他检验检疫规定和要求

海关依照相关工作程序和标准实施实验室检验检疫。根据检验检疫结果，海关分别做以下处理。

（1）经检验检疫合格的，签发《入境货物检验检疫证明》准予放行。

（2）发现检疫性有害生物或其他有检疫意义的有害生物的，须实施除害处理，签发《检验检疫处理通知书》，经除害处理合格的，准予放行。

（3）货证不符或经检验检疫不合格又无有效除害处理方法的，签发《检验检疫处理通知书》，在检验机构的监督下作退运或销毁处理，需对外索赔的，签发相关检验检疫证书。

（4）经港澳地区中转进境的水果，应当以集装箱运输，按照原箱、原包装和原植物检疫证书（简称“三原”）进境。进境前，应当经海关总署认可的港澳地区检验机构对是否属允许进境的水果种类及“三原”进行确认。经确认合格的，由海关总署认可的港澳地区检验机构对集装箱加施封识，出具相应的确认证明文件，并注明所加封识号、原证书号、原封识号，同时将确认证明文件及时传送给入境口岸海关。

（四）入境粮食和植物源性饲料

粮食是指谷类（如小麦、玉米、稻谷、大麦、燕麦、黑麦、高粱等）、豆类（如大豆、绿豆、豌豆、赤豆、蚕豆，鹰嘴豆等）、薯类（如马铃薯、木薯、甘薯等）等粮食作物的籽实（非繁殖用）及其加工产品（如大米、麦芽、面粉等）。

植物源性饲料是指源于植物或产自植物的产品经工业化加工、制作的供动物食用的产品及其原料，包括饲料粮谷类、饲草类、麦麸类、青贮料、加工植物蛋白及植物粉类、配合饲料等。

1．检疫审批

国家对入境粮食和植物源性饲料实行检疫审批制度，货主或其代理人应在签订贸易合同前办理检疫审批手续。

有些产品携带有害生物风险较低，无须办理入境检疫审批。无须进行检疫审批的植物产品有粮食加工品（大米、面粉、米粉、淀粉等）、薯类加工品（马铃薯细粉、冷冻马铃薯条、马铃薯淀粉、木薯淀粉等）、植物源性饲料添加剂、青贮料、加工植物蛋白及植物粉类、乳酸菌、酵母菌、植物生长营养液（不含动物成分、未经加工的植物成分和有毒有害物质）等。货主或其代理人应将《检疫许可证》规定的入境粮食和饲料的检疫要求在贸易合同中列明。转基因产品应到农业部申领许可证。

2．报检应提供的单证及地点

货主或其代理人应当在入境前向口岸海关报检。报检时应填制《进口货物报关单》并随附合同、发票、提单、约定的检验方法标准或成交样品、原产地证书及按规定应当提供的其他有关单证，并根据产品的不同要求提供《检疫许可证》、输出国家或者地区检验检疫证书。

需要办理并取得农业部《进口饲料和饲料添加剂产品登记证》的产品，还应提供《进口饲料和饲料添加剂产品登记证》（复印件）。

海关工作人员对入境转基因产品还须查验农业部颁发的《农业转基因生物安全证书（进口）》《农业转基因生物标识审查认可批准文件》正本。

3．注册登记制度

国家对允许入境饲料的国家或者地区的生产企业实施注册登记制度，入境饲料应当来自注册登记的境外生产企业。

4．加施标签

入境饲料包装上应当有中文标签，标签应当符合中国饲料标签国家标准。散装的入境饲料，进口企业应当在海关指定的场所包装并加施饲料标签后方可入境，直接调运到海关指定的生产、加工企业用于饲料生产的，免于加施标签。

5．其他检验检疫规定和要求

（1）经检验检疫合格的，签发《入境货物检验检疫证明》，准予其入境销售或使用。

（2）经检验不合格且无法进行技术处理的，或经技术处理后重新检验仍不合格的；经检疫发现土壤或检疫性有害生物，且无有效除害处理方法的，海关签发《检验检疫处理通知书》，由货主或其代理人在海关的监督下，作退回或者销毁处理。

（五）入境转基因产品

“转基因产品”是指国家《农业转基因生物安全管理条例》规定的农业转基因生物及其他法律法规规定的转基因生物与产品，包括通过各种方式（包括贸易、来料加工、邮寄、携带、生产、科研、交换、展览、援助、赠送，以及其他方式）进出境的转基因产品。

国家对入境转基因动植物及其产品、微生物及其产品和食品实行申报制度。

1．入境转基因产品的报检

货主或其代理人在办理入境报检手续时，应当在《进口货物报关单》的货物名称栏注明是否为转基因产品。

（1）报检应提供的单证。申报为转基因产品的，除按规定提供有关单证外，还应当提供法律法规规定的主管部门签发的《农业转基因生物安全证书》《农业转基因生物标识审查认可批准文件》。

（2）农业转基因生物。国家对农业转基因生物实行标识制度。输入《实施标识管理的农业转基因生物目录》内的产品，海关核查标识，符合《农业转基因生物标识审查认可批准文件》的，准予进境；不按规定标识的，重新标识后方可进境；未标识的，不得进境。

对列入《实施标识管理的农业转基因生物目录》的入境转基因产品，如申报是转基因的，海关实施转基因项目的符合性检测；如申报是非转基因的，海关进行转基因项目抽查检测；对《实施标识管理的农业转基因生物目录》以外的入境动植物及其产品、微生物及其产品和食品，海关可根据情况实施转基因项目抽查检测。

海关按照国家认可的检测方法和标准进行转基因项目检测。

经转基因检测合格的，准予入境。如有下列情况之一的，海关通知货主或其代理人作退货或者销毁处理。

①申报为转基因产品，但经检测其转基因成分与批准文件不符的。

②申报为非转基因产品，但经检测其含有转基因成分的。

2．入境供展览用的转基因产品

入境供展览用的转基因产品，应凭法律法规规定的主管部门签发的有关批准文件入境，展览期间应当接受检验检疫机构的监督。展览结束后，所有转基因产品必须作退回或者销毁处理，如因特殊原因，需要改变用途的，应按有关规定补办入境检验检疫手续。

3．过境转基因产品的报检

过境的转基因产品，货主或其代理人应当事先向主管部门提出过境许可申请，并提交以下资料。

（1）《转基因产品过境转移许可证申请表》。

（2）输出国家或者地区有关部门出具的国（境）外已进行相应研究的证明文件或者已允许作为相应用途并投放市场的证明文件。

（3）转基因产品的用途说明和拟采取的安全防范措施。

（4）其他相关资料。

主管部门自收到申请之日起 20 日内做出答复，对符合要求的，签发《转基因产品过境转移许可证》并通知入境口岸海关；对不符合要求的，签发不予过境转移许可证，并说明理由。

过境转基因产品进境时，货主或其代理人须持规定的单证和《转基因产品过境转移许可证》向入境口岸海关申报，经海关审查合格的，准予过境，并由出境口岸海关监督其出境。对改换原包装及变更过境线路的过境转基因产品，应当按照规定重新办理过境手续。

（六）其他入境植物产品

1．原木

入境原木须附有输出国家或地区官方检疫部门出具的《植物检验证书》，证明不带有中国关注的检疫性有害生物或双边植物检疫协定中规定的有害生物和土壤。

入境原木带有树皮的，应当在输出国家或地区进行有效的除害处理，并在《植物检疫证书》中注明除害处理方法、使用药剂、剂量处理时间和温度；入境原木不带树皮的，应在《植物检疫证书》中做出声明。

2．干果、干菜、原糖等其他产品

入境干果、干菜、原糖、天然树脂、土产类、植物性油类产品等，货主或其代理人应当根据这些货物的不同种类进行不同的报检准备。

需要办理检疫审批的，如干辣椒等，在货物入境前事先提出申请，办理检疫审批手续，取得许可证。在输入上述货物时应当持合同、输出国官方出具的《植物检疫证书》向海关报检，约定检疫时间。经海关实施现场检疫、实验室检疫合格或经检疫处理合格的，签发《入境货物检验检疫证明》，准予入境销售或使用。

二、出境植物及植物产品

（一）报检范围

出境植物、植物产品和其他检疫物；装载植物产品和其他检疫物的装载容器、包装物、铺垫材料；有关法律、行政法规、国际条约规定或者贸易合同约定应当实施出境植物检疫的其他货物、物品。

（1）“植物”是指栽培植物、野生植物及其种子、种苗及其他繁殖材料等。

（2）“植物产品”是指来源于植物未经加工或者虽经加工但仍有可能传播病虫害的产品，如粮食、豆、棉花、油、麻、烟草、籽仁、干果、鲜果、蔬菜、生药材、木材、饲料等。

（3）“其他检疫物”包括植物废弃物，如垫舱木、芦苇、草帘、竹篓、麻袋、纸等废旧植物性包装物、有机肥料等。

（二）报检要求

1．出口野生植物及其制品

出口纳入《进出口野生动植物种商品目录》管理范围的野生植物及其制品的，除按规定填写《出口货物报关单》，并提供合同、信用证（以信用证方式结汇时提供）、发票、装箱单等有关基本单证外，还应提供国家濒危物种进出口管理办公室或其授权的办事处签发的《濒危物种允许出口证明书》或《物种证明》。

2．出口水果

出口水果应在包装厂所在地海关报检。

出口水果来自注册登记果园、包装厂的，除上述基本单证外还应当提供《注册登记证书》（复印件）；来自本辖区以外其他注册果园的，由注册果园所在地海关出具水果产地供

货证明。

对来自非注册果园、包装厂的水果，以及出境水果来源不清楚的，不准出口。

对输往智利的水果，所有水果包装箱应统一用英文标注水果种类、出口国家、产地、果园名称或其注册号、包装厂及出口商名称等信息。承载水果包装箱的托盘货物外表应加贴“输往智利共和国”英文标签。

对输往秘鲁的柑橘，包装箱上应用英文标出产地（省份）、果园名称或其注册号、包装厂名称或注册号、“中国输往秘鲁”的字样。

3．出口种苗花卉

国家对出口种苗花卉实施种苗花卉基地注册登记制度，推行“公司+基地+标准化”管理模式，从事出口种苗花卉生产经营的企业，应向所在地海关申请注册登记。

未获得注册登记的企业，不得从事出口种苗花卉生产经营业务。来自未实施注册登记生产经营企业的种苗花卉，不准出口。

4．出口盆景

输往欧盟、美国、加拿大等国家或地区的盆景，除上述基本单证外，还应提供《出境盆景场/苗木种植场检疫注册证》。

5．出口港澳的蔬菜

国家对供港澳蔬菜种植基地和供港澳蔬菜生产加工企业实施备案管理，种植基地和生产加工企业应当向海关备案。

供港澳蔬菜，应当提交供港澳蔬菜加工原料证明文件、出货清单，以及出厂合格证明。

本章重要概念

动物产品　动物遗传物质　中转进口预检　动物源性饲料　转基因产品　植物源性饲料

课后复习题

一、单项选择题

1．输入动植物及其产品的，必须事先提出申请，办理（　　）手续。

A．注册登记　　B．检疫审批

C．备案　　D．强制性认证

2．输入种畜、禽及胚胎的，货主或其代理人应在（　　）报检；输入其他动物的，则应在（　　）报检。

A．入境前 30 日，入境前 15 日　　B．入境前 15 日，入境前 30 日

C．入境 30 日前，入境 15 日前　　D．入境 15 日前，入境 30 日前

3．水生动物输入进境后应在指定隔离场隔离，隔离期是（　　）。

A．45 天　　B．30 天　　C．20 天　　D．15 天

4．国家对允许进口饲料的国家或者地区的生产企业实施注册登记制度，其《注册登记证》自颁发之日起生效，有效期为（　　）。

A．1 年　　B．2 年　　C．3 年　　D．5 年

5．我国对入境乳品的进口商实施（　　）管理。

A．检疫审批　　B．注册登记

C．备案　　D．预检

6．需隔离检疫的出境动物，货主或其代理人应在（　　）预报检，（　　）正式报检。

A．出境前 30 天，隔离前 15 天　　B．隔离前 15 天，出境前 30 天

C．出境前 60 天，隔离前 7 天　　D．隔离前 7 天，出境前 60 天

7．下面实行备案管理的是（　　）。

A．境外食品生产企业　　B．出境水生动物养殖场

C．出境动物生产企业　　D．出口水产品养殖场

8．出口肉类产品启运前，应向（　　）海关报检。

A．生产企业所在地　　B．出口企业所在地

C．启运地　　D．口岸

9．输入植物、种子、种苗及其他繁殖材料的，货主或其代理人应在（　　）报检。

A．入境前 7 天　　B．入境前 10 天

C．入境前 3 天　　D．入境前 14 天

10．入境转基因产品应到（　　）申领许可证。

A．国家质量监督检验检疫总局　　B．海关总署

C．口岸海关　　D．农业部

二、多项选择题

1．下列关于入境动物检疫管理表述正确的有（　　）。

A．输入种用动物的，应先办理《隔离场使用证》，再办理检疫审批手续。

B．输入我国的水生动物，必须来自出口国官方注册的养殖场。

C．种用禽类入境应进行隔离检疫，隔离期为 45 天

D．入境动物应在入境口岸报检

2．进出口收发货人应当在饲料（　　）向海关报检。

A．入境前　　B．入境时

C．入境后　　D．进口后

3．下列应该进行注册登记的有（　　）

A．入境肉类的境外加工企业　　B．入境肉类的进口企业

C．入境饲料的境外加工企业　　D．入境饲料进口企业

4．出境水产品报检应提交（　　）。

A．合同　　B．发票

C．生产企业检验报告　　D．出货清单

5．关于饲料包装上的标签表述正确的有（　　）。

A．入境饲料包装上应当有中文标签

B．标签应当符合中国饲料标签国家标准

C．散装的入境饲料免于加施标签

D．直接调运到海关指定生产企业用于饲料生产的，免于加施标签

6. 下列关于入境转基因产品表述正确的有（　　）。

A. 国家对农业转基因生物实行标识制度

B. 对转基因的，海关实施转基因项目符合性检测

C. 对非转基因的，海关进行转基因项目抽查检测

D. 对《农业转基因生物目录》以外的入境动植物及其产品，海关进行转基因项目抽查检测

7. 下列关于入境原木表述正确的有（　　）。

A. 入境原木应附有输出国家或地区官方检疫部门出具的《植物检验证书》

B. 入境原木带有树皮的，应当在输出国家或地区进行有效的除害处理

C. 入境原木带有树皮的，应当在输入国家或地区进行有效的除害处理

D. 入境原木不带树皮的，应在《植物检疫证》中做出声明

8.（　　）入境申报时应提交输出国家官方检疫部门出具的《植物检验证书》。

A. 干辣椒　　B. 原木

C. 种苗花卉　　D. 农业转基因产品

9. 国家对出境种苗花卉管理表述正确的有（　　）。

A. 实施花卉基地备案管理制度

B. 实施种苗花卉标识制度

C. 实施花卉基地注册登记制度

D. 推行"公司+基地+标准化"管理模式

10. 输往（　　）等国家或地区的出境盆景，报检时应提供《出境盆景场/苗木种植场检疫注册证》。

A. 欧盟　　B. 美国　　C. 加拿大　　D. 日本

三、判断题

1. 动物产品进口商应在签署合同时办理检疫审批手续，取得准许入境的《检疫许可证》。（　　）

2. 种用大中动物入境应当在国家隔离场隔离检疫。（　　）

3. 对入境动物，我国主管部门可以派工作人员到输出国家进行产地预检。（　　）

4. 入境肉类产品及水产品经口岸查验合格后运往指定的场所存放，肉类产品应存放于经海关备案的冷库或加工单位的存储冷库，水产品则存放于注册地指定的水产品存储库。（　　）

5. 入境饲料的包装上必须要有中文标签。（　　）

6. 出口肉类产品加工用动物备案饲养场或者屠宰场应当为其生产的每一批出口肉类产品原料出具供货证明。（　　）

7. 出口水产品生产企业或其代理人应当向口岸海关报检。（　　）

8. 引进《中华人民共和国进境植物检疫禁止进境物名录》以外的种子、种苗和其他植物繁殖材料，货主应事先申领《检疫许可证》。（　　）

9. 入境原木带有树皮的，应当在输出国家或地区进行有效的除害处理，并在《植物检疫证书》中注明除害处理方法。（　　）

10. 入境干果、干菜、原糖、天然树脂、土产类、植物性油类产品等，货主或其代理

人可进行相同的报检准备。（　　）

四、简答题

1．简述水生动物入境的检疫要求？

2．对入境动物的隔离检疫，具体规定有哪些？

3．对出境动物的报检时间和地点有怎样的要求？

4．我国对出口水产品包装、检验检疫有效期及相关企业有哪些报检要求？

5．我国对出境水果有哪些报检要求？

第九章

食品、化妆品及玩具的报检管理

学习目标

通过本章的学习，熟悉国家对进出口食品、化妆品、玩具的报检范围，掌握国家对进出口食品、化妆品、玩具的报检要求。

案例导入

2016年6月30日，河南出入境检验检疫局机场办事处先后查获两批入境旅客携带的未经检疫审批韩国产肉毒杆菌美容化妆品共计6盒168支336毫升。肉毒杆菌属于禁止携带进境物品中的特殊物品之生物制品类，除了人们所知的美容、除皱作用外，还具有剧烈的毒性。肉毒毒素是一种神经毒素，也是目前毒性最强的毒素之一，食入和吸收这种毒素后，神经系统将遭到破坏，出现头晕、呼吸困难和肌肉乏力等神经中毒症状，致残率、病死率极高。人体胎盘提取液属于生物制品，具有传播艾滋病、乙肝、丙肝等传染病的可能，有较大的生物安全风险。未经检疫审批检验的特殊物品其安全性难以保证，存在潜在的重大检疫风险。依据《出入境特殊物品卫生检疫管理规定》，机场办事处检疫人员对上述物品进行了截留，随后实施了监督退运出境或销毁处理。

根据上述资料，请思考：

（1）国家对进口化妆品有怎样的检验检疫要求？

（2）海关在对进口化妆品实施检验检疫时是否也对化妆品标签进行检验？

（资料来源：http://news.163.com/17/0314/08/CFFN970Q00014AEE.html）

第一节　食品的报检管理

《食品安全法》已由中华人民共和国第十一届全国人民代表大会常务委员会第七次会议于2009年2月28日通过并予以公布，自2009年6月1日起施行，原《中华人民共和国食品卫生法》同时废止。

一、进口食品

（一）报检范围

进口食品的报检范围包括食品、食品添加剂和食品相关产品。

（1）食品是指各种供人食用或者饮用的成品和原料，以及按照传统既是食品又是药品的物品，但是不包括以治疗为目的的食品。

（2）食品添加剂是指为改善食品品质和色、香、味，以及为满足防腐、保鲜和加工工艺的需要而加入食品中的人工合成或者天然物质。

（3）食品相关产品是指用于食品的包装材料、容器、洗涤剂、消毒剂，以及用于食品生产经营的工具、设备。

（二）报检要求

进口食品、食品添加剂和食品相关产品应当经出入境海关检验合格后，凭签发的通关证明放行。在此之前，货主或其代理人应当持合同、发票、装箱单、提单等凭证和相关批准证明文件报检，具体食品入境要求有所不同。

（1）进口动植物源性食品的货主或其代理人在报检时应根据产品的不同提供相应的《检疫许可证》、输出国家或者地区出具的检验检疫证书及原产地证书。

（2）进口食用植物油的货主或其代理人在报检时除提供产品符合我国现行食品安全国家标准的证明文件等材料外，还应在报关单“备注”栏注明其产品境外生产企业的名称。

（3）根据《关于加强进口果汁农残检验监测的警示通报》，进口果汁的货主或其代理人在报检时应提交果汁所用原料符合《食品中农药最大残留限量》中多菌灵限量要求的证明文件。

（4）根据《关于进一步加强进出口蒸馏酒邻苯二甲酸酯类物质检测的警示通报》，进口蒸馏酒的货主或其代理人在报检时应提交有资质检测机构出具的塑化剂检测报告。如塑化剂检测报告是国外检测机构出具的，进口蒸馏酒的货主或其代理人还应同时提交国外检测机构的资质证明。

（5）食品添加剂进口企业报检时应当提供如下资料：注明产品用途（食品加工用）的贸易合同，或者贸易合同中买卖双方出具的用途声明（食品加工用）；食品添加剂完整的成分说明；进口企业是经营企业的，应提供加盖进口企业公章的工商营业执照或经营许可证复印件；进口企业是食品生产企业的，应提供加盖进口企业公章的食品生产许可证复印件；需办理检验检疫审批的，还应提供《检疫许可证》。

（6）预包装食品及食品添加剂报检时，除应按报检规定提供相关单证外，还应提供食品中文标签样张和外文原标签及翻译件。当进口食品标签中特别强调某一内容，如获奖、获证、法定产区等内容时，应提供相应的证明材料。

预包装食品是指经预先定量包装，或装入（灌入）容器中，向消费者直接提供的食品。

食品标签是指在食品包装容器上或附于食品包装容器上的一切附签、吊牌、文字、图形、符号说明物。

（三）其他检验检疫规定和要求

（1）进口的食品、食品添加剂及食品相关产品应当符合我国食品安全国家标准。

（2）进口的预包装食品及食品添加剂应当有中文标签、中文说明书。预包装食品及食品添加剂没有中文标签、中文说明书的，或者标签、说明书不符合本条规定的，不得入境。

标签说明书应当符合《食品安全法》，以及我国其他有关法律、行政法规的规定和食品安全国家标准的要求，载明食品的原产地，以及境内代理商的名称、地址、联系方式。

食品和食品添加剂的标签、说明书，不得含有虚假、夸大的内容，不得涉及疾病预防、治疗功能。生产者对标签、说明书上所载明的内容负责。食品和食品添加剂的标签、说明书应当清楚、明显，容易辨认识读。食品和食品添加剂与其标签、说明书所载明的内容不符的，不得上市销售。

海关对食品标签的审核与进口食品检验检疫结合进行。经审核合格的，在按规定出具的检验证明文件中加注“标签经审核合格”。

（3）向我国境内输出食品的出口商或者代理商应当向主管海关备案。向我国境内输出食品的境外食品生产企业应当向海关进行注册。

（4）输入食品的收货人，应当向其工商注册登记地海关申请备案，备案信息在海关总署网站公布。

（5）进口商应当建立食品进口和销售记录制度，如实记录食品的名称、规格数量、生产日期、生产或者进口批号保质期、出口商和购货者名称及联系方式、交货日期等内容。

食品入境和销售记录应当真实，保存期限不得少于两年。

（6）凡以保健食品名义报检的进口食品必须报国家食品药品监督管理总局审批合格取得《进口保健食品批准证书》后方可入境。入境时，口岸海关凭该证书对货物进行检验检疫，合格的方可入境。

（7）进口尚无食品安全国家标准的食品，或者首次进口食品添加剂新品种、食品相关产品新品种，进口商应当向海关提交经国务院卫生行政部门批准签发的许可文件。海关按照国务院卫生行政部门的要求进行检验。

（8）经检验检疫合格的，签发卫生证书准予入境销售、使用；经检验检疫不合格的，签发《检验检疫处理通知书》，涉及安全、健康、环境保护项目不合格的，由海关责令当事人销毁或退货；其他项目不合格的，必须在海关监督下进行技术处理，经重新检验合格后，方可销售、使用，不能进行技术处理或者经技术处理后重新检验仍不合格的，责令其销毁或退货。

（四）进口食品换证

进口食品经营企业（指进口食品的批发、零售商）在批发、零售进口食品时应持有当地海关签发的进口食品卫生证书。进口食品在口岸海关检验合格取得进口食品卫生证书后再转运内地销售时，进口食品经营企业应持口岸海关签发的进口食品卫生证书正本或副本到当地海关换取当地海关签发的进口食品卫生证书。申请换证时也应填写《进口货物报关单》。

（五）进口食品包装容器、包装材料

进口食品包装容器、包装材料（简称食品包装）是指已经与食品接触或预期会与食品接触的进口食品内包装、销售包装、运输包装及包装材料。

国家对食品包装进口商实施备案管理，对进口食品包装产品实施检验。作为商品直接进口的、与食品接触的材料和制品及已盛装进口食品的食品包装应向到货地口岸检验检疫机构报检。报检时应填写《进口货物报关单》，随附合同、提单、发票、装箱单等，同时还应提交《出入境食品包装备案书》（复印件）。经检验合格的，海关出具《入境货物检验检疫证明》。

盛装进口食品的食品包装在进口食品报检时列明包装情况。海关在对进口食品检验的同时，对食品包装进行抽查检验。对未能提供《出入境食品包装备案书》的，在海关予以

受理报检时，进口商可按备案管理规定及时办理相关手续。出/进口食品包装备案不是行政许可，对未经备案企业进口或生产的食品包装应实施批批检验检测。

对已列入《法检目录》的进口食品包装，如用于盛装进口食品，可凭《入境货物检验检疫证明》换发《出入境货物包装性能检验结果单》，必要时应对安全卫生项目进行检测；对未列入《法检目录》的进口食品包装，按照非法定检验检疫商品监督抽查管理规定实施检查检验，如用于盛装进口食品，应按照进口食品包装有关规定办理《出入境货物包装性能检验结果单》。

二、出口食品

（一）报检范围

出口食品的报检范围包括一切出口食品（包括各种供人食用、饮用的成品和原料，以及按照传统习惯加入药物的食品），用于出口食品的食品添加剂等。

（二）报检应提供的单证

除按规定填写《出口货物报关单》，并提供合同、信用证（以信用证方式结汇时提供）、发票、装箱单等有关外贸单证外，还应提供如下相应单证。

（1）生产企业（包括加工厂、冷库、仓库）的《出口食品生产企业备案证明》。

（2）海关出具的《出入境食品包装及材料检验检疫结果单》。

（3）出口预包装食品的，还应提供与标签检验有关的标签样张和翻译件。

（三）其他检验检疫规定和要求

（1）国家对出口食品的生产、加工、储存企业实施备案管理制度。货主或其代理人向海关报检的出口食品，应产自或储存于经国家主管部门备案的企业或仓库，未经备案的企业和仓库所生产或储存的出口食品，不得出口。

（2）出口食品的标签必须符合进口国（地区）的要求。

（3）对于出口至韩国的水产品，包装上应有进口国文字及英文标识，标识内容包括品名、出口国家名称、注册登记加工厂名称及注册编号，所有标识内容应清晰、醒目、持久。

（4）对申报仅用于工业用途，不用于人类食品添加剂及原料的产品，企业应提交贸易合同及不用于人类食品和动物饲料添加剂及原料产品用途的证明；对申报用于人类食品添加剂及原料的产品，在报检时应注明用于人类食品加工。

第二节 化妆品的报检管理

化妆品与人们的日常生活密切相关，是和人体直接接触的物质，其所具有的潜在危险的化学成分对人体健康会产生严重的危害。随着化妆品消费的日益增加，其安全问题也日益引起人们的关注。我国及国际上许多国家对化妆品实施检验管制，对安全和卫生要求很高，特别是对含有汞、铅等有害金属加以严格的限制。

一、进口化妆品

（一）报检范围

化妆品是指以涂、擦散布于人体表面任何部位（皮肤、毛发、指甲、口唇等）或口腔黏膜，以达到清洁、护肤、美容和修饰目的的产品。

国家对进出口化妆品实施分级监督检验管理制度，制定、调整并公布《进出口化妆品分级管理类目表》。

海关对进口化妆品实施检验的项目包括化妆品的标签、数量、重量、规格、包装、标记、品质、卫生等，同时检验化妆品包装容器是否符合产品的性能及安全卫生要求。

（二）报检要求

1．报检单证

报检人应在入境前或入境时向主管海关报检，按规定填制《进口货物报关单》并提供合同、发票、装箱单、提（运）单、进口化妆品标签检验相关资料（化妆品中文标签样张、外文原标签及翻译件、化妆品成分配比等）、卫生部进口化妆品卫生许可批件（备案证书）等相关单据。

2．化妆品标签审核

化妆品标签审核是指海关对进口化妆品标签中标示的反映化妆品卫生质量状况、功效、成分等内容的真实性、准确性进行符合性检验，并根据有关规定对标签格式、版面、文字说明、图形、符号等进行审核。

海关在对进口化妆品实施检验检疫时，要对进口化妆品标签内容是否符合中国法律法规和强制性认证标准的规定要求，以及与质量有关内容的真实性、准确性进行检验。对化妆品的标签审核，与进口化妆品检验检疫结合进行。经检验合格的，在按规定出具的检验证明文件中加注“标签经审核合格”。

标签审核内容包括：①标注的化妆品卫生质量状况、功效、成分等内容是否真实、准确；②格式、版面、文字说明、图画、符号等是否符合有关规定；③进口化妆品是否使用正确的中文标签；④标签是否符合进口国使用要求。

（三）其他检验检疫规定和要求

（1）进口化妆品由入境口岸海关实施检验，经检验检疫合格的，签发《入境货物检验检疫证明》，货主或其代理人凭《入境货物检验检疫证明》申领检验检疫标志，并在检验人员的监督下加贴后，方可销售、使用。

（2）经检验检疫不合格的，签发《检验检疫处理通知书》。安全卫生指标不合格的，由海关责令当事人销毁或退货；其他项目不合格的，必须在海关监督下进行技术处理，经重新检验合格后，方可销售、使用，不能进行技术处理或者经技术处理后，重新检验仍不合格的，责令其销毁或退货。

（3）海关对进口化妆品实施后续监督管理。发现未经海关检验的、未加贴或者盗用检验检疫标志及无中文标签的进口化妆品可依法使用封存、补检等措施。

（4）海关对向我国输出化妆品的国外生产企业实施卫生注册登记管理，对所辖地区的进口化妆品经营单位备案建档，加强监督管理。进口化妆品的收货人或其代理人应当按照国家相关规定报检，同时提供收货人备案号。

二、出口化妆品

国家对出口化妆品实施法定检验。

（一）报检范围

列入《法检目录》及有关国际条约、相关法律、行政法规规定由海关检验检疫的化妆品（包括成品和半成品）。

（二）报检应提供的单证

除按规定填写《出境货物报检单》并提供合同、信用证（用信用证方式结汇时提供）、发票、装箱单等有关外贸单证外，还有以下两种情况。

1．出口预包装化妆品的

出口预包装化妆品，除应提供上述单证外，还应提供与标签有关的标签样张和翻译件。

2．首次出口的化妆品

首次出口的化妆品除应提供上述单证外，还必须提供以下文件。

（1）出口化妆品企业营业执照、卫生许可证、生产许可证、生产企业备案材料，以及法律、行政法规要求的其他证明。

（2）自我声明。声明化妆品符合进口国家（地区）相关法规和标准的要求，正常使用不会对人体健康产生危害等内容。

（3）产品配方。

（4）销售包装化妆品成品应当提交外文标签样张和中文翻译件。

（5）销售特殊用途包装化妆品成品应当提供相应的卫生许可证件，或者具有相关资质的机构出具是否存在安全性风险物质的有关安全性评估资料。

（6）安全性评价资料和产品成分表（包括特殊化妆品），以供海关备案。

上述文件提供复印件的，应当同时交验正本。

（三）其他检验检疫规定和要求

1．出口化妆品标签要求

出口化妆品标签必须标注如下内容：产品名称、生产者的名称和地址、生产日期和保质期或者生产批号和限期使用日期、净含量、全成分表、企业所执行的国家标准、行业标准号或者经备案的企业标准号。

凡使用或者保存不当容易造成化妆品本身损坏或者可能危及人体健康和人身安全的化妆品、适用于儿童等特殊人群的化妆品，标签上必须标注注意事项、警示说明和使用指南，必要时应注明满足保质期和安全性要求的储存条件等。

2．来料加工复出口的化妆品

来料加工复出口的化妆品，来料进口时能够提供符合拟复出口国家（地区）法规或者标准的证明性文件的，可免于按照我国标准进行检验；加工后的产品，按照进口国家（地区）的标准进行检验检疫。

3．出口化妆品检验检疫处理

出口化妆品检验检疫不合格的，按如下方式处理。

（1）对安全卫生指标不合格的，应在海关监督下销毁。

（2）对其他项目不合格的，应在海关监督下进行技术处理，经重新检验合格后方可出口。不能进行技术处理或者经技术处理后重新检验仍不合格的，不准出口。

第三节 玩具的报检管理

玩具是促进儿童增长知识、发展智力的益智产品，一般是为特定年龄组的儿童设计和制造的。由于儿童受智力发育的自然限制，不能识别玩具的潜在危险，不懂得如何保护自己免受伤害，因此国际上对玩具的安全、卫生性能要求很高，许多国家制定了严格的玩具安全法规标准，并实施严格的检验管制。

玩具不仅关系到少年儿童的生活健康，而且关系到我国出口产品在国际上的形象，关系到我国对外贸易的健康发展。

海关总署主管全国进出口玩具检验监督管理工作，主管海关负责辖区内进出口玩具的检验监督管理工作。

一、进口玩具

（一）报检范围

进口玩具报检范围包括列入《法检目录》及法律、行政法规规定必须经海关检验的进口玩具。海关对《法检目录》外的进口玩具按照海关总署的规定实施抽查检验。

（二）报检要求

进口玩具的收货人或其代理人应在入境前或入境时向报关地海关报检。应当按照《出入境检验检疫报检规定》如实填写《进口货物报关单》，提供外贸合同、发票、装箱单、提（运）单等有关单证。对列入强制性产品认证目录的进口玩具还应当提供强制性产品认证证书复印件。

（三）其他检验检疫规定和要求

（1）海关对列入强制性产品认证目录内的进口玩具，按照《进口许可制度民用商品入境验证管理办法》的规定实施验证管理。

（2）对未列入强制性产品认证目录内的进口玩具，报检人已提供进出口玩具检测实验室（简称玩具实验室）出具的合格检测报告的，海关对报检提供的有关单证与货物是否符合进行审核。对未能提供合格检测报告或者经审核发现有关单证与货物不相符的，应当对该批货物实施现场检验并抽样送玩具实验室检测。

（3）进口玩具经检验合格的，海关出具检验证明。经检验不合格的，由海关出具《检验检疫处理通知书》。涉及人身财产安全、健康、环境保护项目不合格的，由海关责令当事人退货或者销毁；其他项目不合格的，可以在海关的监督下进行技术处理，经重新检验合格后，方可销售或者使用。

（4）在国内市场销售的进口玩具，其安全使用标识应符合我国玩具安全的有关强制性要求。

（5）海关总署对存在缺陷可能导致儿童伤害的进出口玩具的召回实施监督管理。进入我国国内市场的进口玩具存在缺陷的，进口玩具的经营者、品牌商应当主动召回；不主动召回的，由海关总署责令召回。

（6）擅自销售未经检验的进口玩具，或者擅自销售应当申请进口验证而未申请的进口玩具的，由海关没收违法所得，并处货值金额5%以上20%以下罚款。

二、出口玩具

出口玩具已成为我国主要轻工出口产品之一，我国对出口玩具实施法定检验。

（一）报检范围

出口玩具的报检范围是HS编码为95030010的三轮车、踏板车和类似的带轮玩具或玩偶车；95030021的动物玩偶；95030029的其他玩偶；95030031的缩小的电动火车模型；95030039的缩小的全套模型组件；95030040的其他建筑套件及建筑玩具；95030050的玩具乐器；95030060的智力玩具；95030081的组装成套或全套的其他玩具；95030082的其他带动力装置的玩具及模型；95030089的其他未列名玩具；95030090的玩具或模型零件等产品。

（二）报检应提供的单证

除按规定填写《出口货物报关单》并提供合同、信用证（以信用证方式结汇时提供）、发票、装箱单等有关外贸单证外，还应提供如下相应单证。

（1）《出口玩具注册登记证书》。

（2）《产品质量安全符合性声明》。

（3）玩具实验室出具的检测报告。

（4）出口玩具首次报检时，还应当提供玩具实验室出具的检测报告，以及海关总署规定的其他材料等。

（5）出口日本的玩具，应同时提供安全项目检测合格报告和能证明其产品满足日本玩具法规要求（特别是满足相关的化学项目要求）的检测报告。

（6）其他材料。

（三）其他检验检疫规定和要求

（1）国家对出口玩具实施出口玩具注册登记制度。出口玩具生产企业应当按照《进出口玩具检验监督管理办法》的要求，向所在地海关申请出口玩具注册登记。

（2）严禁在玩具的材料中使用有毒有害物质。出口玩具在生产过程中禁止使用含有1，4-丁二醇的材料。

（3）玩具出口企业在生产过程中使用新的材料时，应向海关提供该新材料的成分表和有关物质的安全分析表或有关机构的毒理评估报告，同时提供进口商或品牌商对该成分的安全保证确认函。

（4）出口可充电类玩具产品时，出口企业除按要求提供产品的首件检测报告或安全项目检测报告外，还必须提供所使用电池的安全性能检测报告或者该玩具的型式试验报告，供海关对充电电池进行安全性检测。

（5）海关对出口玩具生产企业按照《出口工业产品生产企业分类管理办法》实施分类管理。

（6）出口玩具应当由产地海关实施检验。出口玩具经检验合格的，产地海关出具《出境货物换证凭单》。出口玩具经检验不合格的，出具《出境货物不合格通知单》。

（7）出口玩具经产地海关检验合格后，发货人应当在规定的期限内向口岸海关申请查验。

（8）未能在检验有效期内出口或者在检验有效期内变更输入国家或者地区且检验要求

不同的，应当重新向海关报检。

（9）擅自出口未经检验的出口玩具的，由海关没收违法所得，并处货值金额 5%以上 20%以下罚款。

本章重要概念

食品　食品添加剂　食品相关产品　进口食品换证　化妆品标签审核　型式试验

课后复习题

一、单项选择题

1．（　　）在入境报检时应提交有资质检测机构出具的塑化剂检测报告。

A．动植物源性食品　　B．食用植物油
C．蒸馏酒　　D．食品添加剂

2．海关对（　　）的审核与进口食品检验检疫结合进行。

A．食品包装　　B．食品标签
C．食品添加剂　　D．食品产地

3．向我国境内（　　）应当向国家出入境检验检疫部门备案。向我国境内（　　）应当经国家相关主管部门注册。

A．输出食品的出口商；输出食品的境外食品生产企业
B．输出食品的境外食品生产企业；输出食品的出口商
C．输入食品的收货人；输出食品的境外食品生产企业
D．输出食品的出口商；输入食品的收货人

4．食品入境和销售记录应当真实，保存期限不得少于（　　）。

A．一年　　B．二年　　C．三年　　D．五年

5．进口化妆品经检验检疫合格的，签发（　　），货主或其代理人凭卫生证书申领（　　），并在检验人员的监督下加贴后，方可销售、使用。

A．卫生证书；检验检疫标志
B．《入境货物检验检疫证明》；检验检疫标志
C．卫生证书；强制性认证标志
D．《入境货物检验检疫证明》；强制性认证标志

6．化妆品标签审核是指海关对进口化妆品标签中标示的反映化妆品卫生质量状况、功效、成分等内容的真实性、准确性进行（　　）。

A．符合性检验　　B．型式试验
C．后续监督管理　　D．分级监督检验管理

7．（　　）应提供与标签有关的标签样张和翻译件。

A．出口预包装化妆品　　B．首次出口化妆品
C．来料加工并复出口的化妆品　　D．首次进口化妆品

8.《法检目录》外的进口玩具按照规定应实施（　　）。

A．批批检验　　B．抽查检验

C．型式试验　　D．分类检验

9．对列入强制性产品认证目录内的进口玩具，按规定应实施（　　）管理。

A．注册登记　　B．备案

C．验证　　D．强制性

10．国家对出口玩具实施出口玩具（　　）制度。

A．注册登记　　B．备案

C．分类管理　　D．安全性管理

二、多项选择题

1．进口食品的报检范围包括（　　）。

A．食品　　B．食品添加剂

C．食品的包装材料　　D．以治疗为目的的食品

2．动植物源性食品在入境报检时应提供相应的（　　）。

A．食品安全国家标准的证明文件

B.《检疫许可证》

C．输出国家的检验检疫证书

D．原产地证书

3．（　　）报检时，除应按报检规定提供相关单证外，还应提供食品中文标签样张和外文原标签及翻译件。

A．预包装食品　　B．动植物源性食品

C．食品相关产品　　D．食品添加剂

4．输入（　　）进口商应当在报检时提交经国务院卫生行政部门批准签发的许可文件。

A．保健食品　　B．尚无食品安全国家标准的食品

C．食品相关产品新品种　　D．首次输入食品添加剂新品种

5．国家对（　　）实施备案管理。

A．向我国境内输出食品的出口商

B．输入食品的收货人

C．食品包装进口商

D．出口食品的生产加工企业

6．海关对进出口化妆品实施检验的项目有（　　）。

A．标签　　B．包装、容器

C．标记　　D．卫生

7．国家对进出口化妆品实施（　　）制度。

A．强制性认证　　B．法定检验

C．分级监督检验管理　　D．后续监督管理

8．对未列入强制性产品认证目录的进口玩具，报检人应提供玩具实验室出具的合格检测报告，对未能提供检测报告的，应当对该批玩具（　　）。

A．退回或销毁　　B．实施现场检验
C．抽样送玩具实验室检测　　D．实施安全性检验

9．向日本出口的玩具应提供（　　）。

A．玩具实验室出具的检测报告
B．安全项目检测合格报告
C．满足日本玩具法规的检测报告
D．首件检测报告

10．出口可充电类玩具产品时，出口企业按要求应提供产品的（　　）。

A．首件检测报告　　B．电池安全性能检测报告
C．玩具的型式试验报告　　D．安全项目检测报告

三、判断题

1．入境的食品、食品添加剂，以及食品相关产品应当符合我国食品安全国家标准。（　　）

2．预包装食品及食品添加剂如果没有中文标签则不得入境。（　　）

3．食品生产企业应当建立食品进口和销售记录制度，如实记录食品的名称、规格数量、生产日期、生产或者进口批号保质期、购货者名称及联系方式、交货日期等内容。（　　）

4．海关在对进口食品检验的同时对食品包装进行批批检验。（　　）

5．海关对向我国输出化妆品的国外生产企业实施卫生注册登记管理，对所辖地区的入境化妆品经营单位备案建档，加强监督管理。（　　）

6．发现未经海关检验的、未加贴或者盗用检验检疫标志及无中文标签的进口化妆品，不得入境。（　　）

7．在国内市场销售的进口玩具，其安全使用标识应符合我国玩具的有关安全性要求。（　　）

8．国家对玩具进口企业实施分类管理。（　　）

9．出口玩具应当由口岸海关实施检验。（　　）

10．未能在检验有效期内出口或者在检验有效期内变更输入国家且检验要求不同的，应当重新向海关报检。（　　）

四、简答题

1．简答国家对食品包装容器和材料的报检要求。

2．简答对出口食品有哪些检验检疫规定和要求。

3．入境化妆品标签审核的内容是什么？

4．国家对首次出口的化妆品有怎样的报检要求？

5．简答国家对进口玩具的报检要求。

第十章

其他货物的报检管理

学习目标

通过本章的学习，了解入境机动车辆、机电产品、可用作原料的废物，以及出境木制家具、木质包装、危险货物的报检范围，熟悉它们的报检要求；掌握机电产品的强制性认证规定及民用商品的入境验证；掌握入境电池产品、成套设备的报检规定；熟悉出境木制家具、竹木草制品的分级分类监督管理规定；掌握出境木质包装的除害处理申报及相关报检管理。

案例导入

某地检验检疫局在对一台进口机器检验时发现，该台机器铭牌显示原产地为约旦，与申报的澳大利亚不符。经进一步调查，发现该台机器原产国为约旦，由澳大利亚厂商采购后，经调试改装再发往中国。该台机器符合旧机电定义第四条：新旧部件混装。货主在事实证据面前，承认了该台机器的确属于旧机电，由于货主没有如实申报，无法提供装运前检验证书。检验检疫部门依法对收货人予以行政处罚，并对该台机器采取退运处理。

根据上述资料，请思考：

（1）如何认定旧机电产品？

（2）国家对旧机电产品入境报检有哪些规定？

第一节　机动车辆、机电产品及可用作原料的废物的入境报检管理

一、入境机动车辆

机动车辆是指由动力装置驱动或牵引、在道路上行驶的、供人员乘用或运送物品，以及进行专项作业的轮式车辆，包括汽车及汽车列车、摩托车及轻便摩托车、拖拉机运输机组、轮式专用机械车和挂车等，但不包括任何在轨道上运行的车辆。

（一）报检范围

列入《法检目录》的入境机动车辆，以及虽未列入国家有关法律法规但明确由海关负责检验的入境机动车辆。

入境机动车辆必须先报检，经检验合格后发给证明，才能向当地公安部门的交通车辆管理机构申报领取行车牌照。

（二）报检应提供的单证

入境机动车辆运抵入境口岸后，收货人或其代理人应持有关单证向口岸海关办理报检手续。报检时，应提供《进口货物报关单》、合同、发票、提（运）单、装箱单（列明车架号）、《中国国家强制性产品认证证书》复印件，以及外经贸主管部门出具的进口许可证或配额证明等单证及有关技术资料。

单位用户应提供营业执照或批准文件复印；私人用户自用的入境机动车辆报检时应提供车主的身份证及复印件或户口簿及复印件。

入境口岸海关负责入境机动车辆的检验工作，用户所在地海关负责入境机动车辆质保期内的检验管理工作，转关到内地的入境机动车辆，由指运地海关负责检验。

（三）其他检验检疫规定和要求

1．大批量入境的机动车辆

大批量入境的机动车辆，应在对外贸易合同中约定在输出国家进行装运前预检验、监造或监装，海关可根据需要派出检验人员参加或者组织实施在输出国家的检验。

经检验合格的入境机动车辆，由口岸海关签发《入境货物检验检疫证明》，并一车一单签发《进口机动车辆随车检验单》。对入境机动车辆实施品质检验的，《入境货物检验检疫证明》应加附“品质检验报告”。经检验不合格的，海关出具检验检疫证书，供有关部门对外索赔。

2．用户在国内购买进口机动车辆的

用户在国内购买入境机动车辆时必须取得口岸海关签发的《进口机动车辆随车检验单》和购车发票，在正式办理牌证前到所在地海关登检、换发《进口机动车辆检验证明》，作为到车辆管理机关办理正式牌证的依据。

3．入境机动车辆强制性认证

入境机动车辆必须获得国家强制性产品认证证书，贴有认证标志，并须经海关验证及检验合格。

各有关单位在办理入境机动车辆的有关事宜时，按《进口机动车辆制造厂名称和车辆品牌中英文对照表》规定的入境汽车、摩托车制造厂名称和车辆品牌中文译名进行签注和计算机管理。

对未列入《进口机动车辆制造厂名称和车辆品牌中英文对照表》的入境机动车辆制造厂商及车辆品牌，在申请汽车产品强制性认证时，进口关系人应向国家指定的汽车产品认证机构提供入境机动车辆制造厂商或车辆品牌的中文译名。经指定认证机构审核后，报海关总署备案并通报各有关单位。

4．入境验证管理

海关对入境机动车辆实施车辆识别代号入境验证管理。入境机动车辆的车辆识别代号必须符合国家强制性标准《道路车辆识别代号》（GB16735—2004）的要求，对车辆识别代号不符合上述标准的入境机动车辆，海关将禁止其入境，公安机关不予办理注册登记手续（因国家特殊需要并经批准的，以及常驻我国的境外人员、我国驻外使领馆人员自带的除外）。

为便利入境机动车产品报检通关，在入境前，强制性产品认证证书的持有人或其授权人可向签发强制性产品认证证书的认证机构提交拟入境的全部机动车车辆识别代号和相关结构参数资料进行备案，认证机构在对上述资料进行核对整理后上报海关总署及中国国家认证认可监督管理委员会，以便口岸海关对入境机动车产品的车辆识别代号进行入境验证。

5．发现安全质量问题

如果海关在入境机动车辆检验中发现安全质量问题，海关总署将根据规定发出公告，要求制造商召回有缺陷的产品，尽快采取措施，清除安全隐患。例如，日本产五十铃 CXH50S 和 CXH50T 底盘车存在安全隐患，海关总署责令相关认证机构吊销日本产五十铃 CXH50S 和 CXH50T 底盘车的强制性产品认证证书（证书号 2003011101039752 中 CXH50S/CXH50T 两款车），禁止入境，各地海关停止办理上述同种车型的报检和相关检验检疫手续。要求中国境内的日本产五十铃 CXH50S 和 CXH50T 底盘车的用户尽快进行安全检查。对已发生使用中转向系统存在干涉现象的车辆，请立即停止使用，以避免事故发生。

二、入境机电产品（含旧机电产品）

（一）报检范围

机电产品是指机械设备、电气设备、交通运输工具、电子产品、电器产品、仪器仪表，金属制品及其部件、元器件。

所谓“旧机电产品”，是指具有下列情形之一的机电产品。

（1）已经使用（不含使用前测试、调试的设备），仍具备基本功能和一定使用价值的。

（2）未经使用，但超过质量保证期（非保修期）的。

（3）未经使用，但存放时间过长，部件产生明显有形损耗的。

（4）新旧部件混装的。

（5）经过翻新的。如旧压力容器类、旧工程机械类、旧电器类、旧车船类、旧印刷机械类、旧食品机械类、旧农业机械类等。

输入旧机电产品，进口单位应向海关总署或其授权机构申请办理入境检验。

（二）报检要求及检验检疫规定

1．强制性产品认证

国家对涉及人类健康、动植物生命和健康，以及环境保护和公共安全的产品实行强制性认证制度，凡列入《中华人民共和国实施强制性产品认证的产品目录》（简称《强制性产品认证目录》）内的商品，必须经过指定的认证机构认证合格、取得指定认证机构颁发的认证证书，并加施认证标志后，方可出厂、销售、进口或者在其他经营活动中使用。

实施强制性产品认证货物的收货人或其代理人在报检时除填写《进口货物报关单》并随附有关外贸单证外，还应提供认证证书复印件并在产品上加施认证标志。

出入境海关应当对列入《强制性产品认证目录》内的货物实施入境验证管理，查验认证证书、认证标志等证明文件，核对货证是否相符。验证不合格的，依照相关法律法规予以处理，对列入《强制性产品认证目录》内的入境货物实施后续监管。

2．民用商品入境验证

民用商品入境验证是指对国家实行强制性产品认证的民用商品，在通关入境时由海关核查其是否取得必需的证明文件。在《法检目录》内检验检疫类别中，标有“L”标记的入境货物的收货人或其代理人在办理入境报检时，应当提供有关入境许可的证明文件。口岸海关对其认证文件进行验证，必要时对其货证的相符性及认证标记进行查验。

3．旧机电产品

（1）备案管理。进口旧机电产品的收货人在签订对外贸易合同前，应当向海关总署或者出入境海关办理备案手续。凡列入《海关总署办理备案的进口旧机电产品目录》的进口旧机电产品，经所在地直属海关初审后，报海关总署备案；目录外的进口旧机电产品由所在地直属海关受理备案申请。

列入《不予备案的进口旧机电产品目录》的进口旧机电产品，海关一律不予受理备案申请。

列入《强制性产品认证目录》的旧机电产品用于销售、租赁或者专业维修等用途的，备案申请人在提交备案申请资料的同时，还必须提供相应的“强制性产品认证”证明文件，因国家特殊需要并经海关总署批准的除外。

（2）装运前检验。进口旧机电产品的单位，在签署合同时必须按照国家安全、卫生、环保等法律、行政法规的规定，订明该产品的检验依据及各项技术指标等的检验条款。对价值较高，涉及人身财产安全、健康、环境保护项目的高风险进口旧机电产品，依照国家有关规定实施装运前检验。入境时，收货人应当提供口岸海关或者经海关总署指定的检验机构出具的装运前检验证书，包括《进口旧机电产品装运前检验备案书》（正本）、《进口旧机电产品装运前预检验证书》（正本）、《进口旧机电产品装运前检验报告书》（正本）；无须装运前检验的旧机电产品入境报检时，应提供《进口旧机电产品免装运前预检验证明书》（正本）。

入境旧机电产品报检时，其发票、装箱单、合同中注明的设备型号应与《进口旧机电产品装运前预检验证书》或《进口旧机电产品免装运前预检验证明书》备案的型号一致，并且应在证书有效期内进行报检。

入境旧机电产品报检时，应提供商务部或地方、部门机电办签发的注明为旧机电产品的相关机电进口证明。

4．入境电池产品

为加强电池产品汞污染的防治工作，保护和改善我国生态环境，中国轻工总会等9个国务院原部委局联合下发了《发布〈关于限制电池产品汞含量的规定〉的通知》，规定进出口电池产品汞含量由海关实施强制检验。

进出口电池产品实行备案和汞含量年度专项检测制度。汞含量专项检测由海关总署核准实施进出口电池产品汞含量检测的实验室实施并出具《电池产品汞含量检测合格确认书》，确认书的有效期为一年，受理备案申请的海关凭该确认书审核换发《进出口电池产品备案书》。进口电池产品的收货人或其代理人在报检时应提供《进出口电池产品备案书》。

5．入境成套设备

成套设备是指完整的生产线、成套装置设施，包括工程项目和技术改造项目中的成套装置设施和与国产设备配套组成的成套设备中的进口关键设备。成套设备是一项特殊的法定检验检疫商品，很难与商品编码一一对应，但因成套设备结构复杂、技术含量高，直接影响其生产的产品质量、操作人员人身安全和环境状况，检验检疫相关法律法规将其列入法定检验检疫商品进行严格管理。

（1）需要结合安装调试进行检验的成套设备、机电仪产品，以及在口岸开件后难以恢复包装的商品，应在收货人所在地海关报检并检验。

（2）对大型成套设备，应按照对外贸易合同约定装运前检验、监造或者监装。收货人保留到货后最终检验和索赔的权利。

（3）口岸海关对检验不合格的进口成套设备及其材料，签发不准安装使用通知书。经技术处理，并经口岸海关重新检验合格的，方可安装使用。

（4）成套设备中涉及旧机电产品的，应按旧机电产品的相关规定办理，并提供相应的证明文件。

三、入境可用作原料的废物

（一）定义

入境可用作原料的废物是指以任何贸易方式和无偿提供捐赠等方式进入中华人民共和国境内的一切可用作原料的废物（含废料）。

（二）报检范围

为切实加强对入境废物的管理，国家将入境废物分两类进行管理，一类是禁止进口的不能用作原料或者不能以无害化方式利用的固体废物，另一类是可作为原料但必须严格限制进口的废物。

对国家禁止进口的废物，任何单位和个人都不准从事此类废物的进口贸易及其他经营活动。对可以用作原料的固体废物实行限制进口和自动许可进口分类管理，国务院环境保护行政主管部门会同国务院对外贸易主管部门、国务院经济综合宏观调控部门、海关总署、国务院质量监督检验检疫部门制定、调整并公布禁止进口、限制进口和自动许可进口的固体废物目录。

禁止进口列入《禁止进口固体废物目录》内的废物。进口列入《限制进口类可用作原料的固体废物目录》内的固体废物，应当经国务院环境保护行政主管部门会同国务院对外贸易主管部门审查许可。进口列入《自动许可进口类可用作原料的固体废物目录》内的固体废物，应当依法办理自动许可手续。

（三）申请进口可用作原料的废物必须符合的条件

（1）申请进口可用作原料的废物做原料利用的企业必须是依法成立的企业法人，并具有利用进口可用作原料的废物的能力和相应的污染防治设备。

（2）申请进口可用作原料的废物已被列入《限制进口类可用作原料的废物目录》或《自动进口许可管理类可用作原料的废物目录》。

（3）进口可用作原料的废物前，进口单位应事先取得国家环境保护局签发的《固体废物进口许可证》。

（4）国家对进口可用作原料的固体废物实行装运前检验制度。可用作原料的废物进口单位与境外贸易关系人签订的进口可用作原料的废物合同中，必须订明进口可用作原料的废物的品质和装运前检验条款；约定进口可用作原料的废物必须向海关或者承担装运前检验的检验机构申请实施装运前检验，并出具装运前检验证书。

（5）国家对进口可用作原料的固体废物的国外供货商、国内收货人实行注册登记制度。

进口可用作原料的固体废物的国外供货商、国内收货人在签订贸易合同前，应当取得海关总署的注册登记，注册登记有效期为 5 年。国外供货商、国内收货人未获得海关总署批准注册的，不能从事和经营向我国出口废物原料业务，承担装运前检验的检验机构不得受理其装运前检验报验，入境口岸海关不受理其报检申请。

(6)进口可用作原料的废物的卫生和动植物检疫项目主要是检疫病媒昆虫、啮齿动物、病虫害及致病微生物等。废旧物品到达口岸时，承运人、代理人或者货主，必须向卫生检疫机关申报并接受卫生检疫，来自疫区的、被传染病传染的，以及可能传播检疫传染病或发现与人类健康有关的啮齿动物和病媒昆虫的集装箱、货物废旧物等物品，应当实施消毒、除鼠、除虫或者其他必要的卫生处理。

（四）报检要求

入境可用作原料的废物运抵口岸时，国内收货人或其代理人应当向入境口岸海关报检，接受检验检疫。

国内收货人或其代理人在口岸办理报检时除按规定填写《进口货物报关单》外，还应按规定提供以下单证：《进口可用作原料的固体废物国外供货商注册登记证书》(复印件)、《进口可用作原料的固体废物国内收货人注册登记证书》(复印件)、《装运前检验证书》，限制类的废物原料应当提供废物进口许可证，以及合同、发票、装箱单、提（运）单等必要的纸质或者电子单证。

（五）其他检验检疫规定和要求

入境可用作原料的废物到货后，海关应当依照国家环境保护控制标准及检验检疫规程在入境口岸对入境废物原料实施卫生检疫、动植物检疫、环保项目检验等项目的检验检疫，根据污染程度实施消毒、熏蒸等卫生处理，未经检疫处理的不得放行。海关总署可以依法指定在其他地点检验检疫。

海关对经检验检疫未发现不符合国家环境保护控制标准、国家技术规范的其他强制性要求的进口废物原料，予以放行；对不符合国家环境保护控制标准、国家技术规范的其他强制性要求的，责令退运；对发现动植物疫情的，要实施有效的检疫除害处理措施，如无有效处理措施则依法作退回或者销毁处理，并实施检疫监管。

对入境废纸可以根据便利对外贸易和检验工作的需要指定在其他地点检验。

第二节　木制品及木制家具、竹木草制品、木质包装、危险货物的出境报检管理

一、出境木制品及木制家具、竹木草制品

为确保我国出口木制品及木制家具、竹木草制品的产品质量安全，维护对外贸易的正常发展，海关根据《动植物检疫法》及其实施条例、《商品检验法》及其实施条例、《国务院关于加强食品等产品安全监督管理的特别规定》的要求对出境木制品及木制家具、竹木草制品实施检验检疫监督管理。

（一）出境木制品及木制家具

1．报检范围

《实施出口木制品及木制家具检验监管的目录》所列的出口木制品及木制家具产品。

2．报检应提供的单证

除按规定填写《出口货物报关单》并提供合同、信用证（以信用证方式结汇时提供）、发票、装箱单等有关外贸单证外，还应提供如下相应单证。

（1）产品符合输入国家或地区的技术法规、标准或国家强制性标准质量的符合性声明。

（2）输入国（地区）技术法规和标准对木制家具机械安全项目有要求的，提供相关检测报告。

3．其他规定和要求

（1）出口木制品及木制家具的生产企业应建立从原料、生产环节到最后成品的质量安全控制体系。对已建立健全的质量安全控制体系并运行有效的出口企业，实施分类管理。

海关对质量安全控制体系不健全的出口企业限期进行整改，整改期间不得报检出口，经整改达到要求的，生产企业可以报检出口，但必须接受海关对企业体系运行的监管。

（2）企业应对涉及安全、卫生、环保要求的油漆、胶黏剂、人造板材、布料、皮革等原辅材料开展重金属、甲醛、阻燃性等相关项目的检测。检测不合格的不得使用，检测报告必须来自中国合格评定国家认可委员会认可的实验室。企业应对原辅材料建立台账，如实记录原辅材料的供应商、品名、规格、数（重）量、使用情况等。

（二）出境竹木草制品

1．报检范围

出境竹木草制品的报检范围包括出境的竹、木、藤、柳、草、芒等制品。

2．报检应提供的单证

除按规定填写《出口货物报关单》并提供合同、信用证（以信用证方式结汇时提供）、发票、装箱单等有关外贸单证外，出境竹木草制品一类、二类企业报检时应当同时提供《出境竹木草制品厂检记录单》。

3．其他规定和要求

（1）国家对出境竹木草制品及其生产加工企业实施分级分类监督管理。

根据生产加工工艺及防疫处理技术指标等，竹木草制品分为低、中、高三个风险等级，通过对出境竹木草制品生产企业的评估考核，将企业分为一类、二类、三类三个企业类别，并根据出境竹木草制品的风险等级结合企业类别采取不同的检验检疫监管措施。

①低风险竹木草制品：经脱脂、蒸煮、烘烤及其他防虫、防霉等防疫处理的产品。

②中风险竹木草制品：经熏蒸或者防虫、防霉药剂处理等防疫处理的产品。

③高风险竹木草制品：经晾晒等其他一般性防疫处理的产品。

（2）出境竹、藤、草、柳制品应来自海关注册登记的企业。

二、出境木质包装

为规范出境货物木质包装检疫的监督管理，确保出境货物使用的木质包装符合输入国家或者地区检疫要求，防止林木有害生物随货物使用的木质包装在国际间传播蔓延，国际植物保护公约组织（International Plant Protection Convention，IPPC）要求货物使用的木质包装应在出境前进行除害处理，并加施 IPPC 专用标识。依据《动植物检疫法》及其实施条例，参照木质包装国际标准，海关总署、商务部、国家林业局联合发布联合公告，并制定实施《出境货物木质包装除害处理方法》。

出境货物木质包装应当按照海关总署规定的检疫除害处理方法实施检疫处理并加施 IPPC 专用标识。主管海关对出境货物使用的木质包装实施抽查检疫的检验检疫监督管理模式。

（一）报检范围

出境货物木质包装的报检范围包括用于承载、包装、铺垫、支撑、加固货物的木质材料，如木板箱、木条箱、木托盘、木框、木桶、木轴、木楔、垫木、枕木等。经人工合成或者经加热、加压等深度加工的包装用木质材料（如胶合板、纤维板等）和薄板旋切芯、锯屑、木丝、刨花等，厚度等于或小于 6 毫米的木质材料除外。

（二）除害处理申报

出境货物木质包装在实施除害处理前应向主管海关申报，经处理合格且加施标识的木质包装在出境时无须报检。

标识加施企业应当将木质包装除害处理计划在除害处理前向所在地主管海关申报，由海关对除害处理过程和加施标识情况进行监督。

（三）报检应提供的单证

使用加施标识木质包装的出口企业，在货物出口报检时，除按规定填写《出口货物报关单》，并提供合同、信用证（以信用证方式结汇时提供）、发票、装箱单等有关外贸单证外，还应向海关出示《出境货物木质包装除害处理合格凭证》，供现场检验检疫人员查验放行和核销。

（四）其他规定和要求

（1）直属海关对木质包装标识加施企业的热处理或者熏蒸处理设施、人员及相关质量管理体系等进行考核，符合要求的，颁发除害处理标识加施资格证书，并公布标识加施企业名单，同时报海关总署备案，标识加施资格有效期为三年；不符合要求的，不予颁发资格证书，并连同不予颁发的理由一并书面告知申请企业。未取得资格证书的，不得擅自加施除害处理标识。

（2）对木质包装实施除害处理并加施标识的企业，应当向所在地海关提出除害处理标识加施资格申请并提供以下材料。

①《出境货物木质包装除害处理标识加施申请考核表》。

②工商营业执照及相关部门批准证书复印件。

③厂区平面图，包括原料库（场）、生产车间、除害处理场所、成品库平面图。

④热处理或者熏蒸处理等除害设施及相关技术、管理人员的资料。

⑤木质包装生产防疫、质量控制体系文件。

⑥海关要求的其他材料。

（3）输入国或地区对木质包装有特殊要求的，还需要符合海关总署规范出境货物木质包装检验检疫的相关规定。

三、出境危险货物

危险货物是指具有易爆、易燃、毒害、感染、腐蚀、放射性等危险特性，在运输、储存、生产、经营、使用和处置中，容易造成人身伤亡、财产损毁或环境污染而需要特别防护的物质和物品。危险货物在为我们提供高质量生活的同时，对人类的安全、健康，以及赖以生存的资源和环境也提出了严峻的挑战。《联合国危险货物运输建议书规章范本》《国际危险货物商运规则》《危险物品航空安全运输技术细则》《国际铁路危险货物运输规则》《全球化学品统一分类和标签制度》《联合国危险货物运输建议书试验和标准手册》等一系列法规标准的相继出台，对危险货物实施严格管理提供了制度保证。

目前，国家对出境危险货物，包括烟花爆竹、出境打火机、点火枪类商品等，实施法定检验。

（一）出境烟花爆竹

烟花爆竹是我国传统的出口商品，同时烟花爆竹又属易燃易爆的危险品，在生产、储存、装卸、运输各环节极易发生事故。为保证其安全运输出口，我国对出境烟花爆竹的生产企业实施登记管理制度。出境烟花爆竹的检验和监管采取产地检验和口岸查验相结合的办法。

1．报检范围

HS 编码为 3604100000 的烟花爆竹产品。

2．报检应提供的单证

除按规定填写《出口货物报关单》并提供合同、信用证（以信用证方式结汇时提供）、发票、装箱单等有关外贸单证外，还应提供如下相应单证。

（1）《出境货物运输包装性能检验结果单》。

（2）《出境危险货物运输包装使用鉴定结果单》。

（3）生产企业对出口烟花爆竹的质量和安全做出承诺的声明。

（4）出口规格为 6 英寸及以上的礼花弹产品，在口岸查验时，应提供相关检测机构出具的分类定级试验报告和 12 米跌落试验合格报告。

3．其他规定和要求

（1）对出口烟花爆竹的检验应严格执行国家法律法规规定的标准。对进口国及贸易合同高于我国法律法规规定标准的，按其标准进行检验。

对首次出口或者原材料、配方发生变化的烟花爆竹，海关将实施烟火药剂安全稳定性能检测。对长期出口的烟花爆竹产品，海关每年将进行不少于一次的烟花药剂安全稳定性能的检测。

（2）盛装出口烟花爆竹的运输包装应当标有联合国规定的危险货物包装标记和出口烟花爆竹生产企业的登记代码标记。凡经检验合格的出口烟花爆竹，应在其运输包装明显部位加贴海关的验讫标志。

（二）出境打火机、点火枪类商品

1．报检范围

出境打火机、点火枪类商品包括 HS 编码为 9613100000 的一次性袖珍气体打火机、9613200000 的可充气袖珍气体打火机、9613800000 的其他类型打火机（包括点火枪）等。

2．报检应提供的单证

除按规定填写《出口货物报关单》并提供合同、信用证（以信用证方式结汇时提供）、发票、装箱单等有关外贸单证外，还应提供如下相应单证。

（1）生产企业自我声明。

（2）生产企业登记证。

（3）型式试验报告。

（4）《出境货物运输包装性能检验结果单》。

（5）《出境危险货物运输包装使用鉴定结果单》。

3．其他规定和要求

（1）海关对出口打火机、点火枪类商品的生产企业实施登记管理制度。出口打火机、点火枪类商品的生产企业应向所在地海关提交登记申请。经审查合格的企业，由海关颁发《出口打火机、点火枪类商品生产企业登记证》和专用的登记代码和批次号。

（2）企业应当按照《联合国危险货物建议书规章范本》和有关法律法规的规定生产、包装、储存出口打火机、点火枪类商品。

（3）对出口打火机、点火枪类商品的检验，严格执行国家法律法规规定的标准。对进口国及贸易合同高于我国法律法规规定标准的，按进口国标准进行检验。

（4）出口打火机、点火枪类商品应铸有海关颁发的登记代码，其外包装应印有登记代码和批次，在外包装的明显部位要贴有海关的验讫标志。

（5）海关对打火机、点火枪类商品的检验监管坚持型式试验和常规检验相结合的原则。

在打火机、点火枪类商品首次出口或其原材料、生产工艺发生变化时，海关将对打火机进行全项型式试验，全项型式试验必须由海关总署指定的检测实验室进行。产品出口时，海关根据型式试验合格报告进行常规检验。

（6）海关对出口打火机、点火枪类商品的检验实施批批检验，同时对其包装实施性能检验和使用鉴定。

本章重要概念

机动车辆　机电产品　旧机电产品　民用商品入境验证　成套设备　全项型式试验

课后复习题

一、单项选择题

1．入境机动车辆在（　　），收货人或其代理人应持有关单证办理报检手续。

A．入境前　　B．入境时

C．入境后　　D．装运前

2．海关对入境机动车实施车辆识别代号（　　）管理。

A．入境检证　　B．一车一单

C．装运前检验　　D．召回

3．经检验合格的入境机动车辆，由口岸海关一车一单签发（　　）。

A．《入境货物检验检疫证明》　　B．《进口机动车辆随车检验单》

C．《进口机动车辆检验证明》　　D．《入境货物通关单》

4．实施民用商品入境验证的机电产品在《法检目录》内检验检疫类别是标有（　　）标记的。

A．“M”　　B．“N”

C．“L”　　D．“A”

5．进口旧机电产品的收货人应在（　　）向海关办理备案手续。

A．入境前　　B．入境时

C．抵达口岸后　　D．签订贸易合同前

6．进口电池产品的收货人或其代理人在报检时应提供（　　）。

A．《电池产品汞含量检测合格确认书》

B．《进出口电池产品备案书》

C．《电池产品汞含量检测通知书》

D．《进出口电池产品检验检疫证书》

7．我国对出境木制品及木制家具、竹木草制品实施（　　）管理。

A．分级分类监督　　B．符合性

C．质量安全控制　　D．检验检疫监督

8．出境竹木草制品（　　）企业报检时应当同时提供《出境竹木草制品厂检记录单》。

A．一类、二类　　B．二类、三类

C．一类、三类　　D．三类

9．海关对出境货物使用的木质包装实施（　　）。

A．卫生检疫　　B．批批检疫

C．抽查检疫　　D．监督检疫

10．在打火机、点火枪类商品首次出口时，海关将进行（　　）。

A．型式试验　　B．全项型式试验

C．安全性能检测　　D．稳定性能检测

二、多项选择题

1．大批量入境的机动车辆，应在对外贸易合同中约定（　　）。

A．在输出国检验　　B．进行装运前预检验

C．监装　　D．监造

2．用户在国内购买入境机动车辆时必须取得（　　），在正式办理牌证前到所在地海关登检、换发《进口机动车辆检验证明》，作为到车辆管理机关办理正式牌证的依据。

A．《进口机动车辆随车检验单》

B．购车发票

C．《强制性产品认证证书》

D．《入境货物检验检疫证明》

3．国家对涉及环保和公共安全的入境机电产品实行（　　）。

A．强制性产品认证　　B．民用商品入境验证

C．召回管理　　D．后续监管

4．出入境海关应当对列入《强制性产品认证目录》内的机电产品实施入境验证管理，包括（　　）。

A．查验有效期　　B．查验认证证书

C．查验认证标志　　D．核对货证是否相符

5．（　　）的旧机电产品进口需要经海关总署才能受理备案。

A．列入《海关总署办理备案的进口旧机电产品目录》

B．列入《强制性产品认证目录》

C．列入《不予备案的进口旧机电产品目录》

D．国务院国有资产监督管理委员会履行出资人职责的企业

6．进出口电池产品实行（　　）制度。

A．备案　　B．汞含量年度专项检测

C．认证检验　　D．强制性认证

7．入境废物原料到货后，海关应当实施（　　）。

A．卫生检疫　　B．动植物检疫

C．环保项目检验　　D．装运前检验

8．国际植物保护公约组织（IPPC）要求货物使用的木质包装应在出境前进行（　　）。

A．预报检　　B．常规检验

C．除害处理　　D．加施 IPPC 专用标识

9．出境烟花爆竹的检验和监管采取（　　）相结合的办法。

A．产地检验　　B．型式试验

C．口岸查验　　D．常规检验

10．海关对出境打火机、点火枪类商品的包装实施（　　）。

A．批批检验　　B．性能检验

C．使用鉴定　　D．安全检验

三、判断题

1．入境机动车辆必须先报检，经检验合格后发给证明，才能向当地公安部门的交通车辆管理机构申报领取行车牌照。（　　）

2．经检验不合格的入境车辆，海关出具检验检疫证书，做退运处理。（　　）

3．列入《不予备案的进口旧机电产品目录》的进口旧机电产品，备案机构一律不予受理备案申请。（　　）

4．旧机电产品进口需要装运前检验。（　　）

5．进出口电池产品汞含量由海关实施强制检验。（　　）

6．需要结合安装调试进行检验的成套设备、机电仪产品，以及在口岸开件后难以恢复包装的商品，应在收货人所在地海关报检并检验。（　　）

7．申请进口可用作原料的废物做原料利用的企业必须是依法成立的企业法人，并具有利用进口可用作原料的废物的能力和相应的污染防治设备。（　　）

8．出境竹、藤、草、柳制品应来自海关备案的企业。（　　）

9．出境货物木质包装在出境前应向海关申报，经处理合格的木质包装在出境时无须

报检。（　　）

10．对进口国及贸易合同高于我国法律法规规定标准的烟花爆竹，按我国的出口检验标准检验。（　　）

四、简答题

1．对入境机动车辆有哪些检验检疫规定和要求？

2．简答旧机电产品的报检范围。

3．国家对出境竹木草制品及其生产加工企业如何实施分级分类监督管理？

4．国家对出境木质包装有哪些报检要求？

5．国家对烟花爆竹出口有哪些报检要求？

参考文献

[1] 中国报关协会. 关务基础知识[M]. 北京：中国海关出版社，2018.

[2] 中国报关协会. 关务基本技能[M]. 北京：中国海关出版社，2018.

[3] 关务水平测试教材编委会. 关务水平测试大纲细则及真题解析[M]. 北京：中国海关出版社，2018.

[4] 海关总署报关资格考试教材编写委员会. 报关员资格全国统一考试教材[M]. 北京：中国海关出版社，2013.

[5] 报检水平测试委员会. 报检基础知识[M]. 北京：中国标准出版社，2014.

[6] 报检水平测试委员会. 报检职业技能[M]. 北京：中国标准出版社，2014.

[7] 中华人民共和国海关总署[EB/OL]. http://www.customs.gov.cn/.

[8] 海关总署第 238 号令（关于公布《海关总署关于修改部分规章的决定》的令）[EB/OL]. http://www. customs.gov.cn/xining_customs/533860/533861/1812137/index.html.

[9] 中国报关协会[EB/OL]. http://www.chinacba.org/.

[10] 叶红玉，王巾. 报关实务[M]. 北京：中国人民大学出版社，2013.